2013 年度教育部人文社会科学研究青年基金项目
（项目批准号：13YJC810006）

广东省哲学社会科学"十二五"规划 2011 年度青年项目
（项目批准号：GD11YZZ01）

中央财政支持地方高校发展专项资金项目
"国家中心城市发展与管理（大都市治理）"创新团队建设项目

广州大学公共管理学科发展基金资助项目

南国公共管理文库

陈 潭 / 主编

城市化进程中农民身份转换研究

蒋红军 / 著

中国社会科学出版社

图书在版编目（CIP）数据

城市化进程中农民身份转换研究 / 蒋红军著. — 北京：
中国社会科学出版社，2015.9
ISBN 978 - 7 - 5161 - 6258 - 3

Ⅰ. ①城… Ⅱ. ①蒋… Ⅲ. ①农民—身份—研究—中
国 Ⅳ. ①D422.6

中国版本图书馆 CIP 数据核字 (2015) 第 123629 号

出 版 人	赵剑英
责任编辑	武 云
特约编辑	高矿道
责任校对	嵇建波
责任印制	李寡寡

出　　版	中国社会科学出版社
社　　址	北京鼓楼西大街甲 158 号
邮　　编	100720
网　　址	http://www.csspw.cn
发 行 部	010 - 84083685
门 市 部	010 - 84029450
经　　销	新华书店及其他书店

印刷装订	北京君升印刷有限公司
版　　次	2015 年 9 月第 1 版
印　　次	2015 年 9 月第 1 次印刷

开　　本	710×1000　1 / 16
印　　张	16
插　　页	2
字　　数	273 千字
定　　价	59.00 元

凡购买中国社会科学出版社图书，如有质量问题请与本社营销中心联系调换
电话：010 - 84083683

《南国公共管理文库》

组编
广州大学公共管理学院

出品
中国社会科学出版社

学术委员会

顾问：夏书章（中山大学）
主任：徐俊忠（广州大学）
委员：（按音序排列）

编辑委员会

总　序

　　这是一个转型的时代，这是一个变革的时代，这是一个机遇与挑战并存的时代！随着新知识、新技术、新方法的创造和运用，时代的发展和社会的进步已经势不可当！

　　在这个碎片化的时代里，人类社会对于知识、技术、制度、文化的要求将会越来越高，而知识的积累、传播、生产、更新和创造也将会变得越来越重要。在这个流动性的时代里，时代赋予了每一个人以同等的使命、机遇和挑战，而每一个人又是这个时代忠实的纪察者、参与者和记录者。站在这个时代的横断面上，作为时代最好的记录者之一，当下学术人必须捍卫真理、秉持操守，必须海纳百川、兼容并包，必须淡泊名利、勇于担当，必须以科学的精神和专业的视角全部或部分地反映变革时代所涌现的人和事，总结已经变化了的社会实践活动经验，跟进正在发生或将要发生的时代变革行为。

　　1917 年，青年毛泽东在湖南第一师范求学时于《心之力》的作文中写道："故当世青年之责任，在承前启后继古圣百家之所长，开放胸怀融东西文明之精粹，精研奇巧技器胜列强之产业，与时俱进应当世时局之变幻，解放思想创一代精神之文明。破教派之桎梏，汇科学之精华，树强国之楷模。正本清源，布真理于天下！"1919 年，他在《湘江评论》创刊宣言中指出："所以我们的见解，在学术方面，主张彻底研究，不受一切传说和迷信的束缚，要寻着什么是真理。"可见，学术人的学术研究只有"承前启后"、"与时俱进"、"解放思想"、"正本清源"和"彻底研究"，才能"布真理于天下"。

　　从一定程度上来说，问题意识、分析技能、批判精神是学术人从事学术活动和走上职业化道路必备的三个要素。倘若缺乏了分析技能，自然也就缺乏对这个时代良好的判断能力、辨析能力和推理能力；倘若没有了批判精神，也就无从谈起否定、反思和修正，就更无从说起创新和创造了。但是，如果没有了问题意识，那一切都将会无从谈起。问题意识是时代的主题，是从事学术活动最起码的思维和思考方式。意识到问题的存在是思维的起点，没有问题的思维显然是肤浅的、被动的。实际上，在既有的研究、思考和行文中，我们通常会不自觉地落入社会科学研究的"三段论"范式之中：到哪儿去发现问题和寻找问题？怎样诊断问题和分析问题？如何提出解决问题的方法和路径？

我们知道，学术人从事的学术研究永远都脱离不了这个时代、这个社会，永远都无法摆脱时代和社会存在的种种问题。至于如何去"发现问题"和"回答问题"，那就仁者见仁，智者见智了。无论是不同学科，还是不同学派；无论是自然科学工作者，还是社会科学工作者；也许同一个问题有不同的发现解释，同一个问题有不同的解决方法和解决方案。但几乎同一的问题意识始终是学术人无法绕过的学术"自留地"，而围绕问题所达成的目标始终又几乎都是统一的。不管是晚睡还是早起，学术人始终都是全天候地思考并想象着的"孤独的探索者"。

作为公共管理研究的从业者，必须具备宽广的知识基础和丰富的经验基础。公共管理研究离不开政治学、经济学、社会学、管理学的知识支撑，也离不开数学、哲学、法学、史学的思维支持。面对纷繁复杂的人类实践活动，面对层出不穷的社会公共问题，单一的学科知识已经无法圆满回答涉及面广、跨越度大、复杂性高、系统性强的公共政策、公共事务、公共治理问题。因此，学科边界和知识壁垒不得不被打破，科际整合成为现实，社会科学的知识统一无法避免。如今，各行各业、各式各样的跨界行动，让我们目不暇接，单一的、传统的思维、专业和学科迟早会被颠覆。如果没有广博知识的涉猎和多学科方法的介入，公共问题的研究毫无疑问将会变得没有宽度、深度和新度。

同时，作为社会科学事业的公共管理研究，如果没有生动的实践和丰富的经验作为基础，任何研究都将走向空泛和无力。实践既是客观世界的直接活动，也是主观世界的能动反映，可谓"实践出真知"。明代理学名宦林希元有云："自古圣贤之言学也，咸以躬行实践为先，识见言论次之。"作为直面实践的学问，公共管理研究既不能"坐井观天"，又不能"闭门造车"，它必须以实践阅历与经验累积作为起码的思维铺垫和行动指南。它既需要"眼观六路"，又需要"耳听八方"，它既需要深入田间地头、街头巷尾，又需要深入政府、学校、医院、企业和其他社会组织当中。"没有调查，就没有发言权"，只有经过细致入微的观察、访谈和体验，开展案例、数据和其他有用信息的收集、鉴别与整理，才能采用"真方法"找到"真问题"。无法"顶天"，就得"立地"，唯有建立理论与经验的现实链接，学术研究才有洞察力、说服力和生命力！

众所周知，"推动国家治理体系和治理能力现代化"成了新时期全面深化改革的总目标。毫无疑问，良好的国家治理体系和治理能力是建立和完善现代国家制度的必然产物，是实现国强民富、国泰民安、民族复兴、大国崛起的不二选择。作为制度系统的组成部分，国家治理涵盖了经济治理、政治治理、社会治理、文化治理、生态治理、政党治理等多个领域以及基层、地方、全国乃至区域与全球治理中的国家参与等多个层次的制度体系。国家治理体系和治理能力的现代化建设和发展，凸显了政权管理者向政权所有者负责并被问责的重要性，强调了政权所有者、政权管理者和利益相关者多种力量协同共治的必要性，指向了国家实现可持续发展、普遍提高国民生活质量和建立和谐稳定社会秩序的可能性。

世界银行在《变革世界中的政府（1997年世界发展报告）》中指出，"善治"或"有效治理"是一个国家——特别是发展中国家——实现发展的关键。诚然，中国已经进入了从现代化的早期阶段向后期阶段迈进的新的历史时期，工业化、市场化、城镇化、信息化、全球化的浪潮有力地冲击着既有的国家治理体系并挑战着当下的国家治理能力。国家治理的转型和现代化建设将会促使经济、政治、文化、社会、生态等方面的制度建设更加科学、更加合理、更加完善，科学执政、民主执政、依法执政的能力和水平不断提高，公共事务管理不断走向制度化、规范化、程序化。因此，深入开展公共治理研究无疑将有助于国家治理现代化的建设与发展。

第一，科学有效的政府治理是实现国家治理现代化的前提。政府的职责和作用主要表现为保持宏观经济稳定，优化公共服务，保障公平竞争，加强市场监管，维护市场秩序，推动可持续发展，促进共同富裕，防止市场失灵。因此，实现良好的政府治理需要改革政府治理结构、完善现代政府制度，需要明晰科学合理的政府边界，适当调整政府与企业、政府与市场、政府与社会、政府与公民、政府与政党之间的关系，充分发挥市场在资源配置中的决定性作用，着力解决市场体系不完善、政府干预过多、监管不到位等"政府失灵"和"市场失灵"问题。同时，实现良好的政府治理必须转变政府职能，深化行政体制改革，创新行政管理方式，增强政府公信力和执行力，建设法治政府和服务型政府。

第二，创新有序的地方治理是实现国家治理现代化的核心。从纵向治理结构来看，作为一个巨型的治理共同体，不同的地方有着不同的复杂性，国家治理需要地方性知识的累积，国家治理的创新需要地方治理的制度试验和"先行先试"。从横向治理结构来看，城乡二元结构和"城乡分治"的现实成了国家治理现代化进程中无法回避的制度瓶颈，公共服务供给不充分、不均等、不便利仍然是割裂乡村治理和城市治理的主要因素。因此，建立"以工促农、以城带乡、工农互惠、城乡一体"的新型工农城乡关系，让农民平等参与现代化进程、共同分享现代化成果，是实现国家治理现代化的关键目标。

第三，多元共治的社会治理是实现国家治理现代化的关键。面对社会结构变化、社会矛盾凸显和利益格局调整，政府依靠自己的力量且沿用传统的社会管制方式已经过时，提高处理复杂问题的能力和创新社会治理的水平势所必然。因此，政府必须立足于维护最广大人民群众的根本利益，最大限度地增加和谐因素，建立顺畅的民意诉求通道，协同各级各类社会组织，运用法治思维和法治方式，坚持源头治理和综合治理，强化道德约束，规范社会行为，调节利益关系，协调社会关系，解决社会问题，增强社会发展活力，提高社会治理水平。同时，加快社会事业改革，完善政府服务购买方式，健全基层综合服务管理平台，解决好公众最关心最直接最现实的利益问题，努力为社会提供多样化服务，更好地满足公众需求。

第四，开放包容的文化治理是实现国家治理现代化的条件。基于宗教、信仰、风俗、道德、思想、文学、艺术、教育、科学、技术等范畴的意识形态和精神财富的文化治理是国家治理的上层建筑和"软实力"。通过进行公共文化决策、公共文化事务处理、公共文化资源配置、公共文化产品提供等形式和方式，文化治理可以平衡不同人群之间的社会需求，可以有效地建构公共符号、凝聚公众情感、陶冶公众情操、消解心理压力、疏导社会情绪。国家文化治理可以通过家庭教育、学校教育、社会教育等途径开展，也可以以文化产业、文化产品的方式实现政治、经济、社会和文化的价值性转换，进而创新和重塑国家治理模式。

第五，和谐共生的生态治理是实现国家治理现代化的保障。面对资源约束趋紧、环境污染严重、生态系统退化的严峻形势，生态治理必须树立尊重自然、顺应自然、保护自然的理念，坚持节约优先、保护优先、自然恢复为主的方针，建立系统完整的生态文明制度体系，实行最严格的源头保护制度、损害赔偿制度、责任追究制度，完善环境治理和生态修复制度，着力推进绿色发展、循环发展、低碳发展，形成资源节约和环境友好的空间格局、产业结构、生产方式、生活方式。开展生态治理，建设美丽中国，关系公众福祉，关乎民族未来。

毫无疑问，推进国家治理体系和治理能力现代化需要智慧而有策略的顶层设计。罗尔斯在《正义论》中提出了社会公正的两条基本原则：一是普惠的原则，每一个社会成员都应该享受同等的权利、义务和福利；二是差异的原则，每一个社会成员具有先天禀赋和后天能力的差异，社会应该为弱势者提供一定程度的照顾和补偿。通俗地说来，"满足多数，保护少数"的国家治理能够达成社会最基本的"权"、"利"和"善"，能让公众幸福而有尊严地生活、让社会公正而又和谐地运转。为此，新时期的国家治理改革必须从原先的"从下至上、先易后难、循序渐进、单项突破"转变为"从上到下、以难带易、平行推进、重点突破"，选准影响经济社会发展的"重点领域"和"关键环节"，以"刮骨疗毒"和"壮士断腕"的勇气冲破障碍和阻力，从而实现民族复兴的伟大"中国梦"！

与此同时，推进国家治理体系和治理能力现代化需要学术人的公共责任和学术作为。当下的社会是一个需要表达的社会，当今的时代是一个寻求逻辑建构的时代。社会需要知识，时代借力学术，具备学院水准、时代责任和人文关怀的学术人的学术修为、知识供给和理论贡献在今天变得尤为重要。为此，当下学术人必须提升学术研究的质量和水平，必须拓展学术开放度和学术自主性，必须具备国际化视野、专业化精神和本土化路线，从科学理论中寻找本土的现实注脚，从本土素材中提炼理论的科学养分，回归常识，累积个案，追寻真实，积极推动原创研究、微观研究、深度研究的开展。

书山有路，学海无涯！站在南海边上的中国，我们尽情地展示我们的热情、我们的呼吸、我们的稚嫩。我们深知，在学术的道路上，我们仅仅是蹒跚学步的孩子，只有站在前人和他人的肩膀上，才会看得更清、更高、更远！真心期待《南国公共管理文库》的编辑和出版能够为推动中国社会科学学术研究的繁荣和发展尽点绵薄之力！

是为序！

陈潭

2014 年 2 月 24 日

于广州大学城

序

晚清以来，中国遭遇了三千年未有之大变局。从外部来看，西洋列强不断入侵，救亡图存的压力迫使中国从一个传统的农业帝国向现代民族－国家转型，以抵御列强不断的蚕食和侵略。就内政而言，晚清当局因太平军起义等内患而日益失去中央的纵向控制之力，湘淮军队的崛起更进一步加剧了政治权力的地方化和碎片化，最终演变为北洋军阀割据下的国家分裂格局。20世纪初的内外政局表明，书写现代民族—国家建构（nation-state building）的伟大篇章乃是古老的中华帝国获得新生、华夏民族屹立于世界民族之林的历史选择。

就理论上而言，现代中国的民族—国家建构有三大目标需要完成，即建立主权国家、统一的多民族国家和公民国家。1949年中华人民共和国的成立，标志着现代中国完成了主权国家和统一的多民族国家的建构，摆脱了晚清以来政治分裂、社会崩溃的困境。然而，这并不代表中国现代国家建构进程的终结，毋宁说意味着从此以后中国的国家建构应以公民国家为历史方向而努力。

不过，历史的事实表明，现代中国迈向公民国家之路相当曲折。其原因固然复杂，但无疑与现代中国立国的逻辑起点有关。正如邹谠先生所洞察到的，中西国家建构的关键区别之一，在于"现代西方民主国家的建立是从'公民'的概念出发。英国早在18世纪的时候，人民个人与生俱来的自由权利观念已经确立，并有制度上的保障。到了19世纪，英国在人权的基础上完善了公民参与政治的制度。最后在20世纪，公民的概念更进一步包括了人民在社会上、经济上的一些权利，变成了福利国家的一个基础。……新中国的成立，实际上是以'群众'的观念而不是以'公民'的观念为指导思想。'群众'的观念看重社会某些阶层的社会和经济上的权利，而忽略了个人的自由权利。"① 因此，在一定意义上，可以说，建国的逻辑起

---

① ［美］邹谠：《二十世纪中国政治：从宏观历史和微观行动的角度看》，牛津大学出版社1994年版，第7—8页。

点之不同造成了中西国家建构的巨大差异。

中华人民共和国成立后，建构公民国家的努力主要体现在宪法的制定上。1954 年宪法第三章即明确规定了"公民的基本权利和义务"，1982 年宪法更是将"公民的基本权利和义务"由之前第三章的位置调整到第二章，置于有关"国家机构"的内容条款之上。但是，虽然新中国成立后形成了宪法和公民的叙述话语，但公民权利却始终难以在实践层面得到全面落实。其中一个重要的问题就是，国家通过城乡分隔和户籍制度，造成了市民和农民在身份上二元划分，使得农民根本没有获得公民身份的待遇。作为中国共产党革命之基础的农民，长久以来不得不忍受各种差异性的待遇，其政治、经济和社会权利都没有得到充分的保障。作为中国人数最为众多的群体，新中国成立以后农民的身份问题，突出地表明了以"群众"为逻辑起点的国家建构方式，使得中国未能顺利走向公民国家。

随着改革开放，中国开启了城市化这一伟大的历史进程，带来了农民身份变化的历史性契机。因为城市化的目标就是要消弭城乡二元分割，让所有人成为国家治下的拥有平等权利和义务的市民。故此，城市化是农民身份变化的转折点，也是农民获得公民身份的起点。农民身份的转化，形式上是获得市民地位，实质上则是获得公民身份。从这个意义来看，改革开放是中国国家建构历史进程的一个部分，城市化进程中农民身份的转化关乎的是中国公民国家的建构。

那么，城市化中的农民将如何获得公民身份呢？从西方的历史经验来看，获得公民身份的途径大致有两种，其一是通过国家自上而下的扶持和推动，其二则是通过民众自下而上的行动和抗争。基于历史情境的不同，西方各国发展公民身份的道路也不同。于是，当代中国农民将通过何种途径获得公民身份，就是一个具体而又现实的问题，也正是蒋红军博士这部《城市化进程中农民身份转换研究》所要探讨的问题。

缘于对现代中国国家建构的宏观认识，蒋红军博士选择了以公民身份建构这一独特的视角，来研究城市化进程中农民的身份转变问题。他提出了既关注政府制度建构又考察农民抗争行动的"权利一体论"，聚焦于农民如何经由新的社会建制与主体实践转变为现代公民，探讨农民公民身份转变的路径、机制、走向和影响。值得注意的是，针对以往公民身份研究中以迈克尔·曼、查尔斯·蒂利等为代表的国家主导公民身份发展战略，和马歇尔、特纳、福克斯等为代表的公民身份发展的社会建构过程这两种不同的研究进路，蒋红军博士通过成都市 S 乡和广安市 G 镇两个样本的对比性研究，展示了中国农民的公民身份转变中，既存在政府还权破除身份边界的国家建构进路，又存在农民抗争塑造公民行动的下层抗争进路。

在此基础上，蒋红军博士进一步分析认为，中国农民公民身份权利发展的宏观动力来自于国家与社会的互相建构，微观动力则源于中央与地方关系下的差异性地方政府行为，从而形成了与西方经验不同的农民公民身份权利发展时序。虽然蒋红军博士的分析和论述仍有可商榷之处，某些观点也可以进一步讨论，但客观而言，其研究一方面展示了中国农民的公民身份发展问题上的丰富性和复杂性，为公民身份的跨国比较研究贡献了中国经验，另一方面通过对具体案例的理论概括和学术总结，提出了能够与西方学者进行对话的公民身份发展理论。与此同时，选择研究并致力于呈现弱势群体所遭受的各种权利贫困和社会压迫，更是表现出了作者关注社会公正、追求善政良治的深切关怀。

从传统帝国走向公民国家，是中国国家建构进程中最后也是最伟大的篇章。然而，从晚清开始，公民国家的建构遭遇到了各种挫折。时至今日，公民国家的建构仍然面临着诸多困难，其中的一个关键正是农民能否以及如何获得公民身份的问题。事实上，在中国这样一个农村人口众多、农业传统悠久的国家里，唯有农民这一全社会规模最为庞大的弱势群体，都获得了完全的公民身份和待遇，才会真正地完成现代公民国家的建构，才会极大地促进以权利为基础的政治社会秩序的形成。因此，农民的身份转型不是一个单纯的农民的身份、地位的演变问题，其背后是中国完成国家建构、建立现代政治秩序的问题。在此意义上，对农民的身份转变研究是非常重要和富有意义的，这也正是蒋红军博士这一研究的价值所在。

是为序！

肖滨

2015 年 3 月 10 日

于中山大学康乐园小红楼玩月斋

摘　要

农民身份转变是指农民身份向市民身份转变、跨越城乡二元身份边界的实践过程。在城市化背景下，伴随着广泛发生的农民身份转变实践，众多社会现象随之涌现并引人深思，如农民不愿意做市民、虚市民化以及"钉子户"反抗强拆等，这些现象让研究农民身份转变的社会政治过程变得更具现实性、紧迫性和复杂性。

"政府自利论"与"文化转型论"是当前研究农民身份转变社会政治过程的两大主流观点，前者强调政府（特别是地方政府）基于自利动机着重从户籍制度改革来推动农民身份转变，而后者认为农民身份转变是农民文化素质提升和角色重塑的过程。虽然这两大观点呈现和解释了农民身份转型的某个面向，但是，其不足也比较明显：一是"政府自利论"不仅过于简单地假设国家给予农民城市户口就能解决所有问题，而且低估了政府（特别是中央政府）对于社会诉求的回应能力，总体上忽略了国家赋权过程中的复杂性；二是"文化转型论"集中讨论了公民的文化面向，容易沦为为政府政策辩护的工具，忽略了现实中的扩权问题；三是二者都缺乏对具体农民行动的分析，较少关注话语和行动的互动以及行动过程对于农民主体意识的影响。本书着重从构建主义的路径和公民身份的理论思路出发研究农民身份转变问题，力图克服上述两大观点的不足。

基于城市、城市化与公民身份间的关系理论，在城乡二元体制下，农民身份转变的社会政治过程，可以化约为农民公民身份权利发展问题。由此，本书将集中探讨在中国城市化背景下，传统农民如何经由新的社会建制与主体实践转变为现代市民，进而推动农民公民身份权利发展。

通过将此研究问题置于问题取向、经验取向与主客体并置的中国研究之中，本书基于类型学划分选取了四川省成都市 S 乡和四川省广安市 G 镇两个典型案例展开研究，尝试分析农民公民身份权利发展的路径、动力机制、发展经验及其变革性影响。

通过深入研究发现，农民身份转变的社会政治过程意味着农民公民身份权利关系与社会福利格局的大调整，其绝不单纯是城乡分治的户籍制度变更问题，更不仅仅是农民生活方式转变的问题，而是在于重新界定旧有农民身份的权利关系，在建设新型城乡关系的进程中重组农民与市场、农民与国家、农民与社会之间的权利关系；从公民身份建构的视野来看，农民公民身份权利的发展，首先表现为农民与市民之间平等地位的普遍化，然后才呈现为农民公民身份权利的动态发展过程。农民公民身份权利发展的宏观动力机制在于国家重建与社会抗争之间的互动，微观动力机制则在于中央与地方关系约束下的差异性地方政府行为，在二者的双重作用之下，农民身份转变具有两种并存发展的类型，即增量改革导向的城乡整合型和权益平等导向的农民抗争型。农民身份转变进程为讨论公民身份权利发展时序、社会结构变迁及地方传统更新等积累了宝贵经验，同时也给国家转型和社会发展带来了变革性的影响。它不仅使农民的改革主体性进一步回归，而且对于弥合国家构建的非均衡性和化解现代国家建设危机发挥了重要作用。

改革开放后，中国的政治社会秩序经历了以阶级划分为基础向以利益为基础的转型。进入新世纪以来，农民身份转型极大地促进了农民公民身份权利发展，标志着中国正迈向以权利为基础的政治社会秩序，这将推动着中国政治社会秩序的再次转型。

关键词：公民身份；公民身份权利；建构主义；身份转型；农民研究；政治发展

ABSTRACT

The transformation of peasants' status is a practical process of peasants' citizenization which crosses the boundary between urban and rural China. In the context of urbanization, many social phenomena have appeared, such as peasants' counteractions of citizenization, pseudo–citizenization and die–hard households' resistance to governments' mandatory expropriation of the land, etc. All these social phenomena have made the research on the social and political process of the transformation of peasants' status more realistic, urgent and complex.

The theories of "government self–interest" and "cultural transformation" are two current dominant views accounting for this process. The former stresses the governments (especially local governments) that have been facilitating the transformation of peasants' status by promoting the reform of household registration system merely based on the motivation of their own interests. The latter one considers the transformation of peasants' status as the consequences of the improvements of the scientific and cultural quality of the rural population as well as the process of remolding peasants' national role.

Both of the theories have gained their merits undoubtedly in understanding the reality, yet their disadvantages may be evident. Firstly, the "government self–interest" theory not only assumes that the governments can resolve all issues about citizenship merely by providing the permanent city households to peasants, but also underestimates the governments' (especially central government) responsiveness to social demands, ignoring the complexity of the process of state empowerment to society; Secondly, the "cultural transformation" theory ,the main task of which is to discuss the cultural aspect of citizens, would easily become a tool to defend governments' policies, ignoring the reality of the expansion of citizenship rights;

Thirdly, both of their analyses lack of considering the peasants' actions, ignoring the interaction between their actions and discourses, as well as the influences of the course of actions on their consciousness. However, all these shortcomings can be overcome if a constructive approach to citizenship-in-making is adopted to account for the major issue about the transformation of peasants' status. Therefore, this book tries to analyze the transformation of peasants' status in urbanizing China from a constructive perspective of citizenship-in-making.

According to the theoretical relationships among the city, urbanization and citizenship, the research on the socio-political process of the transformation of peasants' status within the urban-rural dual system could be predigested as studying development of citizenship rights of the peasants. Thus, the main question of this research is changed into the question: how can the traditional peasants be transformed as the modern citizens through the construction of some new social institutions as well as the practices from subjectivity in the context of urbanization, promoting the development of the citizenship rights of the peasants?

This book studies these issues such as the path, the motivation system, the experience and the influences of the development of peasants' citizenship rights with two cases from S town and G town in Sichuan Province through the analytical approach of problem-orientation, experience-orientation and juxtaposition of subject and object.

This book finds out that the social and political process of the transformation of peasants' status actually means the content of citizenship rights and social welfare structure needed to be readjusted, which may not simply require to change the urban-rural divide and solve the household registration system problem, or just be seen as a problem of how to improve the living ways of peasants, but rather to redefine the traditional relations of various peasants' rights, and reconstruct the right relations between the peasants and market, the peasants and the state, the peasants and society in the process of new-type urbanization; The development of citizenship rights of peasants can be observed as a dynamic process with the generalizations of an equal status between the farmers and citizens as its precondition; The macrodynamic mechanism of the development of peasants' citizenship rights comes from the interaction between the state building and social struggles. The micro-dynamic mechanism derives from the differentiations of the local governments' behaviors which lie in the constraints of central-local relations. Because of these mechanisms, there are two types of transformations of peasants' status. One is the incremental reform-oriented, which integrates urban and rural areas as its main character. The other one is interests equality-oriented, with peasants' struggles to call for equal rights; The transformation process of peasants' status has not only provided some valuable experience to understand the timing of citizenship rights development, social structure transition and updating of the local traditions, but also brought a positive influence to the state transformation and social development; This transformational impact has brought the peasants back to be the subject of the transformation. In addition, it also has bridged the non-equilibrium situation and helped a lot to resolve the crisis in the modern state building.

China has experienced a transition from class-based to the interest-based division in its political and social order after the reform and opening-up. In the new century, as the transformation of peasants' status has greatly promoted the development of citizenship rights, it indicates a right-based political and social order gradually emerging in contemporary China and facilitated the second transition in political and social order.

Keywords: citizenship; citizenship rights; constructivism; status transformation; peasants study; political development

目　录

总　序 ··· 1

序 ··· 1

摘　要 ··· 1

ABSTRACT ··· 3

导　论 ··· 1

　　第一节　研究问题和研究目的 ··· 1

　　第二节　重要概念 ··· 4

　　第三节　文献综述 ··· 14

　　第四节　研究方法和研究资料 ··· 41

　　第五节　研究价值与研究局限 ··· 47

　　第六节　论证思路和篇章结构 ··· 49

第一章　理论对话：公民身份发展的双重路径与策略选择 ··················· 52

　　第一节　国家主导公民身份发展战略 ·· 53

　　第二节　公民身份发展的社会建构过程 ··· 60

第三节 公民身份发展的策略选择 ·· 65

第四节 中国公民身份发展实证研究的未来方向 ·················· 69

第二章 类型诠释：中国农民身份转变的整体图像 ················· 71

第一节 城乡边界与公民权利：中国农民研究的新基点 ····· 71

第二节 增量改革导向的城乡整合型 ·································· 76

第三节 权益平等导向的农民抗争型 ·································· 80

第四节 政府还权与农民抗争：农民身份转变的整体路径 ·· 84

第三章 政府还权破除身份边界：以成都市S乡为例 ············· 89

第一节 中国城乡关系变革进程中的成都市S乡 ················ 89

第二节 权利发展导向的农民身份分化与重构 ··················· 98

第三节 消解村民身份与公民身份间的紧张 ····················· 127

第四节 跨越农民与市民间的身份边界 ··························· 131

第四章 农民抗争塑造公民行动：以广安市G镇为例 ············ 134

第一节 城市化进程中的被征地农民维权 ························ 135

第二节 G镇星河片区政府征地中的八年农民抗争 ··········· 139

第三节 理据、诉求与话语：公民身份权利意识的觉醒和发展 ······· 146

第四节 公民身份权利意识与行动主义公民 ····················· 157

第五节 为公民身份权利而斗争的逻辑意涵 ····················· 170

第五章 农民公民身份权利发展的动力、时序与经验 ············ 173

第一节 宏观动力：国家与社会互相构建推进农民权利发展 ······· 174

第二节 微观动力：中央与地方关系下的差异性地方政府行为 ······· 179

第三节 发展时序：农民公民身份权利发展路线图 ··········· 184

第四节 基本经验：比较视野中的农民公民权利发展 ········ 189

第六章 农民身份转变的变革性影响 ……………………… 193

    第一节 主体性回归与农民权利发展非均衡性 ………… 193

    第二节 农民身份转变与中国公民身份发展 …………… 195

    第三节 弥合现代国家构建非均衡性与化解国家建设危机 ……… 198

结 语 ………………………………………………………… 202

参考文献 …………………………………………………… 207

附 录 ……………………………………………………… 227

后 记 ……………………………………………………… 230

导　论

第一节　研究问题和研究目的

　　紧随市场化经济改革之后，社会建设已经成为执政党的重要施政目标。[①]与此同时，在文明社会[②]的框架以内，社会领域的重要性也被学术界寄予厚望，埃里克·赖特（Erik Olin Wright）在对资本主义提出十条核心批评之后，认为把"社会"还给社会主义，通过"社会赋权"（social empowerment）的方式，可以为人们反抗资本主义指明斗争的方向。[③]不管从何种意义上去理解社会建设，要使良好的愿望不被悬置起来，其前提条件就是要先有一个"社会"。因而，"社会的生产"作为一个基本的转型问题引起了中国学术界的广泛重视，引介和深入研究"市民社会理论"[④]与"社会学的马克思主义"[⑤]即是明证。尽管如此，为了免于国家专制、社会压迫与全球化冲

---

　　① 十七大报告明确指出，"社会建设与人民幸福安康息息相关。必须在经济发展的基础上，更加注重社会建设，着力保障和改善民生，推进社会体制改革，扩大公民服务，完善社会管理，促进社会公平正义，努力使全体人民学有所教、劳有所得、病有所医、老有所养、住有所居，推动建设和谐社会"。

　　② 文明社会表示国家领域、有志愿组织组成的公众领域以及涉及私营企业和工会的市场领域这三者之间一种有活力的和相互作出反应的公开对话领域。参见［美］托马斯·雅诺斯基：《公民与文明社会》，柯雄译，辽宁教育出版社2000年版，第16页。

　　③ ［美］埃里克·赖特：《把社会还给社会主义》，吕佳龄译，载李友梅、孙立平、沈原主编：《转型社会的研究立场和方法》，社会科学文献出版社2009年版，第137－182页。

　　④ 20世纪90年代以来，以邓正来、景跃进为首的一批学人开始在大陆引入市民社会理论，通过对"现代化框架"的批判，来检视中国的发展研究，极大地推动了市民社会及其研究的形成和发展。

　　⑤ 进入新世纪以后，孙立平、沈原、郭于华等学人开始引入麦克·布洛维的公共社会学理论，向国内学术界介绍"社会学的马克思主义"，力图通过把"社会"带回到马克思主义的方式，将"社会"提升到马克思主义的核心地位，用社会来平衡和制约市场的入侵、国家的控制以及二者的联盟。参见［美］麦克·布洛维：《公共社会学》，沈原等译，社会科学文献出版社2007年版，第188－287页。

击，公民身份对于市民社会的发展相当重要。[①] 社会领域也只有与公民身份权利的运作和生产建立联系，才能有效克服各种非政府组织"形同质异"（isomorphism）的异化困境，从而发挥积极的能动作用。所以，相较于"社会的生产"，生产公民和扩展公民身份，对于转型中国而言，具有更为重要、紧迫的现实意义。

事实上，新世纪伊始，公民与公民身份研究已经为国内学术界所重视，特别是在法学、政治学、社会学等学科中，正成长为一个新颖而有力的理论观察视角。就现实变迁而言，公民身份奠定了中国未来社会、政治转型的基础。一方面，随着中国国家构建理性化、民主化和法治化的步步深入，中国正逐步进入一个立足于公民身份权利的公民政治时代。同时，随着中国共产党开始探索从一个革命党向执政党的转变，中国政治正表现出从阶级政治向公民政治的转型趋势。[②] 另一方面，随着改革开放的深入推进，经济市场化的改革导向拉大了中国居民的收入差距，财富分配严重失衡，中国的社会结构开始定型化为一种两极社会，赋予和扩展弱势群体的公民身份权利，完善和增强他们表达利益诉求的能力，才能生产出数量众多的公民，这将是推进公民政治和化解两极社会弊病的一剂良方。

公民身份是一个追求平等与公正的社会秩序整合理论。各个国家大致通过两种方式来构建公民身份："一是在公民身份的类型与程度中间作出区别，它们隐含着不同的权利、义务和与政府的关系；二是公开宣布一般的权利与义务安排，这种安排实际上在运用于一个国家民众的不同部分时明显不同。"[③] 站在大历史的高度审视中西方国家构建公民身份的漫长进程，西方国家大体上依据第一种方式构建公民身份，其中公民身份权利经历了"从无到有"的成长过程。在此过程中，国家主导的社会建制改革、个体抗争或社会运动是推动公民身份权利扩展的主要动力。而中国构建公民身份则主要依据第二种方式进行。纵观 60 多年国家建设发展史，虽然政府在国家

① Agnes S. Ku, "Beyond the Paradoxical Conception of 'Civil Society without Citizenship'", *International Sociology,* Vol. 17, No. 4 (December, 2002), pp. 529 – 548.

② 景跃进：《从阶级政治到公民政治：城乡人口按相同比例选举人大代表的意义》，《公共行政评论》2008 年第 6 期。

③ [美] 查尔斯·蒂利：《身份、边界与社会联系》，谢岳译，上海世纪出版集团 2008 年版，第 204 页。

建设进程中始终不遗余力地推动公民身份权利发展，但是，在此之外有另外一个画面却不容我们忽视，即公民身份权利扩展是部分群体通过社会抗争使之"从虚到实"的社会政治结果。

聚焦于权利缺乏的农民群体，农民的公民身份权利发展就与第二种构筑方式相互印证。在法律意义上，农民与市民都归属于宪法层次上的国家成员，享受同等的公民身份权利。然而，"公民身份的同一性与公民权利的差异性之间存在着鸿沟。"[①]公民身份权利在实践层次上呈现出两个面向：一是无论农民还是市民享有的都是受限制的公民身份权利；二是农民与市民享有的权利具有差异性、等级性，市民被形象地称为享有"一等公民身份权利"，农民则享有"二等公民身份权利"，农民公民身份权利与市民相比明显不足与欠缺。因而，研究城市化背景下农民身份转变的社会政治过程——从农民身份向市民身份转变、跨越城乡身份边界的实践，从公民身份构建视角出发，其可以被化约为研究城市化进程中农民公民身份权利发展问题。

农民身份转变是现代化的必然发展趋势，是解决中国"三农"问题的主要环节。[②]伴随着市场化、工业化和城市化的推进，特别是在执政党提出统筹城乡发展的方针之后，农民身份转变实践正在大规模地发生。从西方社会获取现代性的实践来看，城市、城市化与公民身份的扩展息息相关，公民化是城市化的一种呈现。然而，当前我国农民跨越身份边界向市民身份转变的实践却并不顺利，不仅与西方理论形成鲜明对照，而且出现了许多"吸引人眼球"的社会现象：一是农民不愿意做市民，"农转非"后后悔，甚至要求恢复农民身份；二是整村农民因政府征地拆迁，个个成了拥有"百万元"甚至上亿元资产的新市民；三是虚城市化与虚市民化并存；四是"钉子户"抗争与政府强制拆迁等等。这些现象让研究农民身份转变的社会政治过程变得更具有复杂性和现实紧迫性。

---

　　①　俞可平：《新移民运动、公民身份与制度变迁——对改革开放以来大规模农民工进城的一种政治学解释》，《经济社会体制比较》2010年第1期。

　　②　何伟：《转变农民身份：解决困难群体之路——对"十一五"规划的一项建议》，《经济研究导刊》2006年第3期；后小仙：《制度创新与政策选择——基于农民身份转换的视角分析》，《中国行政管理》2006年第4期。

在既有的研究成果中，无论是以户籍制度变革为中心的"政府自利论"，还是以素质提升及角色塑造为中心的"文化转型论"，它们都不能恰切地分析和诠释该变化过程。因而，诠释该变化和探索其中的规律，弄清中国城市化对于农民公民身份权利发展的现实影响，是汉语学术界理应作出的担当。由此，本书尝试将农民身份转变置于公民身份建构视阈中考察，通过选取成都市 S 乡与广安市 G 镇为个案进行双案例研究，以现实中的城乡一体化改革和农民维权实践为研究对象，在理论与现实的张力中聚焦如下研究问题：

在城市化背景下，传统农民如何经由新的社会建制与主体实践转变为现代市民，进而推动农民公民身份权利发展，并借此揭示和探讨农民身份身份转变的路径机制、发展走向与政治影响。

第二节　重要概念

在开展深入研究之前，需要对研究中涉及的重要概念给予澄清和界定，它们或是本书研究的行动主体，或是核心概念，或是背景性概念，即身份、公民身份、农民与市民、城市化与城乡一体化。

一　身份

"身份"的含义非常复杂，它不仅在词源学上历史久远，而且与此相对的英文词也不少，如 identity、status、standing，其中除了 standing 比较少用之外，identity 与 status 在学术文献中则经常使用。自 20 世纪六七十年代以来，身份研究备受关注，身份成为文化研究、社会秩序研究及心理认同研究中的热门词汇。不同学者对身份给予了不同的界定，如阎嘉认为，"identity 这个词语具有两种基本含义：一是指某个个体或群体据以确认自己在特定社会里之地位的某些明确的、具有显著特征的依据或尺度，如性别、阶级、种族等，在这种意义上，我们可以用'身份'这个词语来表示……在另一方面，当某个个体或群体试图追寻、确认自己在文化上的'身份'时，identity 可以叫做'认同'。从词性上看，'身份'应当是名词，是依据某种尺度和参照系来确定的某些共同特征与标志；'认同'具有动词性质，在多数情况下指一种寻求文化'认同'的行为。"① 马歇尔 (T.H. Marshall) 则经常使用 status 这个词来表示"身份"，在现代社会又常译为"地位"，他指出，"身份，正如社会学家们所使用的那样，不仅与法律地位相似，而且还延展到包括那些不是法律所决定的地位。它包括社会希望特定地位拥有者作出的所有分内行为，以及其他人对他所发出的所有适当的交互行为。以这样的方式来说，我们是真正从许多社会学家所说的'角色'角度来描述身份的"②，"地位在结构与个体之间充当了联系纽带，因此它具有一种双面性外观，一方面它与结构联系在一起，另一方面又与个体联系在一起，地位的功能主要表现在它在社会结构系统中所起的作用上，表现在地位占有者所能够通过其行为来履行地位所要求的功能上。"③ 张静则从社会整合的角度认为，"身份是社会成员在社会中的位置，其核心内容包括特定的权利、义务、责任、忠诚对象、认同和行事规则，还包括该权利、责任和忠诚存在的合法化理由。"④

从学者们对身份的界定来看，身份、认同与角色三个词语非常容易混淆。就差异性而言，它们仍有各自强调的侧重点，简单地说，身份建立的是社会位置，认同建立的是文化意义，角色建立的则是行为功能；从关联性来说，身份是一个流动的、建构的概念，它不仅仅受到社会结构、参照群体的制约，更受到主体认同、角色互动的影响。因而，身份是指在社会结构与制度建制制约之下某个个体或群体在社会中位置，承载着特定的权利与义务关系，其主体通过分内行为以及主体与参照群体之间的角色互动对

---

① 阎嘉：《文化身份与文化认同研究的诸问题》，载周宪主编《中国文学与文化的认同》，北京大学出版社 2008 年版，第 4 页。

② ［英］T.H. 马歇尔：《社会地位的本质与决定因素》，载郭忠华、刘训练编《公民身份与社会阶级》，江苏人民出版社 2007 年版，第 115 页。

③ ［英］T.H. 马歇尔：《一个关于"status"的注释》，载郭忠华、刘训练编《公民身份与社会阶级》，江苏人民出版社 2007 年版，第 135 页。

④ 张静：《身份：公民权利的社会配置与认同》，载张静编《身份认同研究：观念、态度、理据》，上海人民出版社 2006 年版，第 4 页。

其进行确认或拒斥。作为一个动态的概念，身份变化往往呈现为从动态到静态再到动态的循环发展演化过程，本书使用的农民身份、市民身份及公民身份概念均应在此意义上加以界定和理解。

二 公民身份

公民身份是本书最核心的概念之一，我们要清楚界定其内涵需要跨越两重障碍。一方面，学术界对于该概念并未形成充分共识，概念的内涵与外延伴随着急剧的社会变迁而处于变动发展之中。另一方面，公民身份是一个典型的西方理论概念，若将其用于中国经验的实证研究，则面临着如何进行操作化的艰巨挑战。为此，本书将首先分析几位重要研究者对公民身份概念的内涵阐述，然后尝试归纳其中的共性，指出本研究是在何种意义上使用公民身份概念，并简约交代运用该概念开展研究的操作化策略。

马歇尔对于公民身份的定义无疑是我们展开研究的重要起点。在其研究公民身份的匠心之作《公民身份与社会阶级》中，马歇尔将公民身份定义为一种地位，一种共同体的所有成员都享有的地位，所有拥有这种地位的人，在这一地位所赋予的权利和义务上都是平等的，其中公民身份权利包括法律权利、政治权利与社会权利三个部分。[①] 马歇尔所给出的公民身份定义属于典型的"地位论"。托马斯·雅诺斯基 (Thomas Janoski) 在地位论意义上对其作了另一种形式的表达，即"公民身份是个人在一民族国家中，在特定平等水平上，具有一定普遍性权利与义务的被动及主动的成员身份"。[②] 同样，基思·福克斯 (Keith Faulks) 透过对自由主义公民身份本质及其限制的讨论，认为公民身份是指社会成员的特定地位，其内涵包括了各种权利、法律与社会责任，并坚持平等、正义与自治的价值。[③]

对比"地位论"，另外一种观点则是"实践论"。特纳 (Bryan S. Turner) 在《公民身份与社会理论》中，从广义且带创新性的角度来使用公民身份概念。他将公民身份定义为一组政治、经济、司法和文化上的实践，通过

---

① [英]T.H. 马歇尔：《公民身份与社会阶级》，刘训练、李丽红、宁睿英译，载马德普、[加]威尔·金里卡编《中西政治文化论丛》（第五辑），天津人民出版社 2006 年版，第 507—574 页。

② [美]托马斯·雅诺斯基：《公民与文明社会》，第 11 页。

③ [美]基思·福克斯：《公民身份》，黄俊龙译，巨流图书公司 2003 年版，第 19 页。

各种实践,人获得了成为社会成员的能力,资源在个人和社会团体之间得到有益配置。弄清这个定义的一些最重要方面具有非常大的用处。一方面,强调实践的理念显得非常重要,这样可以避免把国家和司法上的公民身份权利仅仅作为一组权利和义务的集合来看待;强调实践能够帮助我们理解公民身份的动态社会建构,公民身份的历史变迁过程本身就是政治斗争的结果。因而,社会实践的概念是想把公民身份描述为一个名副其实的社会学概念,以区别于法律或政治意义上的概念;另一方面,这一定义把公民身份彻底推进了不平等、权力差异与社会阶级争论的漩涡之中,因为公民身份本身就与社会中不平等的资源分配具有密切联系。①皮埃尔·罗桑瓦龙(Pierre Rosanvallon)的研究对实践论作出了最佳的注脚。通过从一个综合的视角论述法国普遍选举的征服史,他认为公民身份既是一个争取融合与承认斗争的焦点,又是充实选举正当性的诉求起源,更是与选举实践的历史混同起来的文化进程。②

伊辛(Engin F.Isin)试图超越"地位论"与"实践论",他认为公民身份既是包含权利与义务总体结构的法律性地位,又是一个包含政治、法律、社会、文化、性别等多元化面向的公民塑造实践过程。但是,公民身份的这两个面向并未被伊辛等量齐观,从动态与关系的角度出发,伊辛强调公民身份研究从制度向行动的本体论转移。通过引入"创设公民身份"(enacting citizenship)和"公民身份行为"(acts of citizenship)两个政治词汇,伊辛转向关注公民身份的落实,即不再关注公民身份的制度结构,以及这种制度结构如何规定人们必须如何行动,而是转向关注人们实际是如何行动的。③这种转向促使伊辛尝试将公民身份行为理论化。他提出了公民身份行为理论化的三项原则,一是通过行为动机与结果解释经由创造性场景而塑造的不同于"积极公民"(active citizens)的"行动主义公民"(activist citizens);二是公民身份行为所生产出来的行动者(actors)对于反抗不正义

---

① [英]布雷恩·特纳:《公民身份理论的当代问题》,载[英]布雷恩·特纳编《公民身份与社会理论》,郭忠华、蒋红军译,吉林出版集团有限责任公司2007年版,第2—3页。

② 参见[法]皮埃尔·罗桑瓦龙《公民的加冕礼:法国普选史》,吕一民译,上海世纪出版集团2005年版,"结论"部分。

③ 肖滨、郭忠华、郭台辉:《现代政治中的公民身份》,上海人民出版社2010年版,第74—75页。

负有公共责任；三是公民身份行为不需要以法律为基础或以法律的名义而发生。^①在此基础上，伊辛建构了一个公民身份分析框架，用于标示公民身份的五个基本轴线：行动者 (actors)、权利 (rights)、场域 (sites)、空间尺度 (scales) 与行为 (acts)。^②

综观公民身份概念的各种论述可知，公民身份是一个复杂的多面向概念，是一个动态的历史发展过程。在不同的思想传统中，在不同的国家政体中，公民身份有不同的侧重点。目前学术界对公民身份的标准化定义并未取得一致意见。^③结合研究问题和研究意图，本书主要是在下面两个意义上使用公民身份概念。一是从建构主义^④的路径来看待公民身份，将其视为通过动态的主体实践而达到某种权利平等地位的过程，此可称为公民身份构建视野（a constructive approach to citizenship-in-making）；二是公民身份的内涵具有政治、法律、文化、心理及道德等多个面向，其中公民身份的政治面向则是我们的主要关注点。为此，本书所界定的公民身份概念主要包含三个层次的内涵。

首先，公民身份是一种价值理念。它在一民族国家中追寻正义与公正，坚持平等与人权，拥护宪政与民主。其次，公民身份以权利与义务为实质要件。公民身份的主题是观照个体、公民与共同体三者之间的关系，不同的关系建构了权利与义务的不同组合关系。在形式繁多的共同体内，自由主义公民身份传统着重强调权利，而共和主义公民身份传统则着重强调义务与责任。最后，公民身份是一种双向的制度化实践。公民身份并非是空

---

① Engin F. Isin, "Theorizing Acts of Citizenship", in *Acts of Citizenship,* ed. by Isin, Engin F. and Nielsen, Greg M, London: Palgrave Macmillan, 2008, pp. 15—43.

② Engin F. Isin, "Citizenship in flux: The figure of the activist citizen", *Subjectivity* (2009)29, pp. 367—388.

③ Charles Tilly, *Citizenship, Identity and Social History,* New York: Cambridge University Press, 1996, p. 8.

④ 建构主义认为，"世界是客观存在的，但是对于世界的理解和赋予的意义都是每个人自己决定的。我们是以自己的经验为基础来构建现实，或者至少说是在解释现实。我们的个人世界总是用我们自己的头脑创建的。由于我们的经验以及对经验的信念不同，于是我们对外界世界的理解也是各不相同的，所以建构主义更关心如何以原有的经验、心理结构和信念为基础来构建知识"。参见 http://zh.wikipedia.org/wiki/%E5%BB%BA%E6%A7%8B%E4%B8%BB%E7%BE%A9_(%E5%AD%B8%E7%BF%92%E7%90%86%E8%AB%96)。

洞的价值理念，其权利与义务关系内含于众多的制度与机构之中，从而使其成为一个具有行动能力的话语概念，它不仅通过重新配置资源等方式为社会整合和社会成员身份标准化提供基础，更通过表达正当性权利诉求为许多社会冲突与社会斗争提供支持。

　　概而言之，从公民身份构建视角出发，如图0-1所示，公民身份是作为过程的动态实践与作为结果的静态地位的辩证统一，其指各行动者依据公正与平等理念，借助制度、意识、行为以及政治空间所形成的互动关系，塑造出以抗拒不公正为中心议题的公民主体与行动场景，挑战、修正或创设有关个体与共同体间权利与义务关系的制度安排。

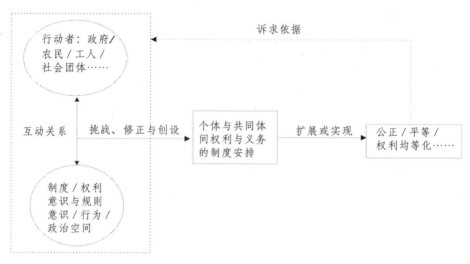

图0-1　公民身份概念视图

　　那么，本书如何对公民身份概念及理论进行操作化并运用于中国农民身份转变研究呢？

　　第一，公民身份理论包含着对公民权利与公民义务的双重关注，农民身份转变同样涉及权利与义务两个层面的调整。然而，本书的研究重点则主要在农民的公民身份权利层面，但这并不意味着公民身份义务对于农民身份转变不重要。探究其原因，众所周知，农民群体是广泛存在的弱势群体中的一部分，权利缺乏是弱势群体的共同特征。面对权利缺乏的农民群体，更多关注公民身份权利，才符合权利与义务对等平衡的理论原则。农民在城市化背景下获取与扩展公民身份权利，不仅契合社会历史发展的潮流，而且反映当下真实的社会政治转型过程。

第二，本书所使用的公民身份权利概念包含法律权利、政治权利、社会权利与参与权利。前三种权利遵循着马歇尔的定义和用法，即法律权利包括人身自由，言论、思想和信仰自由，拥有财产和订立有效契约的权利以及司法权利；政治权利指参与行使政治权力的权利；而社会权利指的是从某种程度的经济福利与安全到充分享有社会遗产并依据社会通行标准享受文明生活的权利。① 第四种参与权利则依据托马斯·雅诺斯基的定义，指的是个人和群体通过他们对于市场、组织和资本的某种监控措施，参与私方决策的权利。②

第三，本书从公民身份构建视角研究城市化背景下中国农民身份向市民身份转变的社会政治过程，试图揭示农民公民身份权利发展的过程、机制与影响。该研究问题能够成立的前提在于，"公民身份的同一性与公民权利的差异性之间存在着鸿沟"。③ 正如俞可平所言，农民与市民都是中华人民共和国的公民，具有同一的国民资格，在应然层面拥有同等的公民身份和公民权利。然而，在实然层面，"农民是农村社区的成员，市民是城市社区的成员，他们的成员身份各不相同。城市社区的成员身份所享有的经济权益和政治权益，要多于乡村社区的成员身份。最终，作为公民的农民与作为公民的市民所拥有的公民权利事实上会有很大的差别。努力消除影响公民身份的成员身份差异，实现公民基本权利的平等，是政治进步的实质要求"。④ 进一步言之，农民与市民享有的公民身份权利不仅具有差异性，而且还具有等级性，市民被形象地称为享有"一等公民身份权利"，而农民则享有"二等公民身份权利"，由此，农民身份转变在公民身份理论观照下便能够化约为农民公民身份权利发展的问题。这种分析研究问题的策略，类似于苏黛瑞（Dorothy J. Solinger）、王小章、陈映芳等学者在研究农民工的公民

---

① [英]T.H.马歇尔：《公民身份与社会阶级》，第7—8页。
② [美]托马斯·雅诺斯基：《公民与文明社会》，第41页。
③ 俞可平：《新移民运动、公民身份与制度变迁——对改革开放以来大规模农民工进城的一种政治学解释》，《经济社会体制比较》2010年第1期。
④ 同上。

身份时所采取的操作化策略，它既考虑了研究的可行性，又可与目前学术界所开展的农民（工）市民化研究展开对话。

第四，当前使用公民身份理论研究中国问题的成果多数都欠缺对概念进行精细化处理，或者仅仅强调公民身份的某一个面向。本书在对公民身份概念进行界定的基础上，将对农民身份转变进行类型化诠释，并选取两个典型性案例对农民公民身份权利发展过程及结果进行全整性考察。

三 农民与市民

农民与市民是两个相互联系、相对而存在的概念，学术界对于其概念的内涵与外延还是具有相当的共识，它们在现代中国主要是户籍与职业结合而成的社会身份概念。"农民"概念在社会主义革命前后具有不同的内涵，根据黄宗智 (Philip C. C. Huang) 的研究，革命前的中国农民属于传统小农，集三种不同的面貌而成，一是维持生计者，二是追求利润者，三是受剥削的耕作者。[①] 革命后的中国农民经过社会主义改造，受剥削的阶级成员身份已不复存在，当前的农民主要是追求利润者与维持生计者的统一体。[②] 从社会学的角度来看，李培林界定了农民的三种说法：第一种是农民的经济学定义，认为农民是从事农业生产的劳动者；第二种将是否拥有城市户籍作为判断农民的标准；第三种则是从居住地来判断，居住在农村的劳动者就是农民。[③]

本书研究的是市场化经济改革与社会建设中的农民，随着人口流动性与劳动力转移速度的增加，职业与居住地标准已经不再适合对农民进行概念界定，因而，农民是指那些尚未取得城镇户籍的专业农业劳动者、兼业农业劳动者及准非农业劳动者，其权利实现主要凭借农村自治组织、传统村规民约以及乡村社会网络。而市民概念却不如农民概念那样具有诸多变化，当前的市民概念继承了城邦时代、中世纪时代的传统，即指那些享有市民权的城市共同体成员，就"类属性"而言，他们是拥有城市户籍的劳

---

① ［美］黄宗智：《华北的小农经济与社会变迁》，中华书局 2000 年版，第 1—7 页。
② 郑杭生：《农民市民化：当代中国社会学的重要研究主题》，《甘肃社会科学》2005 年第 4 期。
③ 李培林：《农民工：中国进城农民工的经济社会分析》，社会科学文献出版社 2003 年版，第 92—93 页。

动者，具有与农民不一样的日常生活方式和占据优势的权利实践层级。

四 城市化与城乡一体化

城市化一直是经济社会发展中的重要现象，也是学术讨论的一个核心概念。但是，学术界对其内涵尚有很大争议，未能形成充分共识。一方面，不同的城市化定义存在着较强的学科偏好。仁者见仁，智者见智。不同学科从不同角度对城市化现象进行归纳概括。如人口学认为，城市化是农村人口向城市人口转化的非农化过程；地理学认为，城市化是农村地域向城市地域转化和集中的城镇化过程；社会学认为，城市化是农村社区的生产、生活方式向城市社区的生产、生活方式转化的过程。[①]经济学家则认为，城市化就是农村的小农经济向城市的工业大生产转化的工业化过程。另一方面，各种城市化定义存在着一个核心标准的分化：是坚持以城市为中心，农村向城市集中，还是坚持城乡融合。以前者为标准所下的定义，如"所谓城市化，是落后的农业国在工业化、现代化过程中全面制度创新的结果，是一个国家内部人口、资源和产业在市场机制作用下以城市为主导重新进行空间配置的过程，其间伴随着全社会生产、生活方式的根本性变化"。[②]相反地，许多的城市化定义则依据了后一个标准，如"就地城市化"观点以及"乡村都市化不一定要走将农民迁移到大中城市的道路，而是生活方式的转化，表现在生活质量、生活水平的提高，或者说是物质、精神生活多样性的变化"。[③]

基于此，本书无意对城市化给出一个确切的定义，而是从两个方面加深对它的理解。其一，城市化是一个多学科的概念，人口、资源、景观、建筑、生产方式、生活方式、文明形态等"要素"都是城市化进程中需要转移的对象。然而，特别要强调的是，对城市化的研究需要增加政治学的研究视角，即在现代中国的城乡二元背景下，身份与权利也应成为城市化

---

① 周加来：《城市化·城镇化·农村城市化·城乡一体化——城市化概念辨析》，《中国农村经济》2001 年第 5 期。

② 赵新平、周一星：《改革以来中国城市化道路及城市化理论研究述评》，《中国社会科学》2002 年第 2 期。

③ 郭正林、周大鸣、王金洪：《广东省万丰村的社会发展——中国乡村都市化的一个案例分析》，《社会学研究》1996 年第 4 期。

过程中被转移的对象,其现实表现为农民身份向市民身份的转移和农民公民身份权利发展。从政治学的视角来看,城市成长、城市化与公民身份扩展存在着密切地联系。其二,城市化是一个动态的实践过程,到底应该坚持以城市为中心,还是坚持城乡融合,要看该地方所处的城市化阶段。城市化发展进程遵循着"S"形发展规律,当城市化处于起步阶段和快速发展阶段的时候,以城市为中心的"要素"单向流动就在所难免,而当城市化率达到 50% 从而进入基本实现阶段或进入完全实现阶段时,就会呈现出各"要素"在城市与乡村之间的双向流动。

相对于城市化概念的分歧与嬗变,城乡一体化的内涵则十分清晰。从城乡关系的历史发展轨迹来看,城乡发展历史大致沿着这样一条道路演变:乡育城市→城乡分离→城乡对立→城乡联系→城乡融合→城乡一体。① 作为城市化的最终目标,城乡一体化坚持城乡融合的标准,推动各"要素"在城乡之间的双向流动、优化配置及协调发展。本书非常同意具有政策决策与执行经验的黄坤明博士对城乡一体化概念的界定,即"城乡一体化是指在一定区域内,以广泛尊重城乡居民的发展权为前提,在城乡制度创新和制度运行协调的基础上,通过劳动力、技术、资金等生产诸要素的自由流动和配置,充分发挥城市和乡村各自的优势和作用,使城市和乡村在社会经济、生活方式、思想意识、生活水平及生态环境等方面广泛融合,形成'相互依托、优势互补,以城带乡、以乡促城,互为市场、资源共享,相互服务、共同发展'的城乡关系,实现城乡经济、社会、环境持续协调发展的过程"。②

---

① 周加来:《城市化·城镇化·农村城市化·城乡一体化——城市化概念辨析》,《中国农村经济》2001 年第 5 期。

② 黄坤明:《城乡一体化路径演进研究:民本自发与政府自觉》,科学出版社 2009 年版,第39 页。

第三节　文献综述

自 20 世纪 60 年代以来，身份概念被引入社会分析领域，在美国的社会科学和公共话语中开始广泛传播，影响极大。[①] 这种学术潮流推动着学术研究向前发展，许多研究者突破传统的学科界限，围绕着身份认同问题展开研究，形成一个重要的理论范式，其被冠之以认同政治、差异政治、新社会运动或者承认政治等等。[②] 在分析社会历史与政治过程时，依照查尔斯·蒂利（Charles Tilly）的说法，公民身份与身份彼此联系紧密、相互作用，共享着相同的概念性元素：行为者、类别、交易、联系、角色、团体、网络、共享故事等。[③] 在众多的身份中，公民是现代社会中的一种尤为重要的新身份。在各类身份政治理论学说中，公民身份是一个追求平等与公正的社会秩序整合理论。因而，本书试图通过公民身份建构视角来揭示旧身份（传统农民）在转型中国如何向现代市民身份转变，进而遏制"失范"的身份冲突，导向一种新的整合秩序。

公民身份理论是一个颇具西学色彩的政治理论，其理论源流可追溯到古希腊，相关的研究文献浩如烟海。伴随着清末以来的中国国家转型，探索中国公民身份发展的文献也不断增多，农民公民身份权利发展研究便是其中一个非常重要的研究主题，这些文献不仅构成城市化背景下中国农民身份转变研究的基础，而且对于拓展中国农民研究亦大有裨益。尽管相关的研究文献所涉论域众多，具体论题也不尽相同，但经过以问题为中心的文献梳理，本书将相关文献简约分为三类：①西方公民身份理论研究文献；②公民身份理论的中国经验研究文献；③城市化背景下中国农民身份转变研

---

① Rogers Brubaker and Frederick Cooper, "Beyond 'identity'", *Theory and Society*, Vol. 29, No. 1 (Feb., 2000), pp. 1—47.

② 潘建雷：《"身份认同政治"：研究回顾与思考》，载张静编《身份认同研究：观念、态度、理据》，第 37 页。

③ Charles Tilly, *Citizenship, Identity and Social History*, pp. 4—8.

究文献。其中，第三类文献将是我们综述的重点。三类文献之间的辅承关系如图0-2所示。

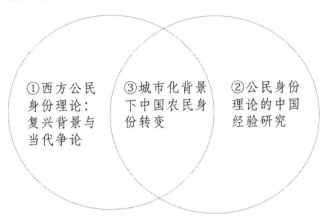

图0-2　研究城市化背景下中国农民身份转变的文献分类

一　西方公民身份理论：复兴背景与当代争论

公民身份是一个非常复杂的议题，特别是将其放到政治思想史的历史长河中看更是如此。马歇尔1949年发表的《公民身份与社会阶级》一文，推动了学界对公民议题的研究。世界历史情势的变化，特别是全球化的来临，也对公民理论提出了严峻挑战，为其发展创造了条件。经过60多年来的研究，公民身份理论取得了深入发展，但是，理论复兴与争论同在。在陈述理论复兴背景的基础上，本书将进一步分析当代关于公民身份理论的四大争论，从而加深对该理论的认识和理解。

（一）复兴背景

公民身份是连接公民个体与政治共同体之间的制度或情感纽带，存在着自由主义与共和主义两大学术传统，它们为公民身份的研究复兴与理论发展提供了充分的学术养料。20世纪90年代以来，公民身份成为当代政治理论中的"显学"，在西方学术界得到越来越多的关注，丰富的研究成果在该领域也不断涌现。这种欣欣向荣的发展局面主要有下面三个原因：

首先，公民身份理论的自身发展。20世纪末期，公民身份理论表现出明显复杂化的发展趋势：公民身份不仅在涵义上增添了性别公民身份、环境公民身份、文化公民身份、生态公民身份、科技公民身份等范畴，而且还在结构上突破民族—国家的政治藩篱，拓展了城市公民身份、地区公民身份、世界公民身份等层级。① 其次，公民身份理论能为弱势个人或群体的权利要求提供话语合法性。正如特纳与伊辛所言："公民身份研究的根本宗旨不在于著书撰文，而是要直面和处理世界各地的许多人群所遭受的不公正，使这些不公正显形于公共领域之中，使那些遭受不公正的群体在提出承认的要求时能够明确地说出这些不公正，进而使他们的这些要求能够落实到国家的和超国家的法律和实践之中，从而带来根本性的变革。"② 现代公民身份在本质上肯定了平等的价值，为弱势群体的诉求提供了强大的论述力量，让他们得以主张差别待遇的现象本身便侵犯了人的基本权利，损害了人性尊严的基础。历史上许多鼓吹扩大公民身份适用对象的运动（如 18 世纪反奴役运动，20 世纪 60 年代美国民权运动），全部都依赖于具有行动能力的公民身份理论的推波助澜。最后，公民身份理论需要回应全球范围内一系列新近的政治事件和政治趋势的挑战。如大众攻击福利制度、东欧剧变及民族冲突、移民与难民问题、欧盟的成长和发展等。③ 国际社会出现的这些变化给当代公民身份研究带来了许多的新课题，主题包括公民身份与福利国家、公民身份与前共产主义国家转型、公民身份与归化社会问题、公民身份与民族认同以及公民身份与文化认同等等。

（二）四大理论论争

其一，公民身份是地位还是实践？（status versus practice）

近半个世纪以来，"地位论"者强调公民身份是一种平等的成员地位，在这一地位上个体成员所享有的权利和履行的义务是平等的。他们主要关注的是居留权、同化、移民、外侨身份等问题。据此，自由主义公民身份力图消除在归化过程中的性别、种族与血统等障碍，推行平等、开放的公

---

① 郭忠华：《当代公民身份的理论轮廓——新范式的探索》，《公共行政评论》2008 年第 6 期。

② ［英］恩勒·F. 伊辛、［英］布雷恩·S. 特纳：《公民权研究：导论》，载［英］恩勒·伊辛、［英］布雷恩·特纳主编《公民权研究手册》，王小章译，浙江人民出版社 2007 年版，第 4 页。

③ ［美］托马斯·雅诺斯基：《公民与文明社会》，第 5 页；［德］哈贝马斯：《公民身份和民族认同》，载［德］哈贝马斯《哈贝马斯精粹》，曹卫东译，南京大学出版社 2004 年版，第 249－250 页。

民政策。①马歇尔、福克斯、雅诺斯基、布鲁贝克 (William Rogers Brubaker) 等对公民身份的定义均强调地位论。而特纳、吉登斯（Anthony Giddens）等人则是持"实践论"观点的代表人物，他们认为公民身份是一种实践过程，主要关注的问题是整合问题、团结问题、多元文化问题、教育问题以及民族主义问题等等。虽然大多数的公民身份研究者都认为地位论与实践论二者互为前提，然而涉及具体的问题分析时，他们大多数都会着重强调某个方面。②

其二，公民身份是支配制度还是赋权制度？(domination versus empowerment)

这种争论集中体现在迈克尔·曼 (Michael Mann) 与特纳之间，曼将公民身份视为统治阶级的策略，特纳则视公民身份为社会运动的权利表达。曼的观点与马歇尔颇为相似，都非常强调国家与统治阶级的自主性。马歇尔将公民身份视作一种制度发展，保障工人能够享受最少量的文明生活，从而防止疾病与失业。在战争动员、战后英国重建的大背景下，马歇尔的公民身份观点无疑为凯恩斯的货币理论、经济与社会再分配政策提供了社会学支持。③曼在马歇尔的基础上进行了扩展性比较研究，认为国家可以通过五种公民身份策略游刃有余地控制阶级斗争，即自由主义策略、改良主义策略、威权专制主义策略、法西斯主义策略以及威权社会主义策略。④而布赖恩·特纳则在修正曼的统治策略观点的基础上，认为公民身份是一个赋权的制度，它是为争夺资源而进行社会斗争的结果，与更加传统的阶级联盟相比，新社会运动更能推动当代公民身份权利的发展。⑤这种观点与公民身份是一种制度化实践过程的观点紧密相连，因而，"现在，人们已不再仅仅关注作为法定权利的公民权，而一致认为，公民权必须被理解为一种社会过程，通过这个过程，个体

---

① Christian Joppke, "Transformation of Citizenship: Status, Rights, Identity", *Citizenship Studies,* Vol. 11, No. 1 (February, 2007), pp. 37—48.

② Engin F. Isin, "Citizenship in Flux: The Figure of the Activist Citizen", *Subjectivity* (2009)29, pp. 367—388.

③ Engin F. Isin and Bryan S. Turner, "Investigating Citizenship: An Agenda for Citizenship Studies", *Citizenship Studies,* Vol. 11, No. 1 (February, 2007), pp. 5—17.

④ Michael Mann, "Ruling Class Strategies and Citizenship", *Sociology*, Vol.21, No. 3 (August, 1987), pp.339—354.

⑤ Bryan S. Turner, "Outline of a Theory of Citizenship", *Sociology*, Vol. 24, No. 2 (May, 1990), pp. 189—217.

和社会群体介入了提出权利要求、扩展权利或丧失权利的现实进程"。①

其三，公民身份是形式的还是实质的？ (formal versus substantive)

公民身份是形式的还是实质的，这是公民身份在全球化及人口移民背景下面临的新问题。"形式的公民身份可以被界定为'民族国家的成员资格'，实质的公民身份按照马歇尔的界定可以被看成一系列公民的、政治的尤其是社会的权利，也涉及某种参与政府事务的权利。"②按照布鲁贝克的说法，民族国家的成员资格模型应该包含六个成员判断准则：成员的平等地位 (egalitarian)、效忠国家的神圣义务 (sacred)、民族与文化的共享理解 (national)、民主社会的参与者 (democratic)、公民相较于非公民拥有的独特性 (unique)、拥有各项社会福利 (socially consequential)。③然而，此模型带来的问题是，它必须回应两个问题：一是某些具有形式公民身份的人，可能因为他们的阶级、性别、宗教等因素，而无法充分行使其实质权利。二是那些不具有形式公民身份的移民，能够享受许多独立于国家的正式成员资格的权利，如一些社会权利可以同等地给予公民和合法常住的非公民。由于移民与地主国的政治关系构成了从非成员到成员身份的一种连续体，因而，移民政策常常被研究者用来检视某个民族国家的成员资格问题。通过移民问题，学术界处理形式公民身份与实质公民身份的紧张关系也形成了许多观点，如"没有公民身份的成员资格"④(membership without citizenship)、"多元文化公民身份"⑤(multicultural citizenship) 等。

其四，公民身份是民族国家的还是后民族国家的？ (national versus post-national)

公民身份的研究始终离不开马歇尔的重要理论贡献，然而，马歇尔的

---

① [英]恩勒·F.伊辛、[英]布雷恩·S.特纳：《公民权研究：导论》，第6页。

② [英]汤姆·巴特摩尔：《公民身份与社会阶级：四十年回眸》，载郭忠华、刘训练编《公民身份与社会阶级》，第259页。

③ William Rogers Brubaker, "Immigration, Citizenship, and the Nation-States in France and Germany: A comparative Historical Analysis", in *Citizenship: Critical Concepts,* ed. by Bryan S. Turner and Peter Hamilton, London: Routledge, 1994, Volume Ⅱ, p. 311.

④ Rogers Brubaker, "Membership without Citizenship: The Economic and Social Rights of Noncitizens", in *Immigration and the Politics of Citizenship in Europe and North America,* ed. by Rogers Brubaker, Lanham: University Press of America, 1989, pp. 145－162.

⑤ [加]威尔·金利卡：《多元文化的公民身份——一种自由主义的少数群体权利理论》，马莉、张昌耀译，中央民族大学出版社2009年版。

公民身份研究是以民族国家为背景的，其论证过程存在着一个"国家功能主义"(national functionalism) 假设，即存在着既彼此独立又相互联系的民族国家文化、国家资本主义经济与国家政权，公民身份就是这样一个民族国家给予公民个体的权利恩惠。[1] 随着全球化来临、新社会运动兴起、欧盟的成长与发展等，许多研究者转向研究如何超越民族国家的边界与权威，从而生产出后民族国家公民身份权利。后民族国家公民身份研究的论域很多，自 20 世纪 90 年代以来，有关这方面的研究取得了丰富的成果，如瑞纳·鲍伯克 (Rainer Baubock) 通过研究国际移民权利问题提出了"跨国界公民身份"(transnational citizenship)，伊丽莎白·米恩（Elizabeth Meehan）提出了"欧洲公民身份"(european citizenship)，安德鲁·林克莱特 (Andrew Linklater) 则积极倡导"世界公民身份"(world citizenship)。不管公民身份是民族国家的还是后民族国家的，公民身份研究的此种转向与争论，本身就反映出公民身份的命运建立在民族国家的前途之上。全球化冲击下的民族国家发展，已经成为学术界讨论的热点话题，西方学者根据西方的经验观察，认为民族国家正在衰退，因而后民族国家公民身份研究变得逐渐重要起来。然而，一些敏锐的亚洲学者已经意识到，民族国家"空心论"、"衰退论"或"摧毁论""更多代表着西方人的想法，而不是亚洲人的"，放弃西方人的眼光来看待亚洲，民族国家迄今仍然是讨论国家认同、公民身份发展的基本语境。[2]

二　公民身份理论的中国经验研究

伴随着公民身份研究在西方的复兴，中国研究在近 30 年里呈现出两种发展趋势：一方面，西方学者开始以中国经验为基础研究公民身份，探讨近现代中国公民身份的历史起源、涵义变迁与制度发展，为理解中国的政治、社会嬗变奠定了基础；另一方面，进入新世纪以来，汉语学术界也开始重视公民身份研究，不仅积极引介西方公民身份研究佳作，而且开始以公民身份理论为指导开展实证研究。这两种研究趋势的结合，为中国公民身份

---

[1]　Maurice Roche, "Citizenship and Modernity", *The British Journal of Sociology,* Vol. 46, No. 4 (Dec., 1995), pp. 715－733.

[2]　[加] 卜正民、[加] 施恩德编：《民族的建构：亚洲精英及其民族身份认同》，陈城等译，吉林出版集团 2008 年版，第 2 页。

研究积累了重要的研究成果，更为社会科学研究找到一个重要的学术洼地，开辟了新的学术空间。

（一）国外的中国公民身份研究

首先，从"历史"的角度研究现代中国公民身份。现代中国公民身份起源于清末民初的多种思想潮流，彼得·哈里斯（Peter Harris）与沙培德（Peter Zarrow）通过研究知识分子与公民身份的关系认为，中国的"民本"传统为构建中国公民身份概念提供了语言学基础，清末民初的知识分子曾使用"公民""国民"与"市民"三个词语来表达公民身份观念，然而，梁启超、谭嗣同、康有为、章炳麟、孙中山、李大钊等知识分子使用这三个词语时仍然存在很大差别，公民更多强调公共领域中的个人，国民与国家的构建、创造一个强大国家联系在一起，而市民则强调地方的自治传统，专指那些在城市中生活的人。不过，在现在的中国公民身份"词典"里，主要使用"公民"，很少使用"国民"，"市民"也仅仅被作为一个行政词汇使用。① 到了民国时期，高哲一（Robert Culp）通过研究中国东南地区的公民教育与学生政治指出，这个时期的公民身份构建是国民党、教育工作者与学生之间互动的结果，此动态过程呈现出多种公民训练与道德修养模式，它们彼此之间的相互融合给了作为个体的学生比较独立的选择空间，由此构建了具有选择性、弹性与性别差异的文化公民身份。② 在新中国成立后的近30年内，公民身份观念逐步消退，通过阶级斗争、列宁主义话语实践以及党的教育，政府试图用"同志"来取代"公民"，因而，这一时期流行的词汇是"群众"与"人民"，而不是"公民"或"国民"，从"大跃进"开始，"公民"就很少进入官方话语了。改革开放之后，公民身份在20世纪80年代开始复兴，尽管80年代末受到一些影响，但是，

---

① Peter Harris, "The Origins of Modern Citizenship in China", *Asia Pacific Viewpoint,* Vol. 43, No. 2 (August, 2002), pp. 181－203; Peter Zarrow, "Citizenship in China and the West", in *Imaging the People: Chinese Intellectuals and theConcept of Citizenship, 1890－1920,* ed. by Joshua A. Fogel and Peter G. Zarrow, Armonk: M.E.Sharpe, 1997, pp 3－39.

② Robert Culp, "Rethinking Governmentality: Training, Cultivation, and Cultural Citizenship in Nationalist China", *The Journal of Asian Studies,* Vol. 65, No. 3 (Aug., 2006), pp. 181－203; Robert Culp, *Articulating Citizenship: Civic Education and Student Politics in Southeastern China, 1912－1940,* Massachusetts: Harvard University Press, 2007, pp. 242－277.

1992 年之后，有关公民身份的争论再次兴起，官员与知识分子都试图重新去寻找说法，开发公民身份的内涵，从而拯救衰落的国家社会主义理想。[①]此外，崔贤（Hyun Choe）还通过中国与韩国的比较研究，分析了新中国成立以来的公民政策变化。针对外国人与海外华人，中国的公民政策大致分为两个阶段：在 20 世纪 40 年代到 20 世纪 80 年代，中国的公民政策在某种程度上能够包容或接纳外国人，而对海外华人则采取一定程度上的排斥政策；20 世纪 80 年代后，公民政策发生了完全相反的转变，排斥外国人，但接纳海外华人。崔贤认为，这种变化不是文化因素如民族认同能够解释的，政治与经济的因素，如外交关系、国际移民、国际条约以及全球化等，直接导致了中国法律公民身份的含义变化。[②]

其次，从"边缘群体"的角度研究现代中国公民身份。瑞秋·墨菲(Rachel Murphy) 和冯文（Vanessa L. Fong）认为，目前大多数学者对于公民身份的研究集中在国家建构公民身份的策略上，忽视了那些边缘群体的主动性和经验，边缘群体与国家、资本主义世界体系之间的互动关系对于界定公民身份同样十分重要。从"边缘群体"的角度来看公民身份，目的在于颠覆学术界的一个常识，即"法律权利和政治权利设定了共同体运作的游戏规则，而社会权利则代表了游戏的产出"，事实上，获得或失去社会公民身份与文化公民身份不仅能够改变游戏的规则，同样能够改变游戏的产出。在当前中国，公民身份的法律面向、政治面向由于受到法律与体制约束难以改变，因而处在边缘地位的个体或团体，可以借助社会控制松弛、市场化改革深化的历史机遇，追求社会权利与文化权利，这将引起整个公民身份体系的巨变。[③]进一步言之，边缘群体获取社会公民身份与文化公民身份是"国家给予"(being made) 与"自我建构"(self-making) 共同作用的结果，国家不仅大力推动边缘群体的文化教育与文化转型，而且边缘个体也能够主动将国家

① Peter Harris, "The origins of modern citizenship in China", *Asia Pacific Viewpoint,* Vol. 43, No. 2 (August, 2002), pp. 181—203.

② Hyun Choe, "National Identity and Citizenship in the People's Republic of China and the Republic of Korea", *Journal of Historical Sociology,* Vol. 19, No. 1 (March, 2006), pp. 84—118.

③ Rachel Murphy and Vanessa L. Fong, "Introduction: Chinese experiences of citizenship at the margins", in *Chinese Citizenship: Views from the Margins,* ed. by Rachel Murphy and Vanessa L. Fong, New York: Routledge, 2006, pp. 1—2.

话语内化，他们在日常生活中使用、抗拒或接受国家话语，从而建构出一个富有弹性的公民身份。①这种研究进路可以选择的研究对象很多，中国各类边缘群体的数量极其庞大，如农民、外来工、少数族群、下岗工人等都是很好的研究对象。以少数族群为例，易林研究了中国西北藏族儿童的教育策略，探索能否在给予少数族群社会公民身份的同时，保存其完整的藏族文化，揭示了少数族群面临的内心紧张，即他们既希望进普通学校，学习主流话语设定的"先进文化"，从而在经济改革的浪潮中提升自己的能力，获取完整的社会公民身份，又希望保存自身的族群文化和族群认同，在中国公民身份 (chinese citizenship) 与族群公民身份 (ethnic citizenship) 之间的两难选择和紧张关系扩大了他们在中国的边缘地位。②石之瑜（Chih-yu Shih）也对此主题进行了研究，他认为公民身份是少数族群回应国家推动的"文明工程"的结果，然而，在不同的少数族群中，由于他们与国家之间的互动、讨价还价的情况不同，中国公民身份在他们那里就具有非常不同的内涵，即使是具有强大动员能力的中国共产党，都不能为这些不同的少数族群创造一个具有普遍倾向的公民身份。③

最后，从"抗争政治"的角度研究现代中国公民身份。西方学者对于后毛时代中国公民身份权利发展有两个主要观点：一是认为中国公民身份丧失了西方的政治含义，更多的是以社会公民身份而存在。迈克尔·基恩（Michael Keane）提出要重新定义中国公民身份，他认为，在整个 20 世纪 90 年代，公共知识分子与宣传工作者都试图利用马克思主义中国化，将公民权利化约为执政党主导改革所取得的社会经济利益，这种实利主义做法减损了公民身份作为对抗国家的政治诉求机制的功能，但它与国家为全民普遍福利负责的中国传统相关。此种公民权利表达变成了国家通过经济

---

① Rachel Murphy and Vanessa L. Fong, "Introduction: Chinese experiences of citizenship at the margins", in *Chinese Citizenship: Views from the margins*, ed. by Rachel Murphy and Vanessa L. Fong, New York: Routledge, 2006, pp.6—8.

② Lin Yi, "Choosing between Ethnic and Chinese Citizenship: The Educational Trajectories of Tibetan Minority Children in Northwestern China", in *Chinese Citizenship: Views from the Margins,* ed. by Rachel Murphy and Vanessa L. Fong, pp. 41—67.

③ Chih-yu Shih, *Negotiating Ethnicity in China: Citizenship as a Response to the State*, London: Routledge, 2002, pp. 17—18, 236—244.

发展目标而推动民族再造的蓝图。① 二是认为前者代表西方传统观点，即中国只有经济改革，没有或少有政治改革。换言之，中国政治权利未能获得发展。然而，中国在推动经济改革以发展民事权利的同时，实际上许多重要的民间政治变革也不断涌现，促进了中国公民身份政治权利的发展。默勒·戈德曼（Merle Goldman）分析了"官方知识分子"与"非官方知识分子"两个团体的活动，呈现了他们从"同志"向"公民"的转变，并且指出政治权利意识到 20 世纪末开始超越于知识分子的圈子，向工人、农民、被拆迁者以及宗教信徒等群体扩展。② 陈仲礼（Alfred L. Chan）等还根据普通公民对于政治共同体、政体与政治权威之间的差异性支持，以及年轻人对于它们的差异性支持态度更加明显的研究结论，提出了批判性公民身份(critical citizenship)概念，用以反映现代中国存在公民社会，从一个侧面暗示了中国政治公民身份的发展。③

无论哪种观点，西方学者都惯于通过"抗争政治"的角度来研究社会公民身份与政治公民身份发展。来自埃塞克斯大学的刘（Serena Liu）教授认为，随着中国经济改革的推进，社会主义福利系统已经不能够提供充分的保护，福利改革在试图扩展社会安全网的同时，也不经意地恶化了社会不平等。与此同时，国家原有的制度偏见、税费负担、土地征用等原因，导致农民的二等社会地位变得更加糟糕，为了维护自身的权利和利益，越来越多的中国公民开始抗议、表达不满，由于缺乏参与政治决策的权利，缺乏表达利益的组织权利，抗争成了人们维护公民身份权利，保卫利益的唯一方式。④ 欧博文（Kevin J.O.'Brien）与李连江透过研究当代农村中国的"权利抗争"现象，指出一些农村居民正通过使用权利语言来挑战那些不规范的选举、贪污的地方干部等，从而维护自己的合法权利与正当利益。

---

① Michael Keane, "Redefining Chinese Citizenship", *Economy and Society,* Vol. 30, No. 1 (February, 2001), pp.1—17.

② Merle Goldman, *From Comrade to Citizen:The Struggle for Political Rights in China,* Cambridge: Harvard University Press, 2005, pp. 1—4.

③ Alfred L. Chan and Paul Nesbitt-Larking, "Critical Citizenship and Civil Society in Contemporary China", *Canadian Journal of Political Science,* Vol. 28, No. 2 (Jun., 1995), pp. 293—309.

④ Serena Liu, "Social Citizenship in China: Continuity and Change", *Citizenship Studies,* Vol. 11, No. 5 (Noverber, 2007), pp. 465—479.

"权利抗争"显示出农民正处在臣民与公民之间的中间状态，虽然目前他们享有的是不完整的公民身份，且具有地方性，但是，这个权利抗争的实践过程能够推动实现完全的公民身份。[①] 何包钢也曾以浙江为案例，研究了村庄里的"退休干部""外嫁女""外来工"等如何通过抗争去争取村民身份(village citizenship)，从而推动村庄民主制度的建立和发展。此实践过程的意义在于，获取村民身份的过程带来了地方政治文化的变化，建立起了以权利为基础的政治道德感，推动农民超越狭隘的血缘关系向公民转变，是实现完全中国公民身份的一个阶段。[②]

（二）国内的中国公民身份研究

围绕着构建与扩展中国的公民身份问题，本书将近10年来的实证研究成果概括为："三类主体、三种视角、三个场域"[③]。诚然，这种归纳难免挂一漏万，但它对于我们了解中国"生产和扩展公民身份"的概貌却有着提纲挈领的提示作用。从现有的研究来看，"主体""视角"与"场域"的选择并不存在一一对应的关系，中国公民身份的实证研究呈现出多样化的探索格局。

"三类主体"，是指学术界在中国社会三元结构[④]背景中主要研究了三类人的公民身份，它们是农民的公民身份，农民工的公民身份，工人、业主及其他弱势市民的公民身份。由于社会结构的限制，虽然中国农村与农民研究已经枝繁叶茂，但从公民身份视角研究农民问题，如郑杭生倡导的农民市民化研究，却是三类主体之中最为薄弱者，缺乏精细化。农民的公民

---

① Kevin J.O' Brien, "Villagers, Elections, and Citizenship in Contemporary China", *Modern China*, Vol. 27, No. 4 (Oct., 2001), pp. 407－435; Kevin J.O.' Brien and Lianjiang Li, *Rightful Resistance in Rural China*, New York: Cambridge University Press, 2006, pp. 1－15, 116－123.

② Baogang He, "Village Citizenship in China: A Case Study of Zhejiang", *Citizenship Studies*, Vol. 9, No. 2, (May, 2005), pp. 205－219.

③ 此处要特别说明的是，"三类主体、三种视角、三个场域"的归纳仅仅是依据目前绝大多数的研究成果作出的判断，它并不能涵盖有关中国公民身份实证研究的全部内容。比如，许多其他的弱势群体也是公民身份研究的主体，如对乙肝病毒携带者群体的维权研究，对残疾人的赋权研究等等，只是目前这类的研究成果相对较少。

④ 甘满堂：《城市农民工与转型期中国社会的三元结构》，《福州大学学报》（哲学社会科学版）2001年第4期。中国社会的三元结构指的是城市居民、城市农民工与农村农民，相较于传统的城乡二元结构，清华大学社会学系李强教授最先提出"城市农民工构成社会第三元"的观点，其目的在于强调城市农民工群体对社会的重大影响。当然，这种提法目前还存在着很大的争议，因为在城乡二元结构的背景下，农民工的权利和义务类同于农民，可以将农民工研究看成一类特殊的农民研究。

身份研究，以郑杭生、毛丹和文军的研究为代表，农民工（劳工）的公民身份研究的典型代表是沈原、王小章与陈映芳，而开展工人、业主及其其他弱势市民的公民身份研究的学人代表有沈原、张磊、孟伟、毕向阳等。

"三种视角"，分别是政府推动的视角、个体抗争的视角、社会运动（集体行动）的视角。政府推动的视角在研究西方资本主义国家的公民身份时显得十分重要，马歇尔对英国经验的研究，迈克尔·曼的跨政体比较分析，都将公民身份作为统治阶级或政府主导的结果。有关中国公民身份的研究，坚持此种视角的研究成果甚少，楮松燕的《20世纪90年代以来中国公民资格权利的发展》可以视为其中的代表。个体抗争与社会运动视角，是目前汉语学术界研究公民身份的主流视角，正如沈原所指出："抗争运动（个体抗争或集体行动）生产出来的正是公民权，虽然尚只是片断的、零碎的公民权：在农民，是从维护'地权'的抗争走向公民权；在劳工，是从维护'劳动权'走向公民权；而在业主或改革开放后形成的中产阶级，则是从维护自身房屋的'产权'走向公民权。"[1]

"三个场域"，分别是农村村庄、城市社区、企业工会。公民身份是共同体自治和民主化的基础。蒂利曾指出，有效的公民身份是民主化的一个必要前提，因而，中国基层群众自治和民主治理的三块兴旺之地——村庄、社区与工会，也就自然成为三个生产公民和扩展公民身份的场域，这里是政府实施政治统治，推动施政目标的场所，更是弱势个体或群体为争取公民身份而抗争的舞台。

三 城市化背景下中国农民身份转变研究

（一）城市、城市化与公民身份的扩展

1.城市：近代公民身份的起源

公民身份虽然是近代政治的一个核心概念，但是，论其起源，近代公民身份与中世纪晚期的西方城市有着不解之缘，"公民"乃是由城市"市民"成长发展而来。[2]城市与公民身份在西方历史上已经不可分离地纠缠在

---

① 沈原：《社会的生产》，《社会》2007年第2期。
② 王小章：《中古城市与近代公民权的起源：韦伯城市社会学的遗产》，《社会学研究》2007年第3期。

一起，马克斯·韦伯的城市研究深刻地描述了这种勾连性，为建构一种城市与公民身份相关性的西方传统作出了巨大贡献。

从西方城市与东方城市的比较来看，在中世纪晚期，西方城市已经形成了共同体性格和市民身份，而东方城市由于强大的专制王权和不同的宗教文化等原因，所有这些都无从发生。按照韦伯的下述城市标准，"亚洲的城市，除了个别可能的例外，根本不是真正的城市社区，或者仅仅处于萌芽状态"。①

"并非任何经济意义上的'城市'和并非任何政治—行政意义上的、隶属于居民的某种特殊法的要塞，都是一种'社区'。毋宁说，只有西方有过在完整意义上的城市社区作为大规模的现象……因为这包括至少要是一些具有比较明细的手工业行业—商业性质的居民点，它们要符合下述特征：1. 要塞；2. 市场；3. 有自己的法院和至少部分有自己的法；4. 团体的性质，以及与此相关的；5. 至少部分的自治和自主，也就是说，也通过行政机构进行管理，市民本身以某种方式参与行政机关的任命。在过去，这类权利往往采取等级的特权形式。因此，一个专门的市民等级作为这类权利的载体是政治意义上的城市的特点。"②

东西方城市的这种差异性形成的原因，韦伯从宗教、军事及法律等方面给予了详细分析。相较于东方城市，西方城市能够形成市民共同体的性格，发展出市民权观念，其最重要的三个因素被王小章归纳为："氏族（宗族）之间巫术性藩篱的消除使得市民以平等的个人身份直接加入的兄弟誓约共同体的形成成为可能，军队的自行装备则赋予了城市共同体相对于更高政治权力所具有的自主性、独立性，而西方根深蒂固的法律传统则使城市共同体的这种独立性、自主性及其成员相应的市民权获得了法律的规定和有效性。"③当欧洲的自治市镇制度将基督教的政治义务、市民们的平等法

---

① [德] 马克斯·韦伯：《经济与社会》，林荣远译，商务印书馆1997年版，第583页。
② 同上。
③ 王小章：《中古城市与近代公民权的起源：韦伯城市社会学的遗产》，《社会学研究》2007年第3期。

律地位及自治自给的军事原则结合到一起时，城市自治的原则就被进一步强化，公民身份也就在这时开始成为现代资本主义文明社会结构的重要组成部分。①

从中世纪城市与古代城市的比较来看，韦伯从城市的社会结构与阶级对立、城市政治组织的社会基础、早期民主制的担纲者、经济政策的利益取向、身份结构、城市对政治性格与经济性格的不同偏好等方面强调指出，古代市民是政治人，是战士行会的成员，古代城市最初是军人的一种居民点共同体，与此相对照，中世纪市民更多地体现为经济人，是行会中的成员，中世纪城市多属于工商业城市，支配权掌握在行会与领主手中。②由此，二者的运行逻辑便产生了很大差别，中世纪城市遵循"法定之自由"与"和平营利取向"为主导运行原则，而古代城市则更多依据"德性""纪律"与"高度政治参与"原则来支配城邦的社会政治生活。故而，因不同的运行逻辑，中世纪的城市已经催生出不同于"古代人的自由"的"近代人的自由"，充实了近代公民身份观念的实质内涵。

2. 城市空间与公民身份的两种历史意象

近代公民身份理论与城市是连接在一起的。"历史地看，城市与公民权利之间是密不可分的，动态发展的城市为现代公民身份实践提供了必不可少的社会空间。"③有学者通过研究土耳其共和公民身份以及对城市的权利，发展出一套论述框架，即将城市作为治理的空间、占有的空间、实践公民身份的空间以及日常生活的空间，力图揭示城市与公民身份之间的关系：城市不仅能够促使公民个体生产出公民身份新的内涵和新的团结，而且通过对城市权利的诉求，它已逐步变成表达权利和反映现实生活的基础。④事实上，至中世纪以来，公民身份在城市的实践，在城市政治学、城市社会学

① ［英］布雷恩·特纳：《公民身份理论的当代问题》，载［英］布雷恩·特纳编《公民身份与社会理论》，第5页。

② 王小章：《中古城市与近代公民权的起源：韦伯城市社会学的遗产》，《社会学研究》2007年第3期。

③ Sandip Hazareesingh, "The Quest for Urban Citizenship: Civic Rights, Public Opinion, and Colonial Resistance in Early Twentieth-Century Bombay", *Modern Asian Studies*, 34, 4 (2000), pp. 797－829.

④ G.Ebru Ustundag, *Turkish Republican Citizenship and Rights to the City*, A Dissertation of Doctor of Philosophy in York University, June, 2005.

中得到了广泛探讨。此实践过程呈现出下面两种历史意象，他们对公民身份的当代实践有着深刻影响。

其一，城市是公民认同和忠诚的重要主体之一。对于国家共同体而言，公民身份不仅仅意味着权利，它还意味着公民的义务，意味着公民对共同体的认同和归属。城市则被认为是实现公民认同和归属培养的中介之一，因为国家将公民身份赋予公民个体，相对于国家的制度供给，许多的公民身份权利和义务都将在地方层面实现，公民日常的政治参与和所需的公共服务项目大多都要依赖于地方政府，特别是城市政府。城市是国家治理体系中最为重要的一环，因而被视为实现公民身份权利和义务的关键领域。[①] 此外，"现代民主理论也将城市看作是这样一个空间，在这个空间中，公民对于民族与国家的忠诚得以滋生、培养……正是在城市这个空间中，臣民变成了以国家、民族和城市为取向的，富有热忱和献身精神的公民。"[②] 反过来，人们对公民身份的理解也会影响着城市市政机构的发展和城市政治的运行，在一定程度上，"公民身份是思想和情感的一个条件，是城市政府自己培养和养育的一种情感状态"[③]，如果城市政府不能培养出市民的忠诚、美德与纪律等合理性观念，那么城市政府的管理功能将变得效率低下，应有的民主性也将消失。

其二，城市是权利要求和权利斗争的空间。第一种历史意象将城市看成是一个生产和培养忠诚与认同的空间，但是，这种意象正不断受到那些当代城市公民实践的质疑和批判，特别是在坚持自由主义公民身份的实践者和研究者看来，这种以"追求属于城市的有德行的公民"为目标的历史意象更是问题巨大。它不仅未能认识到城市生活的多样性，而且忽视了那些受到排斥和边缘化的人群，那些已经被国家认可的正式公民，如无家可归的人、失业的人、残疾人等，缺乏应有的底层研究视角。因而，第二

---

① [英]戴维·贾奇、[英]格里·斯托克、[美]哈罗德·沃尔曼：《城市政治学理论》，刘晔译，上海世纪出版集团2009年版，第190-191页。

② [英]恩勒·F.伊辛：《城市、民主与公民权：历史意象与当代实践》，载[英]恩勒·F.伊辛、[英]布雷恩·S.特纳编《公民权研究手册》，第421页。

③ [美]彼得·雷森伯格：《西方公民身份传统：从柏拉图到卢梭》，郭台辉译，吉林出版集团有限责任公司2009年版，第183页。

种历史意象"关注的焦点不再集中于居支配地位的公民的美德与忠诚,而是转移到了被支配者的反叛上,转移到了作为一种要求而非特权的权利身上。"① 这种历史意象给当代城市政治实践带来的影响几乎是颠覆性的,不仅"那些以前被认为不属于政治的实践——不仅由于是邪恶的、不忠的、野蛮的,而且还由于是外在于作为一个疆界化容器的城市的——如今正在那些曾经被构设为他者的人们手中越来越明确清晰地呈现为公民权的实践"②,原先假定的城市政治和谐景象正被多种多样的反抗、游行等冲突景象所替代。"对城市的权利"③(rights to the city)已经成为解释这些新的公民身份实践的一个有价值的学术概念,而且城市作为一个政治空间正在获得新的理解,在这个空间里面,不同阶级和不同社会地位群体的身份认同、忠诚与彼此的公民身份权利表达紧密地联系在一起。

然而,吊诡的是,这样一个重要的学术主题,在汉语学术界的讨论中近乎缺席,借用祖德·布卢姆菲尔德(Jude Bloomfield)与弗朗哥·比安契尼(Franco Bianchini)的话说,在当代对于城市的讨论中,公民身份与城市间的联系经常被忽略了,"例如在讨论'城市重建'时,焦点往往主要落在了作为物质和经济实体的城市上了。它通常对公民和城市的关系重视不够,把这种关系看作是一种人工产品、象征空间、记忆和共有意义的仓库"。④

3.公民化:城市化的一种呈现

上述研究状况还深深地影响了汉语学术界对城市化的讨论。近现代西方国家的发展经验表明,西方的城市化进程促使城市与公民身份之间的联系更为密切。韦伯的研究表明,在西方社会,无论是古代城市还是中世纪城市,都能将其成员资格扩展到外来者身上。城市化过程伴随着公民身份的扩展。特纳认为,"历史上,城市定居者是受到保护和享有权利的个体,

---

① [英]恩勒·F.伊辛:《城市、民主与公民权:历史意象与当代实践》,载《公民权研究手册》,第425页。

② 同上书,第427页。

③ "对城市的权利"由亨利·列菲伏尔(Lefebvre)最先提出,所谓"对城市的权利"就是要求在城市中在场的权利,诉诸争取城市的使用权,推动城市空间民主化。

④ [英]祖德·布卢姆菲尔德、[英]弗朗哥·比安契尼:《文化公民身份与西欧的城市治理》,载[英]尼克·史蒂文森编《文化与公民身份》,陈志杰译,吉林出版集团有限责任公司2007年版,第158页。

那些权利来源于自治城市的建设，因此，人口的城市化与文明进程的观念相关，在城市化过程中，公民性与公民身份逐步结合在了一起"[1]，"乡下人为了进入城市而离开农村，此行为典型的是与文明的过程联系在一起，城市化也就是使人'公民化'"。[2]与这些观点相对照，通过我们在前文对城市化的概述可知，并非中国的城市化具有一种独特性，而是由于研究者的视角局限，致使大家缺少对城市化与公民身份关系的关注。

随着公民身份理论研究的深入，对于"城市、城市化与公民身份"这一研究主题的关注将会越来越多。王小章在研究中国农民工问题时认为，"对于当代中国农民工问题的研究，存在着两种主要的研究视角或者说分析叙事模式，即生存论预设下的生存—经济叙事模式和公民权视野下的身份—政治叙事模式，而目前的一个研究动向，就是从前一种模式到后一种模式的转换。"[3]其实，这种模式转换的判断同样适用于深化城市化研究。因此，从政治学视角去分析城市化现象，城市化不仅仅是城市物理规模的扩张，农村非农化，农民角色认同和生活方式变化，农村人口向城市转移，农村风俗习惯的变化，更多的还应将城市化看作生产和走向公民身份的一个实践过程，透过这一实践过程，传统农民转变为现代公民。正如秦晖所言，"现代化性质的'城市化'，不仅意味着聚落规模由小变大，产业结构由农而工商，更重要的则是'城市空气'的形成，走小城镇化的道路也好，大中小城市并举也好，没有这种'空气'都不能说是城市化了"，"城市空气"是一种开放自由的空气，作为城市，首先有自由的市民（公民），然后才有大、小和聚落规模的变迁问题，"在这种情况下中国如今已没有单纯的农民问题，自由与公平、农民与城市的问题已经交织为一，这对于我们而言的确是新世纪最大的挑战之一"。[4]

---

① [英]布雷恩·特纳：《公民身份理论的当代问题》，载[英]布雷恩·特纳编《公民身份与社会理论》，第11页。

② Bryan S. Turner, "Outline of a Theory of Citizenship", *Sociology*, Vol. 24, No. 2 (May, 1990), pp. 189—217.

③ 王小章：《从"生存"到"承认"：公民权视野下的农民工问题》，《社会学研究》2009年第1期。

④ 秦晖：《农民流动、城市化、劳工权益与西部开发：当代中国的市场经济与公民权问题》，《浙江学刊》2002年第1期。

（二）政府自利论与文化转型论：中国农民身份的公民化转变

改革开放之初，农民曾因为中国农村改革被历史推到了变革的桥头，迎来一个美好的发展时期。在那个时期，通过实行以家庭联产承包为主的责任制，建立统分结合的双层经营体制，改革农产品流通体制等，农民获得"解放"，极大地提高了积极性与主动性，促进了农村生产力的发展，带来了农村经济的复兴与繁荣。然而，随着1984年中国城市经济体制改革开启城市发展的新时代，农村发展似乎退居到了"二线"，城乡差距开始逐年走高。虽然，由于20世纪90年代乡镇企业的发展壮大，这种差距也曾有下降的趋势，但是这种良好势头却缺乏持续性，2000年之后中国城乡收入差距指数渐渐攀上了高峰。正是在这样的大背景下，农业、农村与农民问题被冠之以"三农"问题，引起了政府、知识分子与社会的高度重视。从2004年开始，中央连续11年以"一号文件"的形式来突出"三农"问题重中之重的地位。

如何求解"三农"问题，在工业化、市场化、城市化等现代化话语背景下，中央"一号文件"作为权威性的政策纲领，给出了政府的药方。然而，它们基本上都是围绕着"农民增收"与"新农村建设"两个主题而出台措施，未能动摇原有的城乡二元体制。事实上，人们越来越清晰地认识到，要真正使农民增收，具有"造血"功能，并且在新农村建设中发挥农民的主动性与创造性，就需要打破或改革城乡二元体制，推动农民的身份转换。因而，2010年后中央"一号文件"逐步抛弃传统老路，提出统筹城乡发展，这种革命性的思路为农民身份转换创造了前所未有的历史机会。

1. 农民身份的固化过程与变迁目标

中国农民身份自新中国成立以来就处在不断变动之中，这是因为农民身份是国家与社会对其不断建构的结果。从宏观上看，改革开放前农民身份的固化过程是围绕着两大轴心来进行的：控制的（政治）轴心和功能性的（事务）轴心，逐渐形成了国家主义的社会合作体制及其附着于其上的再分配体制。这两大轴心的相互作用和相互强化保证了权力、资源与机会的高度集中。因而，"在国家主义的合作体制中，身份与其说是存在于'社会秩序'中，不如说存在于国家建立并维护的组织体系中，社会的身份化程度取决于国家的控制和功能性的需要，也取决于这一体系在社会生活中的扩展程度和对资源及社交的垄断程度，即它对市场的排斥程度和对资源及对传统性的文化资源和社会内生秩序的有效抑制程度。"① 陈光金曾将这两大"轴心"分别归纳为"政治身份化阶层体系"与"户籍—职业身份化阶层体系"。前者可以简单表述为一个人的政治出身,"这一出身系列基本沿袭了农村土地改革和城市社会主义改造时期确定的阶级(阶层)划分标准,其有高度传承性,即子女的出身实际上就是他们的父母(尤其是父亲)的出身"。② 而后者则包含着两个层次的内涵:"一是人们的出生地及其父母(尤其是母亲)的户籍身份,据此,人们被分为城市居民与农村居民两个基本层次;二是职业状况,据此,人们被分为从事农业生产的农民,从事工商业生产经营的工人,从事专业技术工作的知识分子和从事政治-行政-经营管理工作的干部这样四个阶层,这些阶层也具有身份特征,并且前两种阶层同样是高度传承性的。"③

改革开放后,由于市场化、工业化与城市化的加速到来,在国家、市场与社会关系的变动之中,中国的身份体系发生了很大变化。就农民身份而言,在改革开放前农民身份阶级化和结构功能化的基础上,农民身份逐步面临社会化和可能的公民化走向,极大地消解了农民阶级身份和城乡户籍身份对于农民资源获取的影响。李金通过使用"去身份化"和"再身份化"、"积极身份化"与"消极身份化"两组概念来把握中国社会在体制改革和市场化中分层秩序所发生的变化。"去身份化"指解除围绕着原有身份所聚集的资源关联,无论这种关联具有积极的意义(权利)还是消极的意义(限制),"再身份化"则指重新建立某种社会(差别)特征与各种资源的关联并将其权利化、固化倾向。④"积极身份化"是指行动者(争利者)主动地建构身份的过程,即赋予自身利益正当性、提出权利诉求或成功地建立起壁垒,从而构筑起身份和各种社会资源分配的关联或实现利益固化的

---

① 李金:《市场化条件下身份格局的变化:分化、延续与转换——从身份的视角看中国社会分层秩序问题》,《社会科学研究》2006 年第 3 期。

② 陈光金:《身份化制度区隔——改革前中国社会分化和流动机制的形成及公正性问题》,《江苏社会科学》2004 年第 1 期。

③ 同上。

④ 李金:《中国社会分层秩序在市场化过程中的变化:去身份化与再身份化》,《学习与实践》2006 年第 11 期。

过程，而"消极身份化"则是指一种被动的身份化，即在身份化过程中不断地被他人定义并被限制、固定在某种不利的位置上的过程。① 中国身份体系变迁还可以从机制层面去作更深入的分析，陈光金认为现阶段的中国社会分化和流动机制具有混合的性质，表现为突破、转换和扩张三种机制的同时并存。② 然而，这些对于身份变迁的分析，放在市场转型与社会分层角度来看，能够揭示并解释农民身份的社会化过程，对于农民身份的公民化过程则缺乏足够的解释力。这是因为农民身份的公民化，必须要放在改革城乡二元体制，打破农民与市民的身份边界的意义上，才能清楚地呈现公民化目标背后的中观解释机制。

李海金更是对新中国成立以来农民身份的建构过程进行了较为详细的历史研究，他认为农民身份系统与国家整合机制有着内在的贯通性，农民身份的变迁往往意味着国家整合的转型，通过探讨以身份为基点的国家符号如何进入乡村的过程、机制和困境，揭示了国家如何建构农民身份的过程：土地改革前，农民身份具有等级性、先赋性、自然性、强制性和稳定性；土地改革时期，阶级成分划分导致农民身份系统的颠覆与重构，形成了基于阶级身份之上的新型分层体系；农业合作化和人民公社时期，确立了以政治分层为主体的社会分层体系；改革开放后，农民获取了实质性的国民身份和实体化的公民身份。③ 尽管该博士论文对于农民身份的阶级化、政治化、结构化与社会化过程作了深入分析，但是，由于回避社会现实中最重要的城乡二元体制结构性障碍，忽视农民的公民身份权利，其对于农民身份的公民化探讨深度就略显不足。

2. 政府自利论

如何将农民身份转变为市民身份，即如何打破与跨越农民与市民的身份边界？"政府自利论"是现今学术界讨论的最多也是最普遍的观点，它主要集中从户籍制度改革入手，强调政府特别是地方政府的自利选择是推

---

① 李金：《走向家产身份制——简论中国社会分层秩序的演变及其问题》，《南京师大学报》2006 年第 6 期。

② 陈光金：《突破、转换与扩张：中国社会分化与流动机制的形成和公正性》，《云南民族大学学报》2003 年第 4 期。

③ 李海金：《"符号下乡"：国家整合中的身份建构，1946－2006》，华中师范大学政治学研究院博士学位论文，2008 年。

动农民身份转变及推进农民公民身份权利扩展的重要基础。

首先，政府根据自身的需要通过适当改革户籍制度来推动农民身份转变。苏黛瑞在分析农民工的公民身份权利问题时指出，虽然市场本身不能促进外来者的融入和对公民权的获取，但它却创建了一个新的公民权模式，即城市中的真正的公民、二等公民、类公民（在国家之外）和非公民在转型时期都有着不同的营生。在此过程中，城市管理部门的自利动机对于户籍管理手段的影响，间接决定了流动人口从农村进入城市并且争取公民权的线性路径。由于管理部门的秩序价值与经济发展价值之间的矛盾，政府内部的分歧，官员的寻租倾向等，导致出现了"可出售的城市公民身份"以及"暂住人口的商品化"①。陈映芳进一步指出，现行户籍制度的政府需求，在于它是国家财政的保护屏障，面对市场化与城市化运动的变革压力，出现了国家的放责放权与地方／城市的自利自保两种倾向并存，不利于"农民工权益问题"的真正解决。② 为此，城市政府具有选择性发展策略偏好，一方面以支付户口等市民资格的方式吸纳紧缺人才或投资者，另一方面却以市场途径吸纳简单劳动力。③ 就地方政府的政策本质而论，王桂新等指出，基于地方经济发展与政治晋升的竞争式地方政府逻辑，城市政府不仅利用城市公民身份排斥其他社会成员享受城市户口所带来的福利，而且攫取外来迁移者拥有的资本和人力资源来促使自己的城市经济变得更加有竞争力。④

其次，地方政府通过建构地方公民身份 (local citizenship) 来保障地方经济发展。地方公民身份概念呈现出农民身份转变的另一种形式，艾伦·斯玛特 (Alan Smart) 与约瑟芬·斯玛特 (Josephine Smart) 用此概念来标识在工业化发达的农村地区，社会福利只在那些当地出生的人口中分配，排斥外来迁移者。⑤ 艾伦·斯玛特与乔治 C.S. 林 (George C.S. Lin) 则在新近的一篇文章中，将地方资本主义 (local capitalisms)、地方公民身份与跨地性

① ［美］苏黛瑞：《在中国城市中争取公民权》，浙江人民出版社 2009 年版，第 59—61 页。

② 陈映芳：《"农民工"：制度安排与身份认同》，《社会学研究》2005 年第 3 期。

③ 陈映芳等：《都市大开发：空间生产的政治社会学》，上海古籍出版社 2009 年版，第 659 页。

④ Li Zhang, Wang Gui-xin, "Urban Citizenship of Rural Migrants in Reform-era China", *Citizenship Studies* 2010(2), pp.145—166.

⑤ Alan Smart and Josephine Smart, "Local Citizenship: Welfare Reform Urban/Rural Status and Exclusion in China", *Environment and Planning* A, 2001, Volume. 33 (10), pp. 1853—1869.

(translocality) 三者并称为三个重要的地方主义，通过它们的互动来揭示中国后改革时代的社会秩序与空间秩序。透过东莞的案例分析，文章认为地方公民身份是中国农民身份转变中的新情况，这是因为，随着市民权曾经拥有的一项项特权迅速消失或弱化，农民工与城市居民之间的差别在近十年里已经变得相当微小，反而在那些富裕的农村地区，带有排斥性的地方福利供给变得突出起来。地方公民身份虽然亲近外来迁移者，但是仍然将他们排斥在福利供给之外，在同一个地方创造了一个非常不平等的地方社会空间。地方公民身份的存在对于国家公民身份虽然有很大的消极影响，但在实际中它却是地方政府经济发展战略中的一个重要面向，因为地方公民身份能够限制地方官员与外来投资者行为的自主性，地方资本主义也需要建立地方联盟和获取政治支持，来减少贿赂和增加雇佣本地劳动力等方面的投入。① 诚然，正如何包钢等人的研究表明，这种地方公民身份可能会成为国家公民身份的"过渡形式"，能够影响农民获取或扩展公民身份权利的进程，其发展变化值得学术界进一步关注。

最后，在城乡二元体制内进行"农转非"。"农转非"是农民在城乡二元体制内进行身份转变的常规形式，它既符合政府推行城乡分治的"二元化管理"初衷，又满足了政府解决一些临时性的社会老问题的需要。因而，新时期的"农转非"政策五花八门，种类繁多，包含升学、招工、征地、随军、投亲、人才引进、落实政策、特殊工种家属、国家政策移民等原因。② 随着国家体制转型和经济市场化的推进，"农转非"不仅未能触动城乡二元体制，而且也未能解决好现实的社会问题。张汝立专门研究了"农转非"的一种形式即"农转工"，认为农转工人员经历了"主动边缘化"到"被动边缘化"再到"再边缘化"的生存遭遇，这种社会变迁对社会秩序产生很大冲击。③ 故而，"农转非"现今只能满足"形式上"的公民化，将农民从农业人口转为非农业人口，不过，这不仅走不出再边缘化的可能困境，更加缺乏

① Alan Smart and George C.S. Lin, "Local Capitalisms, Local Citizenship and Translocality: Rescaling from below in the Pearl River Delta Region, China", *International Journal of Urban and Regional Research,* Volume 31.2, June 2007, pp. 280－302.

② 郭虹：《"农转非"与中国的户籍制度改革》，《经济体制改革》2004 年第 4 期；秦昊扬、赵文远：《新时期"农转非"制度评析》，《西南交通大学学报》2004 年第 3 期。

③ 参阅张汝立《农转工：失地农民的劳动与生活》，社会科学文献出版社 2006 年版。

构建自由迁移户籍制度的动力，也就不可能承载起农民身份转变的历史重任。

3. 文化转型论

如果说"政府自利论"主要聚焦于城乡户籍制度，那么"文化转型论"则将论述重点集中在农民的文化素质与行为角色等方面，其观点内容主要反映公民身份的文化面向。

一方面，"文化转型论"侧重反映国家试图将传统农民转变为现代中国公民的策略。这种统治策略主要通过运用"素质话语"的方式来对农村干部和农民进行教育而达到目的。具体而言，瑞秋·墨菲不仅专门研究了国家运用公民身份教育来推动农民身份转变的动机、方式与影响，而且详细地分析了"素质话语"与学校教育在将农民转化为现代的爱国公民中的角色。她认为，改革开放后，国家不仅通过媒体宣传、墙体口号宣传、工作队下乡等方式来提高农民的道德素质，还通过推广技术教育、开展农业课程等方式来提高农民的生产技术。但是，无论哪种公民身份教育，主要都是强调个体的责任而非权利，国家在劝诫农民履行公民身份义务的同时，拒绝给予他们民事权利和政治权利，也很少兑现承诺过的社会权利。透过这些主要强调社会与文化公民身份的教育，国家不仅将其在农村治理中的牧灵方法合法化，将其对农村的干预正当化，而且将提高农民生活水平的责任中心从政府转到了农民与农村干部身上。[1] 此外，在国家追求现代化的过程中，"素质话语"被国家用来影响每一个农民。通过将农民划为"落后""素质低""不文明"类别，不仅方便了政府各项政策的执行，将国家干预私人领域与退出公共领域的行为合法化，而且能够强化农民个体的义务和责任，转移农民关心社会不平等、不公平现实的视线，将其归因于自身的素质低下而非政府的政策偏见。[2] 萨拉 L. 弗里德曼（Sara L. Friedman）同样思考了文明化与公民身份的关系。她引入了"象征性公民身份"概念，用来理解文明化过程如何界定公民身份。象征性公民身份是国家设想的一

---

① Rachel Murphy, "Citizenship Education in Rural China:The Dispositional and Technical Training of Cadres and Farmers", in *Chinese Citizenship: Views from the margins,* ed. by Rachel Murphy and Vanessa L. Fong, New York: Routledge, 2006, pp.9－27.

② Rachel Murphy, "Turning Peasants into Modern Chinese Citizenship: 'Population Quality" Discourse, Demographic Transition and Primary Education", *The China Quarterly* 2004(177), pp.1－20.

个理想公民身份，它远远超越于一般的社会成员，通过将个人或团体标示文明或不文明的标签，建立了一个排斥或吸纳符合资格成员进入社会主义共同体的机制。在象征性公民身份结构中，理想公民是文明、进步与生产力的标志，因而公民需要为社会主义国家的文明与进步负责，国家的精神文明建设，就在于从素质、文化、文明的角度转变农民的思想与行为，使其符合社会主义理想。[①] 事实上，孟德拉斯 (Henri Mendras) 与墨菲、弗里德曼关心农民命运的出发点基本上是相同的，文化与文明是他们考虑的主要因素。孟德拉斯所谓的"农民的终结"，就是指文化传统中的"小农"终结，而非农业从业者的消失。[②]

另一方面，"文化转型论"促使学者从生活意义、角色规范等角度来分析农民与市民两个群体，进而研究农民市民化的过程。不同群体的文化认同影响和制约着群体成员的角色规范，文军以社会角色理论为指导，在比较"农民"和"市民"两类角色群体特质的基础上，试图设计一套符合城市化和市民化发展方向的指标体系，以此作为农民市民化的影响因素和发展目标，并通过角色再造的过程去推动实现新市民群体的角色转化。[③] 陈映芳则将农民与市民作了类型化区分，将农民的生活原则定义为"生存需要"原则，而将市民的生活原则定义为"有意义的生活"原则，农民市民化过程代表着农民正在追求"有意义的生活"，这从另一个侧面补充了文军的研究。[④] 对此，毛丹则对社会角色理论作了新的检视，认为角色理论不应成为指责农民角色能力低下的工具，社会身份完整、角色期待明确、互动环境良好以及新旧角色间的转换通道顺畅等是顺利实现城郊农民市民化的前提或条件，而目前城郊农民市民化的主要障碍是农民受到了赋权不足与身份残缺、新老市民互动不良、农民特殊认同策略三方面条件的限制。[⑤] 这种观

[①]　Sara L. Friedman, "Embodying Civility: Civilizing Processes and Symbolic Citizenship in Southeastern China", *The Journal of Asian Studies* 2004(3), pp.687－718.

[②]　[法] 孟德拉斯：《农民的终结》，社会科学文献出版社 2005 年版，第 1－15 页。

[③]　文军：《农民的"终结"与新市民群体的角色再造——上海郊区农民市民化研究》，《社会科学研究》2009 年第 2 期。

[④]　陈映芳：《征地农民的市民化——上海市的调查》，《华东师范大学学报》（哲学社会科学版）2003 年第 3 期。

[⑤]　毛丹：《赋权、互动与认同：角色视角中的城郊农民市民化问题》，《社会学研究》2009 年第 4 期。

点无疑是对用角色理论研究农民市民化问题的深化。

四 文献总体评析

文献综述的最重要目的在于找到研究问题在学术脉络中的位置，通过对相关学术群和理论观点的归纳总结，为自己开展的研究找到理论对话的基础。因而，上述文献梳理呈现出了本书所研究问题的学术脉络：一个良序的社会领域在转型中国离不开公民身份，"生产公民"与"生产社会"对于中国向宪政民主政体转型同样重要。公民身份在民族国家内部是一个十分重要的社会整合理论，既表现为静态的成员地位、支配制度和形式规则，又是一个动态的实践过程和赋权制度，为不同群体的公民身份发展提供了实践指南。聚焦到中国的公民身份发展经验，城市化背景下农民身份转变的社会政治过程，不仅将农民与市民享有的公民权利差异性和紧张性格局凸显出来，而且为农民公民身份的动态扩展提供了研究契机，通过实证研究与西方城市、城市化及公民身份关系理论展开对话，为中国社会转型与社会整合服务。基于此，本书将从三个方面对上述文献进行总体评析。

首先，公民身份理论是一个日益复兴的理论视角。无论是在政治哲学论辩中，还是在实证问题分析中，公民身份理论作为一个中观层次的社会政治理论，对于认识和改造客观现实世界具有相当的学术穿透力和行动凝聚力。公民身份研究所关注的主要问题在于帮助实现各类弱势群体的公民身份权利，以及关注全球化背景下各个民族国家面临的权利发展、公民认同等困境。因而，公民身份理论发展与现实世界是紧密相连的，此种关联性足以让我们将公民身份理论纳入解放社会学的范畴，其关心的问题和旨趣与解放社会学算得上是不谋而合。"解放社会学的要义不仅仅是研究社会，而且是按照民主和社会公正的方向去改变它。""解放社会学关心的是减少各种社会压迫，创造一个更为公正和平等的社会。'从何解放'与'为何解放'是息息相关的。一门解放的社会学不仅寻求科学的知识，而且要站在被压迫者一边，从他们的角度看问题，预见压迫的终结。"① 由此，放飞

---

① ［美］乔·费金、［美］赫南·薇拉：《什么是解放社会学？》，吴莹译，载李友梅、孙立平、沈原主编《转型社会的研究立场和方法》，第102页。

思维的想象力，随着人们对个人权利、民主秩序与社会公正的进一步追寻，公民身份研究将会更加勃兴。

其次，用公民身份理论来研究中国问题具有适用性和紧迫性。当前中国政治社会发展的目标在于实现社会公正、实现现代化和迎接现代性，要实现这些目标，从西方公民身份理论中汲取思想与行动资源，将是一个稳妥有效的策略，有利于推动中国从阶级政治向公民政治转型。一方面，公民身份是一个偏好平等的观念，强调公民一律权利平等，对抗特权与差别待遇，有利于社会公正的实现。另一方面，公民身份是西方现代性的一个重要元素，是西方国家政治现代化的重要基石，对于中国现代国家建设具有关键意义。由于中国处于传统与现代、中国与西方的双重断裂处境之中，所以中国在政治转型过程中需要以现代性为坐标，广泛比较分析中西政治思想、政治制度、政治心理以及政治行动，才能使中国从"天下体系"走向"民族—国家体系"，真正实现政治现代化。此外，发展中国公民概念能够在人民概念之外恢复个体的公民性，让个体从臣民、子民变为公民，从顺民、暴民变为公民，才能使个体获得一种法律上的平等身份，使孤立个体进入公共政治领域，从而充分享有平等的权利和义务，为中国政治民主制度的建立和落实奠定良好的基础。因为"人民的政治使命与阶级身份覆盖了公民的身份特征，一方面使得广大成员对自身独立人格、利益与自由追求缺乏足够感知与觉悟，另一方面社会在价值评判时，人民共同诉诸的理想与使命，又促成价值评判上的国家、社会与集体的一元价值归依，独立个体的公民性荡然无存。"①

最后，既有的农民身份转变研究为本研究奠定了基础，但仍然存在许多不足。

其一，有关农民公民身份的实证研究相当缺乏，为本研究留下了空间。汉语学术界在 20 世纪 90 年代末期开始重视公民身份研究，但目前仍处在引介著作，进行规范研究阶段，很少有重要的实证研究出现，仅有的实证研究多集中在农民工研究方面。事实上，农民的公民身份权利问题比农民

---

① 曾盛聪：《论中国现代化进程中的公民社会——实然与应然的分析视角》，《学海》2005 年第 2 期。

工的公民身份权利问题更加重要，如果前者能得到妥善解决，那么后者也就会不攻自破。而从西方关于中国公民身份的文献来看，专门研究农民公民身份权利问题的专著也相当少见。

其二，有关研究缺乏对城市化背景的深刻观照。公民化的过程本身与城市化紧密相关，在西方，公民化是城市化的一种呈现，二者是共同推进的文明进程，而在中国，城市化则将农民或者农民工的公民身份权利问题推到了风口浪尖，城市化与公民化的关系变得纷繁复杂。无论是"政府自利论"还是"文化转型论"，它们的理论起点都不是城市化对公民身份的影响，都忽视了城市化这个非常鲜明的背景。因而，从城市化背景出发，以城市化与公民化关系理论为研究切入点，对于思考本书的研究问题将是一个新颖而巧妙的策略。不但如此，当前各级国家政权正在大力推进城乡一体化改革，城乡一体化是城市化的高级发展阶段及最终目标，通过本书的研究，能够捕捉到最新的城市化发展动态，并且还能从公民身份视角阐释城乡一体化的重要政治意义。

其三，"政府自利论"与"文化转型论"存在理论视野局限。"政府自利论"将焦点集中在户籍制度，这不仅是固有常识，而且过分高估了户籍制度在当前农民身份转变中的作用，并低估了政府特别是中央政府对于社会诉求的回应性能力，忽略了国家赋权过程中的复杂性。许多案例显示只简单改革户籍的农民身份转变未必能够真正地解放和终结农民，甚至有可能演变成对于农民土地的再次剥夺。只有立足于对城乡二元体制的系统性变革，从经济制度、政府组织形式及职能转变、社会管理与公共服务改革等多个方面合力并举，才能在解决"钱从哪里来""钱如何分配""制度创新与既有制度如何衔接""人往何处去"四个问题的基础上，顺利推进农民身份转变工作。而"文化转型论"主要关注农民的文化素质问题，更多从公民身份的文化面向展开研究，尤其忽视农民应该享有的公民身份权利，忽略了现实中的扩权问题，这不仅无助于建立一个公正、平等的社会，而且容易沦为为政府的政策辩护的工具。

其四，"政府自利论"与"文化转型论"都有一个共同的不足，即缺乏对农民行动的分析。事实上，农民在跨越身份边界的社会政治实践中是一个非常重要的主体，农民行动是在政府力量之外推动农民公民身份权利发展的主要因素。

因而，本书尝试提出"权利一体论"。从公民建构视角出发，"权利一体论"试图对城市化背景下农民公民身份权利发展进行全整性的研究，既关注政府如何通过社会建制变革来破除身份边界、推进农民公民身份权利发展，又考察农民抗争通过塑造公民行动来挑战或修正城乡身份边界的实践过程。

第四节　研究方法和研究资料

一　坚持问题取向、经验取向与主客体并置的中国研究

上世纪 50 年代，在海外学人费正清、傅高义、施坚雅 (William Skinner) 等的努力推动下，中国研究开始兴起。经过 60 多年的发展，中国研究的主流范式也不断发生变化，它们对于中国研究不同阶段的学术热潮产生过极大的影响，推动着中国研究朝着跨学科、国际化的研究领域发展，如费正清的冲击—回应模式、约瑟夫·列文森 (Joseph R. Leveson) 的传统—现代模式、詹姆斯·佩克 (James Peck) 的帝国主义模式、保罗·柯文 (Paul A. Cohen) 的中国中心论、国家与社会关系分析。[1] 近几年，围绕着中国研究的知识伦理、主客体立场、突破进路，中国学术界掀起了一波新的讨论高潮，黄宗智提出要建设走向从实践出发的社会科学[2]，石之瑜构建了中国研究的三维知识伦理框架[3]，吕德文提出了问题取向、经验取向的中国主位立场[4]，周晓虹则认为应该坚持主客体并置的研究立场[5]。众多学者参与其间的这场讨论，引起了学界对于当代中国研究的广泛反思。

无论研究者持有何种政治意识形态，坚持何种主客体立场，遵循何类

---

① 周晓虹：《中国研究的可能立场与范式重构》，《社会学研究》2010 年第 2 期。
② [美] 黄宗智：《认识中国——走向从实践出发的社会科学》，《中国社会科学》2005 年第 1 期。
③ 石之瑜：《知识观光：中国研究的知识伦理框架》，《社会科学》2006 年第 2 期。
④ 吕德文：《在中国做"海外中国研究"：中国研究的立场与进路》，《社会》2007 年第 6 期。
⑤ 周晓虹：《中国研究的可能立场与范式重构》，《社会学研究》2010 年第 2 期。

研究进路，当代中国研究唯有处理好经验与理论的连接问题，才能建立中国的现代学术。[①] 易言之，无论将西方理论放到何种位置，在当代中国研究中，只有将其与中国的经验现实结合起来，才能真正地认识中国，并以此为基础，抽象出新鲜的概念与理论，推进知识的增长和发展。聚焦到政治科学研究领域，中国大国转型的政治经验为我们提供了丰富的学术土壤，中国政治研究只有充分吸取这些土壤中的营养，才能像英美国家一样，使本国（中国）政治研究成为政治科学的最重要分支和最热门领域。

本书研究的是传统农民在城市化背景下如何转变为现代市民，以及这种身份转变对于中国公民身份发展、国家建设等会产生什么样的影响。作为当代中国政治研究中的一个重要论题，本书试图将之放入中国研究学术脉络中去考虑，上述所有的观念和看法都构成了本研究的方法论背景。它促使本研究坚守问题取向、经验取向与主客体并置的立场，以中国城市化中农民身份转变的实践经验为出发点，既寻求与西方理论对话，又试图发展出对于现实经验具有解释力的理论或概念。

二 选择案例研究

基于本书的研究问题、研究便利性与介入性等因素的综合考虑，作为一个试图理解社会现象和社会问题的定性研究，本书主要采用社会科学研究方法中的案例研究法，通过典型案例的选取、描述和分析，尝试探寻蕴含在实践经验中的因果机制。

（一）为什么选择案例研究？

案例研究已经成为一种重要的实证研究工具，在社会科学研究中发挥巨大作用。罗伯特·K. 殷 (Robert K.Yin) 曾提出在研究时如何选择研究方法需要重点考虑三个条件，即 1. 该研究所要回答的问题的类型是什么；2. 研究者对于研究对象及事件的控制程度如何；3. 研究的重心是当前发生的事，或者是过去发生的事。[②] 从这三个条件出发，案例研究与其他研究方法不同，它适用于如下情况：研究的问题类型是"怎么样"和"为什么"，研究对象是目

---

① [美]黄宗智：《连接经验与理论：建立中国的现代学术》，《开放时代》2007 年第 4 期。

② [美]罗伯特·K. 殷：《案例研究：设计与方法》（第 3 版），周海涛主译，李永贤、张蘅参译，重庆大学出版社 2004 年版，导论第 7 页。

前正在发生的事件，研究者对于当前正在发生的事件不能控制或极少能控制。①

　　反观本书的研究问题与研究对象，它们非常符合案例研究的方法论要素。首先，研究问题集中在城市化背景中传统农民如何转变为现代市民，即农民身份如何转变为市民身份。该问题需要从两个方面加以论证，一方面，描述农民身份转变过程，弄清楚实践层面是如何发生的；另一方面，集中探讨该过程中的因果机制，解释其为何发生。因而，本研究本身既不是单纯的描述性案例研究，又非单纯的解释性案例研究，而是试图兼具描述与解释两种功能。正如张静教授所言，案例研究与新闻写作不同，后者主要是讲出有吸引力的好故事，而前者则是要秉持理性的立场，追求知识产出，事件案例的采集与写作是一个从故事到知识的过程。② 其次，本书的研究对象主要集中在两类重大事件：城乡一体化改革；围绕着土地征用所发生的身份转变与抗争维权。这些研究对象如今在中国大地上并置存在，前者作为一个国家试验性的改革，反映了当前社会正在发生的重大变迁，而后者则是当前一个非常热点的社会话题，影响着数亿中国农民的生活。最后，这些研究对象由于是目前正在发生的重大事件，对于它们发生的过程与机制，学术界应该认真加以研究。作为研究者本人，几乎不能对它们施加任何的影响和控制，这有利于通过案例研究方法来从事本研究。

　　（二）如何操作案例研究？

　　如何使用案例研究来研究本书的问题，需要就案例研究的类型、案例选择、案例分析三个方面作出进一步的交代，才能将案例研究的具体过程充分展现出来，保障案例分析的效度与信度，提升案例研究的整体质量。

　　从案例研究类型来看，本书的案例研究属于嵌入性多案例研究。根据选取案例的数量和分析单位的复杂程度两个标准，罗伯特·K.殷将案例研究分为四种类型：整体性单案例研究、嵌入性单案例研究、整体性多案例研究、嵌入性多案例研究。③ 本书主要选取了两个案例，但是，这两个案例只是案例研究的承载主体，在此之外本书还选取了其他一些较为琐碎的案例，

　　① ［美］罗伯特·K.殷：《案例研究：设计与方法》（第3版），导论第11页。
　　② 张静：《从故事到知识：事件案例的采集与写作》，2010年1月12日在北京举办的哈佛燕京"中国底层社会与民众文化研究计划"研究培训班上的演讲稿。
　　③ ［美］罗伯特·K.殷：《案例研究：设计与方法》（第3版），导论第44页。

它们主要反映珠三角地区特别是东莞、珠海、中山等地的现实情况，通过这些辅助案例的材料来进一步加大主体案例的论证力度。这种案例使用方法与李培林的"村落研究"方法具有神似之处。李培林为研究村落的终结，试图建立一种关于中国村落终结的具有普遍解释力的理想类型，他将自己塑造的村落类型命名为"羊城村"，代表珠江三角洲城郊地区进入终结过程的村落，"羊城村"在现实中有一个村作为基本的塑造底版，但却具有许多原型，通过它能够将所有这些原型的特征和故事提炼出来，从而就能把实例"一般化"，追求更普遍的解释力。①此外，本书用于分析的案例研究单位也不单一，在每个案例内部，分析单位都有 3 至 5 个之多，政府、农民与村级组织是它们的共同分析单位。透过这种嵌入性多案例研究，才能清楚地呈现农民身份转变的复杂性与多样性。

就案例选择而言，本书选取案例遵循典型性标准。以前在讨论案例研究时，案例的代表性一直是大家争论的焦点。事实上，本书同意王宁教授有关个案研究代表性问题的讨论②，即对于案例选择而言，案例研究与定量研究的样本属性和外推逻辑皆不相同③，"总体来说，个案研究可以分成涉及代表性问题和不涉及代表性问题两类"，在具有"代表性无涉"的个案研究中，为提高案例的外推性，可以考虑选择具有典型性的个案，而在具有"类型代表性"的案例研究中，同样考虑在抽象类型中选择具有典型性的案例来勾连个案样本与类型性质的关系。④按此原则，本书选取了两个典型性案例，通过它们来勾连两种农民身份转变的抽象类型。一个案例是成都市 S 乡推进城乡一体化改革的个案，S 乡是成都市开展城乡一体化改革探索最早的试点单位之一，其成就获得了社会各界的广泛好评，并且成都市还被国家批准成为了全国统筹城乡综合配套改革试验区，所以 S 乡个案具有相当的典型性。另一个案例是广安市 G 镇的被征地农民抗争案例，该案例具备大多数征地维权事件的普遍特征，并且具有跨度时间长达 8 年之久的特点，所以

---

① 李培林：《村落的终结——羊城村的故事》，商务印书馆 2004 年版，第 1—16 页。
② 王宁：《代表性还是典型性？——个案的属性与个案研究方法的逻辑基础》，《社会学研究》2002 年第 5 期。
③ 王宁：《个案研究的样本属性与外推逻辑》，《公共行政评论》2008 年第 3 期。
④ 王宁：《个案研究的代表性问题与抽样逻辑》，《甘肃社会科学》2007 年第 5 期。

G镇个案同样具有典型性。不仅如此，G镇与S乡同属四川省，具有相对同质的环境制约，便于比较分析。在选择典型案例的同时，本书还选取了经济发达的广东省的部分案例材料作为补充，以充实上述两个个案的类型代表性。

从案例分析来说，存在着三种主要的分析策略：一是依赖理论性陈述；二是在竞争性解释的基础上建立框架；三是进行案例描述。①本书在运用双案例进行研究时，综合运用了第一和第三两种策略，不仅引入西方公民身份理论建立研究假设，而且对每个案例进行了详细的描述、分析，将理论假设与实践经验相结合，试图发展出新的解释。然而，这样的分析并非容易，大多数学者在作案例研究时，都不仅仅着眼于案例本身，他们都试图从一个或少数几个案例中发展出某种形式的概括，走出个案研究本身。如何走出个案，主要有四种处理方式：超越个案的概括、个案中的概括、分析性概括以及扩展个案方法。②本书通过对S乡与G镇双案例的描述分析，试图按照费孝通先生的类型学研究范式，提出超越个案的概括，从而获得中国农民身份转变以及农民公民身份发展的完整图式。

三 研究资料的收集与利用

为提高案例研究质量，研究者需要从不同渠道收集研究资料，并力求通过这些资料验证同一个事实或社会现象，这被称为研究资料的三角化。这些研究资料的来源主要有六种：文献、档案记录、访谈、直接观察、参与性观察和实物证据。③每种证据来源渠道都有自身的优缺点，本书的研究资料则主要集中在文献、档案记录、访谈三类。文献的优点在于能够提供稳定、真实、确切与覆盖面广的信息，缺点则是获取重要文件资料的难度较大；档案记录的优势在于资料精确和数据丰富，然而，保密性与政治控制性则时常影响着重要信息的获取与使用；访谈的便利之处是有针对性，能够就研究者感兴趣的问题直接提问，获得受访者或当事人对社会事件、社会现象的价值判断和理解，不足之处则在于访谈者事先设计的结构式或半结

---

① [美]罗伯特·K.殷：《案例研究：设计与方法》（第3版），第116页。

② 卢晖临、李雪：《如何走出个案——从个案研究到扩展个案研究》，《中国社会科学》2007年第1期。

③ [美]罗伯特·K.殷：《案例研究：设计与方法》（第3版），第95页。

构式访谈提纲可能会诱导受访者作出违心的回答，甚至误导受访者对事件的判断和认识，从而影响访谈材料的真实性。面对这些研究资料的优缺点，研究者需要建立案例研究完整的数据库，认真校对所获得的资料，通过不同种类证据材料的相互补充，重构社会现实。

具体言之，本书所使用的文献资料主要来自以下几个方面：（一）有关成都市及 S 乡、广安市及 G 镇的地方志书、年鉴等统计资料。如《成都年鉴》《成都市东城区志》《成都市志·城市规划志》《成都市志·计划志》《成都市志·国土志》《成都市志·农业志》《四川省广安县地名录》《广安县志》等。（二）四川省、成都市、广安市各级政府出台的有关文件，其中最重要的是成都市及各区县出台的城乡一体化各项改革文件，四川省及广安市出台的有关小城镇建设及征地文件。（三）各类新闻媒体报道与农民征地维权的原始记录。这些资料主要包括媒体对成都市 S 乡城乡一体化改革的报道，以及 G 镇农民维权的诸多原始材料，如行政诉讼书、上访材料、紧急求助信等等。而研究所使用的档案记录则主要来自成都市档案馆、成都市锦江区档案馆、成都市金牛区档案馆、广安区档案馆。这部分材料在本研究中并不多见，究其原因，许多材料我们可以在上述档案馆中看到，它们对于厘清每个案例的历史背景颇有帮助，然而，由于档案馆自身的"特色"规定，这部分档案材料只能看，不能复制或摘抄，人为增加了使用资料的障碍。此外，为了弄清楚每个案例的来龙去脉、各类行为主体的态度与行为，本书还作了大量的案例访谈。针对 S 乡案例，在 2008 年 9 月至 2010 年 7 月间，作者累计四次前往成都市 S 乡，对当地农民、经商人士、各主要社区书记与居委会主任、街道办相关领导官员进行了访谈。而 G 镇案例由于发生在作者的家乡，事件的时间跨度也特别长，所以作者能够利用数次探亲的机会，对事件中涉及的征地农民、村干部、地方官员进行访谈。访谈的内容主要包括事件经过描述、受访人对事件的态度与行为等。

最后，在收集和利用研究资料时，研究者必须对道德伦理问题加以考虑。为了赢得受访者的信任，保证访谈材料的真实性，本书作者会在访谈前联系受访者，讲清楚关心的问题，以及作出所获取材料仅仅作为学位论文研究所用的承诺，然后由受访者决定是否接受访谈。不仅如此，为了保护访谈对象，本书在写作过程中对案例涉及的人名、地名等具体信息进行了学术化处理。

第五节 研究价值与研究局限

一 研究价值

科学研究的目的在于认识世界和改造世界。围绕着农民身份转变主题，本书通过研究城市化进程中的农民身份变化、资源配置与利益博弈，不仅是为了诠释该社会政治变迁过程，探索其中的规律，推进人类知识的进步，更重要的是，本研究还潜藏着深厚的现实关怀，即通过呈现弱势群体的各种权利贫困，为减少各种社会压迫，创造一个更为公正、开放、平等的社会贡献力量。因此，无论是在现实意义还是在理论价值上，这都将是一项真实而重要的研究工作。

首先，本书从政治学视角深化城市化研究，有助于解决城市化进程中出现的一系列问题。目前学术界对于城市化研究不仅未能达成共识，而且具有很强的学科差异性，而从城市化与公民身份关系视角思考中国的城市化进程，突出城乡一体化的目标和愿景，无疑是一块崭新而有待开垦的学术洼地，更是一个较为前沿的研究视角。随着城乡统筹工作的展开，城市治理已经不能再拘泥于原来的城市空间，城市空间延展性与城乡空间整合性是城市化研究必须面对的新情况，而且城市化的社会伦理学问题在此背景下也凸显出来，"即中国农民需要的是什么样的城市。对于城市化的行为主体——农民，理论界给予的关注是极其不够的，在城市化这个涉及农民切身利益的大问题上，我国长期以来固有的'为民做主'的决策模式从来都不问农民"。[①]因而，提出农民的公民身份权利发展问题，对于完善城市化及城乡一体化研究将大有裨益。

① 赵新平、周一星：《改革以来中国城市化道路及城市化理论研究述评》，《中国社会科学》2002 年第 2 期。

其次，本书有助于深化中国农民问题研究。当前农民问题研究中的许多论题都局限于乡村空间，如村民自治研究、新农村建设研究等，本书认为应该跳出视域限制，站在城乡一体化的宏观角度来寻求解决农民问题的途径。21世纪是中国全面实现农民市民化的世纪，农民身份转变是推动城乡平权改革、进一步解放农民的重要措施，作为对该宏大事件的历史记录，本研究尝试着找寻中国农民跨越身份边界、实现市民化的历史性规则，弄清发展规律，总结发展经验，从而为扫除农民市民化进程中的障碍，引导农民顺利转变为市民，实现"农民的终结"奠定基础。

最后，作为中国公民身份发展的实证研究，本书能够清楚地呈现出当下中国公民身份权利发展的实践形态，为公民身份的跨国比较研究贡献中国经验。事实上，若将农民公民身份权利发展的实践形态放入中国近现代史中考察，就能更加凸显该社会政治变迁具有的重要历史意义。具体而言，自清末以来，个体与共同体的关系内涵在不同历史时期有着明显的不同和转变，个体从臣民向公民转变构成其中的一条关键主线。臣民—国家关系的历史固然已经远去，公民—国家关系却也是一个需要奋斗才能实现的未来。个体与共同体的关系在当下呈现出两个面向：农民—国家关系与市民—国家关系，而城市化进程中农民身份转变正推动着前一种关系向后一种关系转型，透过破除农民与市民的身份边界促进农民公民权利发展，将为中国构建公民国家创造积极的有利条件。

二 研究局限

本研究主要存在三个方面的研究局限。它们虽然不会从根本上制约本书的问题讨论及结论适用性，但是，对这些研究局限开展深入的考察和探讨，将为本书补拙增色，进一步明确未来的研究方向。

其一，本书试图从公民身份视角考察城市化背景下农民身份转变的社会政治过程，揭示农民公民身份权利发展的机制与影响，然而，正如前文所言，无论是农民还是市民，他们所享有的公民身份权利本身都具有部分限制性。尽管农民市民化在当前能够最大程度地呈现农民公民身份权利发展情况，但是，如果有条件和能力详细地分析农民与市民面临哪些具体条件限制，进而更直接、深入地探讨农民公民化，就将使研究更加具有理论深度。

其二，本研究关注以农民为中心的身份转变过程，注重对政府及农民的行为分析，缺乏对市民行为的深刻把握。事实上，当我们以静态的市民身份作为农民身份的参照系，分析农民与市民如何实现权利平等时，不但未能揭示出城市户籍含金量逐步减少、市民特殊待遇被逐步剥离的事实，而且忽视了市民对于城市化战略、城乡一体化改革的反应以及对农民身份转变的态度。

其三，本书在使用理论视野时未能细分公民身份理论，既未区分自由主义公民身份与共和主义公民身份，又未区分公民身份的政治面向、社会面向、经济面向及文化面向等。在研究策略上，农民身份转变研究更多地关注了农民与市民两种身份的平等性、公民身份的实践性，主要着墨于公民身份权利而非公民身份义务，对于研究深度和厚度有一定影响。

第六节 论证思路和篇章结构

本书从两个层面考察城市化背景下农民身份转变的政治社会过程。一方面，公民身份作为勾连共同体与个体的制度纽带，在不同政体中呈现出不同的关系形态。在专制政体中，民主公民身份极度匮乏，表现为专制国家与臣民之间的宰制关系；在转型的社会主义民主政体中，由于国家分而治之与选择性给予的统治策略，公民身份权利在不同社会群体之间存在着相当的差异性；在宪政民主政体中，个体平等地享有公民身份权利，履行义务，呈现出宪政民主国家与公民之间的良性互动关系。作为一个转型的社会主义民主政体，中国需要慎重考虑如何调适自身的公民身份策略，处理不同社会群体之间，特别是农民与市民之间的权利不平等问题。另一方面，自清末民初以来，引进西方公民学说用以改造国人（臣民），一直都是仁人志士的夙愿。几经周折，到20世纪90年代，公民身份问题再次成为社会各界关注的重要话题。然而，从臣民到公民本身不是一个线性的发展过程，中间包含着众多复杂的过渡性片段。当前中国存在着农民享有形式性公民

身份 (formal citizenship) 与市民享有实质性公民身份 (substantive citizenship) 二元并存的格局。伴随着高速的城市化及城乡一体化改革，农民如何从形式性公民身份转向实质性公民身份就是这些众多过渡性片段之一。

上述两个层面的相互交错定位了本书的研究问题，将思考的重心转移到城市化背景下农民如何跨越城乡身份边界上来，形成如图 0-3 所示的论证思路。本书首先研究公民身份发展的路径与策略，找准了理论对话对象。在此基础上，尝试将中国农民身份转变的整体图像进行类型化。本书认为农民身份转变的整体图像是两种类型——增量改革导向的城乡整合型与权益平等导向的农民抗争型的并存发展。前者强调政府还权破除身份边界，后者突出农民抗争塑造公民行动，二者并存发展的可能走向将直接影响到中国社会转型的成败，需要找到合适的支点将农民身份转变过程引入以权利为基础的社会政治秩序建构进程。

根据论证思路，本书试图从理论建构（导论至第二章）、双案例研究（第三章、第四章）、成因分析与经验讨论（第五章）、影响分析（第六章）

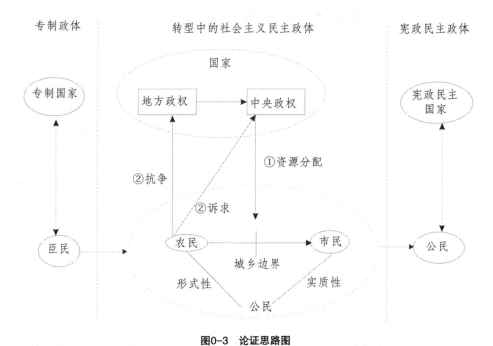

图0-3 论证思路图

注：①指增量改革导向的城乡整合型；②指权益平等导向的农民抗争型

几个方面展开论证，其篇章结构及其关系如图 0-4 所示。

　　导论部分主要是对研究问题、重要概念、文献综述、研究方法与资料收集、研究价值与研究局限、论证思路与篇章结构的阐述和交代；第一章是理论对话部分，主要通过特纳、马克思与吉登斯等人的学术交锋，阐述民族国家背景下公民身份发展的路径及策略；第二章是对中国农民身份转变的整体图像进行类型化建构，一类是增量改革导向的城乡整合型，另一类是权益平等导向的农民抗争型，二者并存发展构成农民公民身份权利发展的整体图像；第三章是对成都市 S 乡进行案例研究，通过分析 S 乡的情况，揭示政府推动的城乡一体化改革如何影响农民与市民的身份边界；第四章是对广安市 G 镇进行案例研究，作为权益平等导向的农民抗争类型的典型案例，通过分析被征地农民的抗争实践，揭示"公民"行动对于农民身份权利发展的作用及影响；第五章主要分析农民公民身份权利发展的动力机制与发展经验；第六章主要分析农民身份转变的变革性影响；结语部分则是总结全文的研究发现。

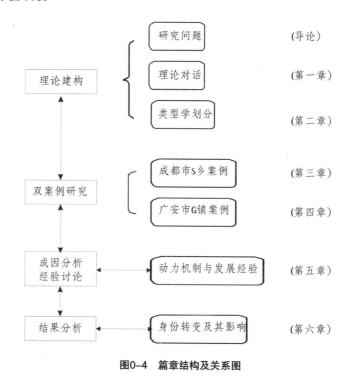

图0-4　篇章结构及关系图

第一章　理论对话：公民身份发展的双重路径与策略选择

公民身份理论主要关心个体与共同体的关系问题。在一民族国家内，公民身份既是国家给予的成员地位，又是一个制度化社会过程，在将形式性公民身份转变为实质性公民身份的过程中，支配性或赋权性是其制度化实践的显著特征。易言之，公民身份不仅是一个"名词"，更是一个"动词"。作一个简单的类比，如同"民主"相对于"民主化"，公民身份也应该有一个"公民身份化"的过程。正如伊辛与特纳所言："现在，人们已不再仅仅关注作为法定权利的公民权，而一致认为，公民权必须被理解为一种社会过程，通过这个过程，个体和社会群体介入了提出权利要求、扩展权利或丧失权利的现实进程。政治上的介入意味着实质性的公民实践，而这反过来又意味着一个特定政体下的成员总是努力去主动地塑造它的命运。"①

因而，针对研究问题，本书将理论对话对象聚焦到了民族国家背景下公民身份发展的路径与策略选择问题。诚然，此理论对话问题是如此的重要，它不仅是对公民身份动态性特征的重点关照，而且能够为后发国家的公民建设提供操作性指南，为研究某个具体国家的社会政治变迁提供理论支持。但是，此问题又是如此的复杂，在不同的社会，由于现代化经历的不同，确立公民身份权利的方式均大不相同，探讨公民身份发展的路径及动力机制往往让人迷惑，连研究公民身份的开创人物马歇尔都深陷其中。

---

① ［英］恩勒·F.伊辛、［英］布雷恩·S.特纳：《公民权研究：导论》，载［英］恩勒·伊辛、［英］布雷恩·特纳编《公民权研究手册》，第6页。

一方面，马歇尔的态度模棱两可，从而使学术界对其观点的归类混乱；另一方面，特纳甚至公开指出马歇尔没有能够提供一种有关公民身份如何扩展的原因解释，他只是提供了一种有关英国公民身份权利研究的历史描述，很少谈及社会阶级、新社会运动或者社会斗争对于促进公民身份权利的作用。①

基于此，本章将从"国家主导公民身份发展战略"与"公民身份发展的社会建构过程"两大路径来分析公民身份获取与扩展的实践过程，并论述其发展动力。接下来，在讨论分析公民身份发展的策略选择的基础上，指明中国公民身份发展实证研究的未来方向，为后文的案例研究建构理论空间。

第一节　国家主导公民身份发展战略

在特纳的公民身份类型学划分中，国家主导公民身份发展战略的路径被称为消极的公民身份扩展，即国家成员享有的不断增多的公民身份权利及其发展源于国家权力有计划地让渡或给予。依据英国和德国的公民身份发展经验，这种发展路径着重强调自上而下的国家主导作用。虽然此种发展模式不太符合近现代政治学对于权利来源的论断，但是，从现实政治运作、政治发展的角度分析，国家性质及国家行为对于一政治共同体内的公民身份确实产生了不可估量的影响。马歇尔首先将自上而下的国家行为作为分析公民身份发展的重要动力，迈克尔·曼、查尔斯·蒂利等在此基础上作了进一步发展。

从知识社会学的角度看，此公民身份发展路径与国家理论的兴起和发展密切相关。马歇尔在1949年发表《公民身份与社会阶级》时，"美国的政治科学和社会学中主流的研究视角仍是多元主义和结构功能主义，

---

① ［英］布雷恩·特纳：《公民身份理论的当代问题》，载［英］布雷恩·特纳编《公民身份与社会理论》，第9页。

其最主要的特征就是，在解释政治和政府的行为时采用社会中心论的方法"。① 显然，马歇尔的研究范式与社会中心论是背道而驰的。而后来迈克尔·曼在 1986 年发表《统治阶级的策略与公民身份》的时候，正是国家中心视角兴起、国家理论受到重视的时期，其代表性的扛鼎之作便是 1979 年巴林顿·摩尔的学生斯考克波 (Theda Skocpol) 发表的《国家与社会革命》一书。同样，查尔斯·蒂利的研究也始终将国家作为一个关键议题看待。以此为基础，我们不仅能够更好地理解"国家主导公民身份发展战略"路径背后的学术脉络，而且可以借鉴国家中心论的研究成果来帮助分析该路径包含的丰富内涵。按照斯考克波的分析，将国家作为重要变量引入社会变革研究，主要存在两种分析策略："一方面，可以把国家视为组织机构，通过这些组织，官僚集团可以追求其独自的目标，只要它们可以利用与社会现实相关的国家资源，就能以或高效或低效的方式实现这些目标。而另一方面，国家可以从更为宏观的角度被视为组织结构与行为，影响社会中一切集团或阶级的政治意图与策略。"② 因此，借鉴国家中心论的分析策略，"国家主导公民身份发展战略"的路径同样可以分解为两种探讨策略，即一种是将国家视为组织结构与行为，在民族国家建设进程中考察国家结构、国家性质及国家行为对于公民身份权利发展的影响；另外一种则是将国家作为组织机构看待，分析政党组织与官僚集团在公民权利发展过程中的重要作用。

一　民族国家建设推进

巴巴利特 (J.M.Barbalet) 指出："既然各个不同权利组合常常会向各种不同的方向发展，那么追根究底是国家如何促进和保障公民资格权利的问题……在公民资格的发展中，国家的作用是关键性的。因此任何政治的和社会的参与，以及政治的和社会的权利理论都必须认识这一事实，并以此作为基础。"③ 故而，公民身份发展伴随着民族国家建设，但是不同的国家理

---

① [美]西达·斯考克波：《找回国家——当前研究的战略分析》，载[美]彼得·埃文斯、[美]迪特里希·鲁施迈耶、[美]西达·斯考克波编著《找回国家》，方力维、莫宜端、黄琪轩译，生活·读书·新知三联书店 2009 年版，第 3 页。

② [美]西达·斯考克波：《找回国家——当前研究的战略分析》，第 37 页。

③ [澳]巴巴利特：《公民资格》，谈谷铮译，台北市桂冠出版社 1991 年版，第 154 页。

论对于二者关联性的论述却不尽相同。

首先，国家能动说。在民族国家建设过程中，国家的能动作用对于公民身份的实现和扩展影响巨大。这种能动作用在学理上有两种表现形式：国家工具性与国家自主性。马克思主义国家理论对这两种作用都有明确的论述，就国家工具性而言，马克思和恩格斯在《共产党宣言》中指出："现代的国家政权不过是管理整个资产阶级的共同事务的委员会罢了。"[①] 国家被视为阶级统治的工具，或者政治性阶级斗争的竞争舞台；就国家自主性来说，马克思在《路易·波拿巴的雾月十八日》中分析了国家的自主性特征，即"国家的自主性既表现在国家相对于统治阶级的自主性上，也表现在集团政治与官僚自主性上"。[②] 不过，国家自主性在马克思主义经典作家那里还仅仅是一种经验观察，只有在以波朗查斯为代表的新马克思主义结构学派那里才发展成为比较成熟的理论。[③] 20世纪80年代兴起的"国家回归学派"同样给予国家自主性极大的关注，推动着国家理论向前发展。

聚焦到公民身份问题，国家能动作用说的典型代表是马歇尔与迈克尔·曼。马歇尔认为公民身份发展涉及融合与分化的双重过程，地域上的融合与功能上的分化共同推动着公民身份的历史演化，即从公民权利到政治权利，最后发展到社会权利。尽管公民身份发展与阶级之间存在着强烈的原则性冲突，但是马歇尔并未将这种"冲突"或"斗争"加以延伸，而是认为国家伸出的仁慈之手是公民身份权利发展的关键因素，即"公民身份权利的发展是由一个自然的进化过程带来的，只在需要之时国家才伸出仁慈之手予以帮助"。[④] 究其原因，国家这样做的目的在于缓解阶级体系的负面后果，使阶级体系本身不会成为攻击的中心，但是，"国家通过各种措施正式给予的好处与其说是公民权利的扩大，不如说是公民权利的替

---

① 中共中央马克思、恩格斯、列宁、斯大林著作编译局编译：《马克思恩格斯选集》（第一卷），人民出版社1995年版，第274页。

② 尹树广：《重建全球化时代的马克思主义国家理论——读郁建新著〈马克思国家理论与现时代〉》，《哲学研究》2008年第12期。

③ 叶麒麟：《马克思主义·新马克思主义·新制度主义——国家理论的一种谱系》，《理论与改革》2010年第1期。

④ [英] 安东尼·吉登斯：《民族—国家与暴力》，胡宗泽、赵力涛译，生活·读书·新知三联书店1998年版，第249页。

代"。①迈克尔·曼的理论广泛运用了马歇尔的理论成果，并对其作了进一步发展，从国家政权策略角度对公民身份发展进行了跨政体比较研究。两人的共同点在于都十分强调国家对于公民身份发展的影响，马歇尔的观点可以归纳为"国家的仁慈之手"，迈克尔·曼的理论则可称之为"统治阶级的策略"。迈克尔·曼认为，"所有政权都保障了某些公民身份权利，但它们是在非常不同的程度上以不同的组合方式来保障的"，发达工业国家存在着五种策略来控制现代阶级斗争、保障公民权利，即自由主义、改良主义、威权专制主义、法西斯主义和威权社会主义的策略。这些策略由在经济上、政治上或军事上占支配性地位的阶级或阶级联盟所制定，通过将各种公民身份权利混合起来，建构不同的制度性安排，从而将工业社会中的阶级冲突制度化。②

其次，战争说。战争与近现代民族国家的形成有着千丝万缕的联系，在此过程中，战争还深刻地影响着公民身份发展。查尔斯·蒂利及理查德·蒂特莫斯 (Richard Titmuss) 是这种观点的典型代表人物。查尔斯·蒂利指出，统治者在民族国家形成过程中会选择各种讨价还价的方式，去应对可能出现的分散或者成群的抵抗，然而，"这些讨价还价却创造出或者确定了个人和集体对国家的要求，个人和集体相对国家的权利以及国家对其公民的义务"，即"我们现在所称为公民权的核心包括由统治者和被统治者在他们关于国家行为手段特别是交战手段的斗争过程中推敲出的多重契约"。③不仅如此，国家为了发动或应付对外战争，可以通过扩大公民身份的方法来收买大众，如"国家作出将获得某种社会再分配作为补偿的承诺以动员社会参加战争"④，因为"政府同样需要大众对国家目标的认同，只有这样，新公民才能成为欧洲战场的炮灰"。⑤此外，战争结果对于公民身份也具有

---

① [英] 马歇尔：《公民身份与社会阶级》，载郭忠华、刘训练编《公民身份与社会阶级》，第17页。

② Michael Mann, "Ruling Class Strategies and Citizenship", *Sociology*, Vol. 21, No. 3 (August, 1987), pp.339－354.

③ [美] 查尔斯·蒂利：《强制、资本和欧洲国家》，魏洪钟译，上海世纪出版集团2007年版，第112页。

④ [英] 布雷恩·特纳：《公民身份理论的当代问题》，载 [英] 布雷恩·特纳编《公民身份与社会理论》，第14页。

⑤ [英] 安东尼·吉登斯：《阶级分化、阶级冲突与公民身份权利》，熊美娟译，《公共行政评论》2008年第6期。

多种多样的影响，一方面，战争结果充满不确定性，"国家可能战胜也可能战败，各国的国内政局也不一样，因此，国家对他们的要求所作出的反应，可能是专门为退伍军人提供权利，也可能是一般化地提供权利"①；另一方面，战争失败也可能造成近代民主公民身份在本国的制度化，如日本在二战中的失败对国内民主化进程就产生了深远影响。

最后，控制辩证法说。安东尼·吉登斯认为现代民族国家建设与公民身份演进之间具有一种控制辩证法关系。一方面，公民权利、政治权利与经济权利发展与不同类型的国家监控相互联结。正如安东尼·吉登斯所言："与其把公民身份权利的三个范畴看成公民身份权利的整体发展的三个阶段，还不如把它们理解为斗争或冲突的三个舞台。这三个舞台中，每一个都与不同类型的监控相联结，而在舞台上，监控既是上层权力之必要条件，也是用以操作控制辩证法的轴心之必要条件。"②因而，公民权利与治安方面的监控相关，政治权利与国家行政力量的反思性监管方面的监控相联系，经济权利相应的监控就是对劳动者的管理。在此基础上，有学者提出社会权利对应的则是教育和社会保障方面的监控。③另一方面，为了降低国家—公民控制辩证法的成本，赢得公民的自愿服从，安东尼·吉登斯看到了主权、公民身份和民族主义三者间的关联性，试图纳入民族主义进行分析。④因为通过引入作为符号象征体系的民族主义，小心控制民族主义的三种导向，就能有利于公民身份权利的扎根或实现。⑤

二　政党与意识形态影响

政党与意识形态存在着天然的密切联系，政党是意识形态的载体，意识形态是政党的政治灵魂。政党与意识形态在社会中发挥着重要作用，政党架起了国家与社会之间的桥梁，意识形态则为政党提供了政治信念、政

---

① ［美］托马斯·雅诺斯基：《公民与文明社会》，第 180 页。

② ［英］安东尼·吉登斯：《民族—国家与暴力》，第 249－250 页。

③ 郭台辉：《民族—国家建设中的公民身份：以一战前的德国为例》，载《"变迁中的中国城市社会与城市治理"学术研讨会会议文集》，广州中山大学，2009 年。

④ ［英］安东尼·吉登斯：《民族—国家与暴力》，第 257 页。

⑤ 肖滨：《民族主义的三种导向——从吉登斯民族主义的论述出发》，《开放时代》2007 年第 6 期。

治行为指南及政治立场。政党及意识形态对于公民身份发展的影响带有巨大的不确定性，需要纳入到某个具体政治情境中进行具体考察。正如托马斯·雅诺斯基所言，"重视党派和意识形态的作用，并不意味着它们之中的任何一个是产生公民身份权利和社会政策的主导因素。意识形态是随着国家结构以及阶级利益和社会地位群体的利益而发展的。当这些利益被笼罩时，意识形态才会起独立的作用。"①

就政党对公民身份发展的影响而言，一方面，政党在现代政治视野中是连接政府与公民的桥梁，不仅是公民利益的表达者和聚合者②，而且是解决国家面临的合法性危机、整合性危机与参与性危机的唯一途径。③ 执政党若不能很好地聚合被统治者的利益，尊重公民权利并疏通公民参与政治的渠道，那么政党政治与公民政治之间就会呈现出背离性，阻滞公民身份权利的实现和发展，使国家面临危机。与此同时，反对党或在野党对于执政党的监督则有利于保障公民权益。在一个政治民主的社会，任何政党的权力源泉都来自于选民，反对党或在野党时时刻刻都在注视着执政党，执政党有损公民权益的施政行为不仅给予它们重新问鼎国家权力的机会，也为公民权利进入政策议程提供了契机。

另一方面，政治制度、选举制度及政党联盟等作为中间变量影响着政党作用的发挥。比如，在实行不同选举计票制度的国家，其政党对于弱势群体的权利诉求的回应方式与回应程度会各不相同。实行比例代表制的西方国家，政党的组建和生存比较容易，它们只需要赢得少量选票就可以把自己的政治地位稳定下来，因而阶级群体和社会地位群体发出的权利诉求比较容易得到政党组织的呼应。而在那些实行赢者独占席位的国家，新党或小党难成气候，"大党要反映众多阶级和社会地位群体基础上的利益集团的意见，而不是形成自己特定的意识形态和党的纪律"④，对于权利缺乏群体的诉求回应力度较弱。此外，不同的政党联盟主导国家政权，会透过对国

---

① [美] 托马斯·雅诺斯基：《公民与文明社会》，第 203 页。
② 邓集文：《现代政治视野中的政党与公民》，《江苏行政学院学报》2006 年第 2 期。
③ [美] 安东尼·奥罗姆：《政治社会学导论》，张华清、何俊志、孙嘉明等译，倪世雄校，上海世纪出版集团 2006 年版，第 191 页。
④ [美] 托马斯·雅诺斯基：《公民与文明社会》，第 199 页。

家社会政策的干预和限制，深刻影响国家内部成员的公民身份权利。

意识形态对于公民身份的影响同样巨大。在理论层面，马克思主义理论流派十分重视意识形态与国家的关系研究。其中，马克思强调无产阶级要通过彻底的革命意识来消灭资产阶级的意识形态，葛兰西进一步提出文化霸权理论，阿尔都塞则提出了意识形态国家机器概念，他们都强调在文化领导权等意识形态领域进行坚决的斗争，从而透过国家的功能作用对公民身份权利产生影响，才能实现人的解放和自由。在现实层面，20 世纪的西方政党意识形态一直处在动态调适之中，过去数十年有关福利国家前途命运的争议表明，变动的西方意识形态对于公民身份权利发展产生了广泛而深刻的影响。以英国为例，1979 年至 1990 年间，撒切尔政府依据新自由主义思想对英国公民身份进行重新定义，公民身份权利特别是社会权利受到严重削减，政府转而强调个人责任和市场权利，试图以此来保障个人财富和自由。

三 国家机构与干部官僚利益制约

国家机构与干部官僚利益能够通过影响公共政策的制定和执行，达到间接干预及制约公民身份发展的目的。

一方面，针对国家机构的运行体制来说，"碎片化"的管理体制集中反映出作为主体的各部门利益对于公共政策、公民权益的影响功能。具体言之，"在政府管理领域，'碎片化'指向的是部门内部各类业务间分割、一级政府各部门间分割以及各地方政府间分割的状况。"[①]"碎片化"也被西方学者用来形容中国的决策体制，如李侃如 (Lieberthal Kenneth) 与兰普顿 (David M. Lampton) 就使用了"碎片化威权体制"来描述中国政府的决策过程，强调中央政府各部门之间、中央与地方政府之间以及各地方政府之间经常会通过谈判、讨价还价来型塑公共政策，从而体现各自的部门利益。[②]因而，这种碎片化体制虽然可能为公民参与政府政策、表达利益诉求提供政治机会结构和策略空间，但是它也可能让国家承诺尊重人权的公共政策事业受

---

① 谭海波、蔡立辉：《"碎片化"政府管理模式及其改革——基于"整体型政府"的理论视角》，《学术论坛》2010 年第 6 期。

② Lieberthal Kenneth and David M. Lampton, *Bureaucracy, Politics and Decision Making in Post-Mao China,* Berkely: University of California Press, 1992, p. 78.

到阻碍。正如托马斯·雅诺斯基所言："行政、立法、办事和司法机构的不同结构对公民权利的结构和存在有着巨大的影响。国家结构虽然是在特定时候建立起来而且可能变化，却往往对公民权利的发展起着常数或限制因素的作用。"①

另一方面，就干部官僚的利益而言，由于官员中存在四种共同的偏见，即"每个官员都倾向于歪曲传达给他的上级的信息，特别是夸张地反映对其有利的信息，极力掩盖对其不利的信息；每个官员都倾向于支持有利于增强其自身利益的政策和他所提倡的项目，反对那些损害或不能增进其自身利益的政策或项目；每个官员在他遵从上级指示时都会不同程度的改变，这取决于那些指示是不是有利于自身的利益；在执行组织职能的过程中，官员增强自己的责任和接受有风险的职责的程度，主要取决于这样做能否帮助其实现个人目标"②，故而分布在不同政府管理部门的干部，基于各自职责、个人目标及利益的不同理解，面对促进公民身份权利发展的公共政策，往往会作出不同的行为选择，从而给公民身份的实现和扩展带来不确定性影响。作为例证，苏黛瑞在研究中国农民工的公民权利发展时指出，基于结构制约和利益差异，不同国家机构和干部官僚对城市流动人口及其公民权问题的处理方式有很大的差别乃至存在冲突，使得农民工的公民权利发展前景悲观。③

第二节 公民身份发展的社会建构过程

公民身份发展的社会建构路径被特纳称为积极的公民身份，其过程主要表现为自下而上的社会抗争推动公民身份权利发展。法国和美国的公民身份权利发展经验是该路径的典型代表。此时的公民作为一个积极的政治

①　[美]托马斯·雅诺斯基：《公民与文明社会》，第177页。
②　[美]安东尼·唐斯：《官僚制内幕》，郭小聪等译，郭小聪、李学校，中国人民大学出版社2006年版，第82页。
③　[美]苏黛瑞：《在中国城市中争取公民权》，第56—103页。

行动者，能够有效地发挥公民身份制度的赋权性特点，通过权利诉求与抗争行动去扩展公民身份权利。

一　阶级斗争动力

阶级斗争与社会运动都属于社会中心论分析，雅诺斯基从冲突及资源动员的角度将它们统称为"权力资源理论"，并认为其动力都来自于那些缺乏权利的群体。但是，这种笼而统之的归纳不仅缺乏精细化，而且弱化了它们与公民身份历史发展进程的密切联系。事实上，阶级斗争与社会运动是两种不同的社会抗争模式，前者发生在不同的阶级群体之间，后者则发生在不同的社会地位群体之间。"阶级群体包括工会和雇主团体、左翼和右翼政党及知识分子，社会地位群体包括民族和种族群体、妇女群体、教会以及退伍军人群体，他们并不是仅仅寓于阶级群体之中，而是可能跨越各阶级群体。"① 克劳斯·奥菲（Claus Offe）进一步指出，社会运动是由来自不同阶级和非阶级的成分按不同比例组成的联盟所发动的，因而其诉求相对于阶级斗争要么更广泛，要么更狭隘。② 故而，阶级斗争与社会运动对于公民身份发展的独特推进作用应当进行差异化考察。

对于阶级，巴巴利特警醒道："那种认为阶级冲突在政治舞台上已被社会运动冲突取代的主张，既是不成熟的，更是误导的。"③ 西方公民身份发展的历史为巴巴利特的观点提供了有力证明。具体而言，中世纪的城市自由民通过反对封建贵族的阶级斗争，取得民事权利和部分政治权利，促进了自由主义公民身份发展。工业革命后，进入工业资本主义时期，资产阶级在一个更大的范围内扩展了民事权利和政治权利。随着阶级矛盾的激化，工人阶级登上政治舞台，通过工人运动等方式，使原有的权利逐步扩展到更多的人群，使阶级斗争的目标在 20 世纪扩展到争取社会权利的范畴。因而，在福利政治经济学看来，"通过工会或革命性政党而形成的工人阶级组

---

① ［美］托马斯·雅诺斯基：《公民与文明社会》，第 182 页。
② Claus Offe, "New Social Movement: Challenging the Boundaries of Institutional Politics", *Social Research*, 1985, 52(4). 转引自［澳］巴巴利特：《公民资格》，第 145 页。
③ ［澳］巴巴利特：《公民资格》，第 149 页。

织被认为是扩展福利权利和社会权利的基础条件"。[1]

基于此，越来越多的学者看到公民身份发展的阶级斗争动力因素，其中马歇尔独辟蹊径，从公民身份与阶级体系之间存在原则冲突的角度解释公民身份发展；本迪克斯（Reinhard Bendix）认为公民身份权利与义务在政治共同体中的确立和分配，不仅仅依据个人的地位和国家共同体原则，更要受到阶级政治斗争的影响。[2]艾伦·伍德（Ellen Wood）更坚持认为，公民身份是"被统治阶级历史斗争的遗产"。[3]吉登斯用马克思来反对马歇尔，认为"与其说公民身份权利的扩展钝化了阶级分化，不如说阶级冲突是公民身份权利扩展的媒介"。[4]

二 社会运动驱动

马歇尔虽然在《公民身份与社会阶级》中未能关注社会运动的作用，但是，二十年后马歇尔在《反思权力》中指出，由于社会运动能够提供给那些实际缺乏公民身份权利的人们成就行动的资格，因而可以将它看成一种替代权力的力量，如黑人权利运动和学生运动，不能享有公民身份权利的人，可以通过动员资源、夺取和动员多数人来获得权利。[5]换言之，公民身份扩展部分来自于那些被排斥在公民身份权利之外的群体所提出的社会要求，这些社会要求可以透过社会运动的形式表现出来。

社会运动已经被视为一所权利的学校。在社会运动中，运动组织、资源管理、社会动员、策略选择等环节都能赋予大众以权利意义的感受。社会运动发展到今天，特别是经历了 20 世纪 60 年代以来兴起的新社会运动，其已经成为一个重要的研究领域，其中，社会运动对于公民身份的影响受到研究者的广泛关注。按照基思·福克斯的归纳，新旧社会运动关于公民

---

[1] [英]布雷恩·特纳:《公民身份理论的当代问题》，载[英]布雷恩·特纳编《公民身份与社会理论》，第 14 页。

[2] Reinhard Bendix, *Nation-building and Citizenship: Studies of Our Changing Social Order*, New York: John Wiley and Sons, 1964, p. 73.

[3] Ellen Meiksins Wood, *The Retreat from Class*, Verso, 1986, pp. 148－150. 转引自[澳]巴巴利特《公民资格》，第 117 页。

[4] [英]安东尼·吉登斯:《阶级分化、阶级冲突与公民身份权利》，熊美娟译，《公共行政评论》2008 年第 6 期。

[5] [澳]巴巴利特:《公民资格》，第 138－139 页。

身份的影响略有不同，以劳工运动为典型代表的社会运动，主要目的是想将自由公民权推及国家组织的全体成员，其策略则是为提高经济社会权利而参与选举、运动和工业活动；而新社会运动的目的却是促进团体的权利或者保护一般人权，其策略更多的是零星的集会游行、抗议以及对另类生活方式或身份进行文化表达。[①] 特纳则更加深入地阐释了社会运动在公民身份发展上的重要作用，即一方面，社会运动是社会文化变革的基础和源泉，是必然发生的关于公民身份权利的运动，因为社会运动的目的或结果就是重新界定社会成员身份。可见，我们可以采取与马歇尔不一样的论说方式，通过社会运动的过程—事件描述，来重新书写公民身份的发展史。[②] 另一方面，某些新社会运动，与更加传统的阶级联盟相比，其极大地推动了公民身份扩展。例如黑人运动、妇女运动、绿色运动和反越战运动都对公民身份扩展产生了重要的影响，它们使公民身份权利扩展到少数民族身上，并保护公民个人的社会权利，使其不受国家的侵害。[③]

如果说马歇尔、特纳、福克斯等人谈论社会运动对于公民身份的影响问题，其观点主要是基于西方民主国家的经验，偏向质性研究，那么乔·福尔雷克（Joe Foweraker）与托德·兰德曼（Todd Landman）对于威权政体的研究同样证明了社会运动能够促进公民身份权利发展。通过对西班牙 (Franco's Spain)、智利 (Pinochet's Chile)、巴西 (military Brazil) 及墨西哥 (the one-party dominant system of Mexico) 四个威权政体的定量比较研究，他们认为：“在众多的政治文化情境中，不是由于存在公民性，而是公众抗争事实的高发生率促进了公民身份的进步，社会运动产生的政治影响增进了权利供给。”[④]

---

① ［英］基思·福克斯：《政治社会学》，陈崎、耿喜梅、肖咏梅译，华夏出版社 2008 年版，第 76 页。

② Bryan S. Turner, *Citizenship and Capitalism: The Debate over Reformism*, London: G. Allen& Unwin, 1986, p. 92.

③ ［英］布雷恩·特纳：《公民身份理论的当代问题》，载 [英] 布雷恩·特纳编《公民身份与社会理论》第 15 页。

④ Joe Foweraker and Todd Landman, "Individual Rights and Social Movements: A Comparative and Statistical Inquiry", *British Journal of Political Science,* Vol. 29, No. 2 (Apr., 1999), pp. 291 – 322.

三 全球化机遇

全球化带来的影响超越了作为权力集装器的民族国家的地域边界，不仅导致新的治理结构的形成，更催生了全球公民社会、国际非政府组织等的兴起与发展。新行为主体的出现，治理结构的流变，不仅创造出多样化的治理方式，改善治理绩效，而且为民族国家背景下的公民身份权利发展建构出新的社会空间。

公民身份发展的全球化机遇建立在应对全球化风险和挑战的基础之上。具体而言，全球化背景下的制度变革可能带来一系列的风险，给社会成员身份的各种传统假设打上问号，尤其使公民身份权利与国家主权之间的张力变得更为突出，导致国家的主动性和管理在不受国家控制的空间中显得逐渐乏力。①但是，相较于这些挑战，全球化这柄双刃剑仍旧给各国公民创造了因归化而来的公民身份权利扩展机遇。一方面，给同化的殖民地居民提供公民身份。这是因为，"直接殖民化引起不同文化和不同民族的接触，至少会有一些通婚和文化扩散。虽然殖民化带来压迫，但最终会有许多人被同化，获得向宗主国移民和归化的资格。"②另一方面，给外来移民提供公民身份，虽然大多数国家会根据移民融入本国社会的不同程度，而对提供的公民身份权利附加一定的条件。此外，民族国家中的公民在全球化时代还能通过三种互不排斥的选择去扩展原有的公民身份权利，即一是参与全球范围内的公民社会组织，它们不仅能够弥补跨国公司追逐利润、各国政府仅仅追求本国国家利益的局限，而且能够改进全球治理的绩效；二是参与现存的超国家层次的政治机构；三是倡导实现政治性世界公民身份的新机会和新制度。③欧洲正在努力建设的欧洲公民身份便是此种全球化机遇的最佳范例，其在相当程度上扩展了原有各国的公民身份。

---

① [美]基思·福克斯：《公民身份》，郭忠华译，吉林出版集团有限责任公司2009年版，第109页。

② [美]托马斯·雅诺斯基：《公民与文明社会》，第177页。

③ [英]德里克·希特：《何谓公民身份》，郭忠华译，吉林出版集团有限公司2007年版，第146页。

第三节 公民身份发展的策略选择

一 寻求两种秩序：国家秩序抑或日常秩序

公民身份理论具有强大的生命力，是现代国家推进社会整合的核心制度安排。作为支配制度的公民身份，其权利发展得益于自上而下的国家权利发展战略，追求的是建立具有合法性与稳固主权的社会体制和国家秩序；而作为赋权制度的公民身份，其权利进步的动力则来自自下而上的社会抗争，通过关注普通成员个体的日常生活，寻求生活政治背后的日常秩序。

从构建国家秩序来看，在民族国家建设过程中，无论采用了何种政体，国家都需要通过战争或制度建设两个方面来确立国家主权和政权合法性，这个过程为公民身份发展提供了条件。为确立国家主权，一方面，国家需要从法律意义上划分出内部成员与外部成员的身份边界，并指出哪些人群具有公民身份归化上的优先性，从而凸显出内部成员的权利优势。崔贤研究新中国成立以来的公民政策变迁便是明证。另一方面，当面临战争境况时，国家为动员普通成员参加战争，公民身份权利作为经过讨价还价之后国家馈赠的礼物，或者作为战争引发的不确定性后果而得以不断发展。

为巩固政权合法性，国家不仅仅是阶级统治的工具、利益集团追逐利益的舞台，还表现出巨大的国家自主性。首先，国家需要时常祭出自己的意识形态并随着形势的发展不断调整，对于转型国家而言更是如此。无论这些意识形态是自由主义、社群主义、社会民主主义、民族主义还是社会主义，它们都深深制约着公民身份发展的历史进程。其次，国家需要瓦解传统地方性政治单位的独立性和主体性，通过各种制度建设，提升组织自身的理性化程度，从而增加国家的反思性监控能力，将社会成员从其对地方性政治单位的依附中解放出来，建立成员个体对现代国家的信任和认同。在此过程中，国家通过公民身份取代旧的身份体系从而将自己放置在社会成员的归属中心。再次，根据吉登斯的控制辩证法，国家监控能力的增长也给公民争取公民身份权利的运动带来了机会。这是因为，"一个社会运动一旦开始，其发展方向就将由国家对政治冲突实现制度化的能力来决定"。①国家可以利用公民身份制度来缓和政治冲突的激烈程度，使激进的革命行动转变为常规的社会运动，从而推动公民身份权利扩展。最后，当国家面临合法性危机、参与性危机及整合性危机时，政党与国家机构作为公共政策的制定者和执行者，它们可以通过推动公民身份的发展，从而促进个体化与异质化的公民重新整合起来，参与国家政权的民主化及现代化过程，构建组织化社会的新的内聚力量。

基于"良好统治"的愿望，追寻国家秩序以推动公民身份发展，是从普遍主义、结构主义和功能主义的立场出发，将关注的重点放在维护国家主权与政权合法性的国家行动之上。正如张静所言："这种研究路径没有将社会身份的变迁视为基本的个人权利发展，而是把它看成是社会体制—国家或社会机构的权利发展战略，假设这些权利是体制机构创造、给予并使其稳定巩固的，而不是由社会成员创造、给予并使其稳定巩固的。类似于国家构造社会秩序的理念，这是'社会体制和国家的秩序'。"②然而，随着社会科学研究的发展，结构主义、功能主义研究进路的局限性逐步显露出来，研究者开始将关注点从结构转向个体行动，逐步关注公民权责的社会建构过程，探索自下而上的社会抗争路径，试图构建另外一种有别于国家秩序的秩序，即日常秩序。

日常秩序研究契合着全球化时代施政方略从"良好统治"向"良善治理"的转型。在国家秩序中，公民身份作为权利发展战略仅仅是作为统治主体的国家所拥有的一个基本政策工具，为国家统治服务。然而，随着全球化的来临，民族国家本身面临着诸多危机，如民族问题、跨国移民问题、劳工权利与跨国资本问题等，甚至有学者提出"国家空心化"论述来呈现国家在全球化进程中面临的困境。要破除这些危机，国家已经不再是解决问题的唯一方案，而是作为一个独特的平等主体参与到公共治理进程之中。不过，在生活政治或日常政治中，普遍且平等的公民身份只是一个"想

---

① 赵鼎新：《社会与政治运动讲义》，社会科学文献出版社 2006 年版，第 50 页。
② 张静：《身份：公民权利的社会配置与认同》，第 11—12 页。

象"。公民身份作为一套具有赋权性实践特征的行动系统，具有两种各自不同的"做事情的方式"。

具体言之，在国家与公民社会分析框架下，公民具有极强的主体性，愿意作为平等主体积极参与到公共治理活动之中，通过自身的行动创造出一个与国家紧密联系的公民社会领域。而在政府与政治社会分析框架下，公民身份制度对于底层大众来讲有着别样的意义。在一个异质性的社会中，底层人口为了求生存，必须同时与国家和公民社会两个空间互动，通过推动民主相关的权利机制从而开启政治社会的民主化进程。"就这些群体本身来说，他们承认，他们的所作所为经常是非法的和有悖良好市民行为的，但是他们对居住和生计提出某种要求乃是一个权利问题"[①]，权利秩序同样存在于他们的日常实践之中。这些人口与政府将在追求现代性和实现现代化的道路上发生关联，他们将通过权利诉求动员政治社会内部的活动，发起抵制强加在他们身上的现代化计划。不过，在政治社会抵抗国家或公民社会的实践活动中，他们本身也走上了一条内部转换之路，成为推动社会转型的一个重要动力。

二 强化整体史观考察

民族国家背景下推动公民身份扩展的两条路径，分别寻求着国家秩序以及日常秩序。前者的认识论基础是普遍主义和自然主义，方法论基础依循结构主义和功能主义，而后者的认识论基础则是人本主义和主观主义，坚持方法论个人主义和各种形式的"解释社会学"。

如果借用历史学研究的方法话语来透视公民身份发展，那么以结构主义为基础的国家秩序属于"自上而下"看历史，以主观主义为基础的日常秩序属于"自下而上"看历史，而关注结构和行动者之间的互动关系实质上属于一种整合的历史观。整合的历史观是"自上而下"看历史与"自下而上"看历史的有机结合。"整合的历史观时刻要求我们把一个社会看作一个整体，我们所做的一切就是要了解历史上的社会是如何结成一个整体的，

---

① ［印］帕萨·查特杰：《被治理者的政治：思索大部分世界的大众政治》，田立年译，陈光兴校，广西师范大学出版社 2007 年版，第 48 页。

这个整体的各个部分之间究竟是什么样的关系，它们是怎样进行着相互调适从而使社会能够正常地运行，这个整体的背后究竟有哪些力量或因素在起作用，即或凝聚或分离或改造这个整体及其部分等等。"① 与整体史观的精神内涵一致，查尔斯·蒂利主张社会与政治过程的交易解释，即"交易解释是把社会场所之间的互动作为它们的起点，把那些场所之中的事件与那些场所的持久特点看作是互动的结果"。② 邹谠（Tsou Tang）强调宏观历史与微观行动的有机结合，主张将着重微观行为的理性选择理论与宏观的社会结构理论综合成为一个完整的人类行为与社会变迁理论。③

从整体史观来认识公民身份，它具有客观性，是国家宪法及其他制度安排确认下的成员地位，作为民族国家建设过程中确保国家主权和政权合法性的权利制度，带有从统治者角度出发的支配性制度特征。与此同时，它还具有主观性，不仅公民社会中的公民和政治社会中的不同人口群体对于公民身份的理解和认识是不一样的，而且处于不同政体及文化传统中的个人之于公民身份的意义也是不同的。在后一种意义上，公民身份是历史和社会的存在，是具有赋权功能的制度实践。正如普罗卡奇（Giovanna Procacci）所言："这里我们再次遇到公民身份的根本特征，作为由普遍化和个人化双重过程构成的领域，这两方面是不可能相互分离的。它在历史上的发展表明，往往将人口作为公民策略化的治理的政治理性，兼具这两种技术。"④ 因而，关注公民身份的动态发展过程，我们同样应该具备整体史观的眼光，整合公民身份所追寻的国家秩序与日常秩序，致力于寻找导致社会秩序分化和整合的原动力，并分析此种动力机制的复杂性和多样性，最终建构一种以权利为基础的政治秩序。

---

① 赵世瑜：《"自上而下"、"自下而上"与整合的历史观》，《光明日报》2001 年 7 月 31 日第 B03 版。

② ［美］查尔斯·蒂利：《身份、边界与社会联系》，谢岳译，上海世纪出版集团 2008 年版，第 16 页。

③ ［美］邹谠：《二十世纪中国政治：从宏观历史与微观行动的角度看》，牛津大学出版社 1994 年版，第 211 页。

④ ［意］焦瓦纳·普罗卡奇：《治理术和公民身份》，载［英］凯特·纳什、［英］阿兰·斯科特主编《布莱克威尔政治社会学指南》，李雪、吴玉鑫、赵蔚译，浙江人民出版社 2007 年版，第 367 页。

第四节 中国公民身份发展实证研究的未来方向

公民身份发展的策略选择要求对中国公民身份发展问题进行整体史观考察，并与西方既有研究成果展开理论对话。在与之展开对话时，我们不应忽视中国经验的独特性，其极大地制约着中国公民身份发展的路径、公民身份权利发展的时序，甚至会影响到公民身份本身的内涵。

以农民的公民身份发展为例，讨论当前中国农民身份变化与权益发展问题，存在着两个与西方发达国家不一样的历史情境。一是中国处于转型社会。转型中国不仅意味着多种社会类型并存，而且国家建设和国家转型两种历史使命被共同浓缩进了一个短暂的历史时期，导致出现了交织且复杂的社会结果：国家建设需要执政党主导完成基本的国家制度建设，以增强国家的基础能力，公民身份制度的构建和完善就是其中一项非常重要的任务；与此同时，正如郑永年指出，"国家重建是一个利益的再分配过程"，[①]20世纪90年代以来的国家转型还伴随着各种不同形式的社会运动，其中农民和工人成为社会抗议的主体性人群。二是农民身份转变发生在独特的城市化背景下。英美国家的经验表明，公民化是城市化的一种呈现，城市化是一个城市自然增长、人口从农村向城市自由流动的过程，发源于城市的近代公民身份在城市化的过程中将自然扩展和转移到新的城市人口身上。而中国城市化的独特性则表现为被人诟病的户籍制度、造镇运动与政治城市化等。故而，面对着转型社会与独特城市化的双重背景差异，研究农民的公民身份发展不仅要同时关注国家行为与农民抗争两个面向，而且应在独特城市化背景中去凸显农民公民身份发展的动力机制和困境。

总之，面对城乡一体化改革、被征地农民抗争等现实经验，中国公民身份发展实证研究的未来方向在于：将宏观历史与微观行动的结合、结构

---

① 郑永年：《全球化与中国国家转型》，郁建兴、何子英译，浙江人民出版社2009年版，第160—161页。

与行动的互动贯穿于每种路径分析之中，以此为基础，研究这些路径在同一时空背景下为什么能够并存，国家与私人个体（如农民）的同时"在场"将导向何种新的社会整合秩序。在转型中国，唯有关注多种路径并存的情形，才能称之为从实践出发而认识中国的社会科学研究。正如黄宗智所言："正是这样一个多种社会类型并存的社会迫使我们抛弃简单的理念化了的类型分析和结构分析，而着眼于混合体中的历史演变过程本身。'转型'一词，用于中国，不应理解为目地先导地从一个类型转成另一个类型，从封建主义转到资本主义，或社会主义转到资本主义，而应认作是一种持久的并存以及产生新颖现象的混合。"① 安东尼·吉登斯在谈到当前公民身份的发展和趋势时指出："这涉及用马克思来反对马歇尔，但是后面又要稍微倒过来一点，用马歇尔来反对马克思。"② 因此，就逻辑的完整性和中国现实的复杂性而言，按照黄宗智的实践观和转型论，如图1-1所示，吉登斯的论点显然忽视了马歇尔与马克思的并存问题，更未深入讨论这种并存秩序的动力与整合问题。这些不同的公民身份发展路径在未来中国国家转型中或相互冲突，或相互融合，任何可能的前景都将对中国的公民身份发展及现代国家建设产生深远影响。

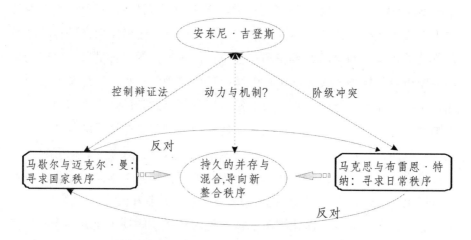

图1-1 转型中国实践与吉登斯公民身份理论观的局限

① ［美］黄宗智：《认识中国——走向从实践出发的社会科学》，《中国社会科学》2005 年第 1 期。

② ［英］安东尼·吉登斯：《阶级分化、阶级冲突与公民身份权利》，熊美娟译，郭忠华校，《公共行政评论》2008 年第 6 期。

第二章　类型诠释：中国农民身份转变的整体图像

　　类型学划分是研究者尝试走出个案，提出超越个案的概括，追求更为普遍的解释力的重要研究策略。在讨论现有农民研究成果的基础上，本章将超越其囿于农村而谈农民的研究局限，从城乡边界与公民权利两个新基点出发，对中国农民身份转变实践进行类型化。在四种理想类型中，增量改革导向的城乡整合型与权益平等导向的农民抗争型是本书的主要研究论阈，前者的基本路径在于政府还权破除城乡身份边界，而后者的基本路径则在于农民抗争塑造公民行动，二者并存发展呈现出农民公民身份权利发展的整体图像。

第一节　城乡边界与公民权利：中国农民研究的新基点

　　农民问题在中国的重要性及紧迫性已经不需要用任何的言语来表达，然而，中国农民的历史命运却走到了一个十字路口，需要进行审慎的研究并解决。目前，中国农民研究的路径与范式呈现出多元分化的格局，在对其进行条分缕析、查漏补缺的基础上，依靠中国农民研究的两个新基点，即城乡边界与公民权利，能够进一步推进农民问题研究，解决农民发展进程中碰到的问题。

　　黄宗智曾概括指出农民学研究中存在三个传统。一是理性小农传统，

舒尔茨 (Theodore Schultz) 和波普金 (Samuel Popkin) 是两个最重要的代表人物。该传统认为农民类似于任何资本主义企业家，他们能够基于理性而作出追求利润最大化的决策。二是道义小农传统，恰亚诺夫 (Chayanov)、斯科特 (James Scott) 和波兰尼 (Karl Polanyi) 是这种传统的三个代表性人物。该传统认为农民不是追求利润最大化者，而是追求生存最大化者，不过三位学者各自的论述角度却不一样。恰亚诺夫的论述以自家生计为核心，斯科特突出农民受到的互惠性道德制约，而波兰尼则从经济社会学角度突出社会的自我保护运动。三是阶级小农传统，马克思是该传统的最典型代表，苏联、中国等社会主义国家的马克思主义者同样习惯使用此传统分析本国的农民问题及革命问题。该传统集中关注近代社会的租佃关系，认为地主和农民之间是剥削与被剥削关系，农民作为被统治和被剥削阶级的一员，承担着缴纳租税和供养统治阶级的政治义务。[①]毋庸置疑，这三种形成于 19 世纪至 20 世纪 70 年代的农民学研究传统对于改革开放后的中国农民研究影响巨大，不同学者立足于自身的现实观察和社会调查，选择与不同的农民学传统发生关联甚至"结盟"，进而提出了多种并存的研究路径与范式。

当前学术界主要从四大路径来开展中国农民研究：一是以于建嵘为代表提出的底层社会与抗争性政治路径。[②]因受到印度庶民学派及西方学者对农民运动研究的影响，该路径关注的焦点是作为社会等级分化的底层农民的维权行为，"以法维权"和"以理维权"便是其中最重要的两个观点。二是徐勇提出的基层社会与创造性政治路径。[③]该路径认为改革开放后中国农民的自主行为带来了农民理性的跨领域扩张，不仅推动了中国经济奇迹的发生，而且带来了中国制度的变革。三是同样由徐勇提出的社会化小农路径。[④]

---

① [美]黄宗智：《华北的小农经济与社会变迁》，第1—7页。

② 《东南学术》杂志在 2008 年第 3 期刊发了于建嵘、赵树凯、裴宜理、张鸣撰写的一组关于底层研究的文章，这组文章极大地推动了国内底层社会与抗争性政治分析范式的形成和发展。

③ 该分析范式最有代表性的两篇文章是：徐勇：《农民改变中国：基层社会与创造性政治——对农民政治行为经典模式的超越》，《学术月刊》2009 年 5 月号；徐勇：《农民理性的扩张："中国奇迹"的创造主体分析——对既有理论的挑战及新的分析进路的提出》，《中国社会科学》2010 年第 1 期。

④ 《华中师范大学学报》(人文社会科学版) 分别在 2006 年第 3 期、2007 年第 4 期、2009 年第 1 期刊发了三组文章专门讨论和阐发社会化小农理论，目前该理论在学术界的影响还有待进一步观察。

该路径认为传统的经典小农学派难以充分解释现代农民的行为和动机，强调以农户为基础建构新的小农理论范式。在中国农民生存问题基本解决的背景下，针对那些经营规模小但适应力强、社会化程度高的农户，社会化小农理论认为这些农户基于货币压力，崇尚"货币伦理"，追求货币收入最大化。[①]四是贺雪峰和吴毅代表的华中"乡土派"学者主张的村庄政治与治理路径。[②]该路径从乡村治理视角分析农民的政治行为，但其内部仍然存在着两个不同的研究取向，吴毅等人主张对村庄政治与治理的深层理解和阐释，而贺雪峰等人则偏重于研究"转型期乡村社会性质"，进而向"农村政策基础研究"方向发展。

尽管这些研究路径有各自特定的研究对象和解释力，但是，它们的一个共同局限在于缺乏对城乡边界的深入关注，囿于农村而谈农民研究。今天的中国社会已经逐步累积起来一个重要共识，即打破原有城乡身份边界，用新型城乡关系代替二元城乡关系，改变农民与国家、农民与市场以及农民与社会之间的关系，推动农民身份转变，这对于农民的现实利益和未来命运影响很大。而城乡边界变化与新型城乡关系形成是社会与政治领域中一项非常重要的制度变迁，不仅得益于国家自上而下的政策推动，而且与农民自下而上的抗争息息相关。在当前中国的改革进程中，国家主导的新型城乡关系变革正在成都、重庆两个试点行政区域内有序展开。与此同时，为打破二元城乡关系牢笼、争取与市民享有同等公民身份权利的农民抗争亦在处于城市化高速发展进程中的中国大地上遍地开花。然而，这些政府改革和社会现象虽然极大地推动了新型城乡关系建设，深刻影响着农民的权益，但是现有的农民研究路径在解释它们时仍有诸多不足。

具体而言，面对以成都等为代表的新型城乡关系变革实践，底层社会与抗争性政治的研究路径不仅因为沿袭了"反抗—压迫"经典逻辑而忽视了局部地区官民关系日趋改善的背景，而且低估了国家的创造性能力；基层社会与创造性政治的研究路径显然不适用于政府主导的制度变迁，因为建

---

① 邓大才：《社会化小农：动机与行为》，《华中师范大学学报》（人文社会科学版）2006 年第 3 期。

② 对村庄政治与治理研究的回顾分析最好的一篇文章参见吴毅《村治研究的路径与主体——兼答应星先生的批评》，《开放时代》2005 年第 4 期。

设新型城乡关系更多的是政府的自主性行为，而非农民的自主行为；社会化小农理论虽然看到了农村外部要素进入农村社会内部并引起传统内部要素的变化过程，分析了国家化和市场化对于农户社会化的影响，但是该路径在追求解释性的同时无疑牺牲了解放性。此种分析路径下的农户分析目前大多停留在城乡二元体制下的制度环境之中，对于新型城乡关系对农户行为的影响较少涉及，而且社会化小农也不能很好地解释新型城乡关系下农户内部成员之间的选择分裂。事实上，农户中的年轻人与老年人之间、社会阅历丰富成员与足不出乡镇的成员之间，他们各自对于新型城乡关系下的制度变革的态度差异性极大，这不是单纯的货币伦理所能解释的；村庄政治与治理路径强调"研究下沉"，深入到农村内部去发现和认识支配中国乡土社会运行的"地方性知识"。该路径虽然将研究的基点下落到村庄内部，但它仍然没有忽视研究自上而下、自外而内的政策、法律和制度在农村实施的过程、机制和结果。[①] 然而，这种研究取向容易低估国家在调整城乡关系上的作用，造成对城乡二元体制当下命运的错误判断。因此，关注城乡边界变化，聚焦农民身份转变，推动以城乡平权为核心的新型城乡关系建设，将大大深化学术界对于处在十字路口的中国农民的理解。

基于此，从城乡边界与公民权利两个新基点出发，本书通过提出两个关键性问题，结合实证经验中农民身份转变的具体实践过程，来勾勒城市化背景下农民身份转变的可能类型。

第一个问题是，城乡身份边界是否被打破了？为与原有的城乡二元体制相对照，如果城乡边界被破除，我们可以称这种新型城乡关系为城乡一体化。

第二个问题是，城市化进程中农民身份转变是否导致其权利或利益受损？

如图 2-1 所示，对这两个问题的回答构成四种可能的农民身份转变类型：（1）城乡边界被破除，农民权益受损，称之为"城乡变革失败类型"；（2）城乡边界被破除，农民权益得到维护，称之为"增量改革导向的城乡整合型"；（3）城乡二元体制下，农民权益得到维护，称之为"个体主动市民化类型"；（4）城乡二元体制下，农民权益受损，引起抗争并导向市民化

---

① 贺雪峰：《什么农村，什么问题》，法律出版社 2008 年版，第 393 页。

的过程，称之为"权益平等导向的农民抗争型"。

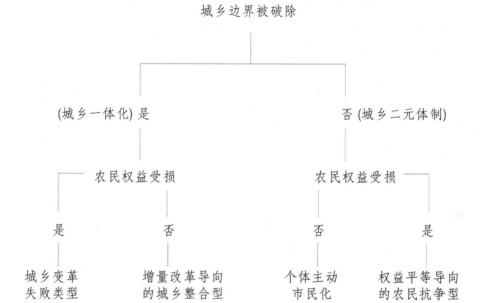

图2-1 中国农民身份转变的类型划分

聚焦于本书的研究问题，农民身份转变的过程应当理解为农民与市民取得平等公民身份权利和待遇的过程。故而，基于下面两个理由，"城乡变革失败类型"与"主动市民化类型"将不在本书的讨论范围之内。

其一，"城乡变革失败类型"不仅在逻辑上不符合城乡平权改革能够促进农民权益增长的共识性前提判断，而且截至目前在现实社会中也找不到此种类型的原型。况且，即便存在该原型，如现实中存在的部分地方政府借城乡一体化之名剥夺农民土地，引起农民奋起反抗的现象，这仍然不会对本书不将"城乡变革失败类型"纳入讨论范围的判断构成威胁。这是因为，此现象中的城乡一体化是虚假的，未能达成将农民与市民视为平等权利主体看待的改革目标，所以当前部分地方推行的土地换户籍政策已经被中央叫停。当政策与目标相左，改革者会调整方向使其向"增量改革导向的城乡整合型"转变。而如果在真正的城乡一体化状态之下，农民权益由于其他缘由仍然受损，则该种情况就是有别于农民身份转变的另外一个问题。其二，"主动市民化类型"主要是指通过社会流动的教育机制实现代际间的农民市民化。[①]虽然在理论上讲主动市民化类型使相关农民权益未受损，但是此种类型却是以稳固城乡二元体制为隐性前提的，而且主要反映作为个体的农民行为，因而其对于作为"整体"的农民群体获得与市民平等的公民身份权利与待遇并没有什么贡献。如此，仅"增量改革导向的城乡整合型"与"权益平等导向的农民抗争型"才是符合本书论题的两个理想类型，在现实生活中，具体的经验也许远比这两个理想类型丰富，但它们却能呈现出农民身份转变的主体路径，共同构成了中国农民身份转变的整体图像。

第二节 增量改革导向的城乡整合型

"增量改革导向的城乡整合型"身份转变发生在城乡一体化制度背景之中。城乡一体化作为城市化进程发展的高级阶段，是对原有城乡二元体制改革的结果。这场改革是由统治集团的上层领导层自上而下发动的，以和平、渐进、可控的方式展开，涉及不同社会群体的权利和利益格局调整，对于巩固和维护既有统治集团的领导权威、统治秩序与社会稳定具有深远意义。在这场恢宏的城乡关系变革中，农民身份转变工作对于广大农民的权益和福祉影响广泛。"增量改革导向的城乡整合型"身份转变作为一种抽象的理想类型，能够详细呈现出城乡一体化进程中农民身份转变的发生和发展过程。

从背景与目标来看，"增量改革导向的城乡整合型"身份转变存在于城乡二元体制向新型城乡关系转型过渡的时空背景之中，其目标是要破除城乡身份边界，实现城乡平权，促使农民与市民平等。总体来说，农民的地位和处境在社会现实中堪忧，与市民的地位和处境形成了鲜明对比。农民

---

① 文军:《农民的"终结"与新市民群体的角色再造——上海郊区农民市民化研究》,《社会科学研究》2009 年第 2 期。

在城乡二元体制之下仅仅获得形式性公民身份。为打破城乡身份边界，形式性公民身份需要向市民获得的实质性公民身份转变，这种转变既是契合时代潮流的趋势，又能再现各类行动主体特别是政府与农民为跨越城乡边界所作出的艰辛努力。具体言之，中华人民共和国成立之后，为了完成工业化和现代化的资本积累，政府通过一系列的制度安排，包括粮食制度、户籍制度和就业制度等，从农村汲取了大量的资源，使农民为国家的工业化作出了巨大牺牲。改革开放后，城乡二元体制依然横亘在农民与市民两个群体之间；但是高速的经济发展需要数量众多的廉价劳动力资源，于是便出现了农民工浪潮，青壮年农民进城打工使原本基础薄弱的农村愈加凸显衰败气象。从 2004 年开始，随着城乡差距持续扩大，中央连续 11 年以一号文件的形式强调"三农"问题，把如何增加农民经济收入作为中央农业政策的核心议题。然而，数十年的历史经验表明，如果不对城乡二元体制进行系统性改革，那么仅仅依靠各种单项政策的修补是不可能解决好农民的经济贫困与权利弱势问题的。基于此，我们需要建构新型城乡关系，用城乡一体化制度结构代替城乡二元体制结构，用城乡居民权利平等价值取代市民与农民间的权利分殊。

就推动力而言，"增量改革导向的城乡整合型"身份转变是由国家推动的自上而下的改革，其推动力主要来源于国家的自主性。国家在 21 世纪初期推行了多项"中央主导的政策试验"。新型城乡关系建设是其中最为重要的社会政策创新之一，成都和重庆城乡统筹改革试验是这方面的典型代表。国家在城乡关系变革以及农民身份转变中的推动作用，极大地彰显了国家自主性，因为自主的国家在政治社会中能够灵活地扮演两种角色："一是作为有目的和理性的行动者追求特定的目标，并能够根据其掌握的资源较为有效地实现这些目标；二是作为宏观的制度结构，以此影响整个社会中的团体、阶级对于政治意义的理解和它们政治运作的方式。"[①] 而国家推动的城乡关系变革，不仅回应了社会系统与经济系统的改革需求，而且将改变农民群体的权利配置，促进农民的公民政治认同。

在基本路径方面，"增量改革导向的城乡整合型"身份转变的基本路

---

① 黄冬娅：《比较政治学视野下的国家分殊性、自主性和有效性》，《武汉大学学报》（哲学社会科学版）2009 年第 4 期。

径在于通过政府还权破除城乡身份边界。城乡二元体制是制约农民公民身份权利发展的巨大障碍，我们需要建设新型城乡关系、创新城市化道路对其进行系统性改革，才能从根本上改变农民的经济贫困与权利弱势。然而，对于选择何种城市化方案，学术界和实务界争论很大。根据贺雪峰的归纳，"当前中国的城市化道路有两种不同的可选方案，可分别被称为'积极方案'和'稳健方案'。所谓'积极方案'，就是通过制定相关政策，尤其是通过户籍政策和土地政策推动农村人口的快速城市化。其中学界部分人士尤其主张给农民土地私有产权，通过出卖土地为农民获取进城准备金，从而加快农民进城速度。所谓'稳健方案'，就是在充分考虑城市就业吸纳能力的基础上，有序推进农村人口城市化"。[①]不同城市化方案背后都有很强的理据支撑，反对"稳健方案"的学者认为稳健方案丧失了就业公正的观念，是为城乡二元体制辩护和续命；反对"积极方案"的学者则认为积极方案容易带来严重的以贫民窟为代表的城市病问题。事实上，无论是积极方案还是稳健方案，其对于户籍制度和农民迁移意愿的研判都有待商榷。一是我们不能想当然地认为改变户籍制度就能使城乡二元体制分崩离析。经过改革开放 30 多年来的发展，户籍制度的管制和福利功能已经大大减弱，如果不能摆脱单纯寄希望于户籍制度改革而回避系统性改革的思想桎梏，系统变革结构化了的城乡二元体制，依旧很难改变农民的弱势地位。二是我们不能想当然地假定，农民在城乡二元体制打破之后会选择快速进入城市，从而对城市公共服务承载能力造成严峻挑战。从蔡禾与王进的研究成果来看，农民或农民工是否愿意迁居城市，其迁居意愿有一个基于经济理性和社会理性的调适过程。如果能减少农民工（农民）在城市工作和生活中感受到的困难、歧视和心理压力，他们的户籍迁移意愿反而会下降，从而可以减轻或延缓城市的户籍迁移压力。[②]所以，在依托城市化推动农民现代化时，我们可以通过对城乡二元体制进行系统性改革，来改变农民弱势地位，实现城乡平权，跨越农民与市民的身份边界，而不用担心农民的盲目迁移及城市病问题。这种改革取向超越了"积极方案"与"稳健方案"的二元

---

① 贺雪峰：《乡村的前途：新农村建设与中国道路》，山东人民出版社 2007 年版，第 6 页。

② 蔡禾、王进：《农民工永久迁移意愿研究》，《社会学研究》2007 年第 6 期。

对立，通过建构新型城乡关系，推进农民身份转变，将为农民解放与发展提供另外一种选择。

以手段与特征来说，"增量改革导向的城乡整合型"以对农民身份进行新的分化与重构为手段，并坚持积极消解公民身份与村民身份之间的紧张关系，来大力推动农民身份转变工作。通过农民身份的分化与重构，作为社会身份的"农民"将被消灭，转变为作为政治身份的"居民"、作为经济身份的"股民"与作为职业身份的"农业劳动者"。政府所推行的城乡一体化改革措施，调适了农民与国家、农民与社会、农民与市场之间的关系，农民与市民在这些镶嵌的社会关系、权力关系中面临着相同的行为规则，进而打破了农民与市民之间的社会身份边界，使其逐步享受同等的公民身份制度安排。

此外，坚持增量改革导向原则是该种农民身份转变类型最重要的特征。增量改革的提法率先出现在经济改革领域。吴敬琏将中国1979年至1993年这段时期称为经济改革"增量改革"战略的形成期，此种战略又称为"体制外先行"战略，即中国开始采取了一种有别于以改革现有国有企业为主的新战略，把改革的重点放到非国有部门，在那里创建市场导向的企业，主要依托它们实现增长。① 后来，俞可平认为增量改革同样存在于中国政治改革领域，提出增量政治改革、增量民主等概念，并指出："改革开放后中国政治的最重要发展，就是中国正在走上一条增量民主的道路，这是在中国目前现实环境下唯一一条通向善政善治的道路。"② 正如俞可平所言："增量民主的实质，是在不损害人民群众原有政治利益的前提下，最大限度地增加政治利益……通过逐渐放大新增的利益，使人民群众实实在在地感受到改革带来的好处，从而使他们自觉地改革原有的利益较小的或损害利益的机制和体制。"③ 同样的道理，"增量改革导向的城乡整合型"改革，是在不损害农民原有利益的前提下，最大限度地增加利益，最终通过看齐—拉平机制实现城乡一体化，赢得农民对于改革的信任和支持。在具体的改革实践中，改革者鼓励农民进城并保障农民的基本权益，不以牺牲农民承包地、

---

① 吴敬琏：《当代中国经济改革战略与实施》，上海远东出版社1999年版，第76页。
② 俞可平：《增量政治改革与社会主义政治文明建设》，《公共管理学报》2004年第1期。
③ 同上。

宅基地等财产权为代价，让农民穿着"风衣"进城的同时，通过公共财政资源分配向农民和农村倾斜、实行耕地保护基金、开展土地流转等措施最大限度地增加农民利益，使损害农民利益的各项城乡二元制度逐步消失。

第三节　权益平等导向的农民抗争型

"权益平等导向的农民抗争型"身份转变发生在城乡二元体制背景之中，其与"增量改革导向的城乡整合型"一样，彼此都着眼于破除城乡身份边界，维护农民的公民身份权利。如果说"增量改革导向的城乡整合型"身份转变是改革者主动打破城乡边界，通过建立整合型的新型城乡关系推动农民身份的分化与重构，那么，"权益平等导向的农民抗争型"身份转变则是农民通过自身的抗争取得与市民同等的待遇和权利，其间往往伴随着剧烈的利益博弈与冲突，使横亘在农民与市民之间的户籍政策、土地政策等的限制性作用降到最低限度，从而最大限度地维护自身的权利和利益。该类型身份转变的推动力主要来自于农民及其他社会精英，其路径则在于农民抗争塑造公民行动，是一条自下而上的抗争路径。

本书选取被征地农民抗争事件作为研究案例，试图呈现出"权益平等导向的农民抗争型"身份转变的主要特征与手段。

坚持权益平等导向原则是该种农民身份转变类型最重要的特征。我们要论证该特征的存在性，就必须要论证清楚权利与利益的相关性及二者在现实抗争中的转化性。这是因为，农民利益受损在众多的被征地农民抗争事件中是一个不争的事实，不仅表现为农民未能按照国家制定的政策法规获得相应补偿，而且城乡二元体制下的土地征用制度本身就被农民视为是强制剥夺利益的过程，故其在土地增值收益分配中仅仅占有少量份额。所以，被征地农民抗争在多数情况下都是由利益因素引起的，权利话语及权利意识往往变成一种策略性抗争手段。尽管如此，由于利益与权利间的理论相关性及现实转化性，"权益"一词能够将法律上权利与利益这两个既相互联系又相互区别的概念结合到一起，故而本书将抗争农民的诉求称为"权益平等导向"。

从理论相关性来看，对于权利这个莫衷一是的概念，近代思想家主要有两种诠释，一种诠释是"将权利看人基于道德上的理由或超验的根据所应该享有的东西，这种东西可能指向某种利益，如拥有某物或做某事，但这些思想家并不以利益本身为原点来解释权利"。[①]这种诠释突出了权利的形而上及规范传统层面的意义，正如德沃金所言，"权利是来源于政治道德原则的法律原则"。[②]另一种诠释是从实证主义和功利主义方面理解权利，将权利放置在具体的利益关系中理解，权利被视为受到国家权力支持及法律承认和保护的利益。夏勇为克服有关权利本原的论争，提出了权利概念最基本的、必不可少的五大要素，即利益、主张、资格、权能及自由。[③]利益是权利的必要条件而非充分条件。因此，关注社会现实中权利与利益的勾连性是通过公民身份视角观察弱势群体利益受损事实的内在要求，正如褚松燕所言，"作为'事物相互作用的原动力'，利益本身决定着个体和共同体两个维度之间的连接，同时也需要通过个体和共同体之间的连接来实现，这就从根本上为公民资格的存在提供了土壤"。[④]

就现实转化性分析，通过美国编剧罢工潮和中国农民工讨薪风暴的比较分析，黄璇指出，在维权实践中利益转化为权利主要有积极型转化与消极型转化两种路径。当权利受到侵犯时，无论这种侵犯是隐性的还是显性的，积极型转化表示"当强势的利益需要以权利的强意义作为正当性支持而自我强化时，利益向权利的强—强转化"，而消极型转化则表示"当强势的利益体现为弱意义的权利试图寻求外部保护时，利益向权利的强—弱转化"。[⑤]通过这两种维权之道，利益受损之人或团体能够策略性地维护自身

---

① 夏勇：《人权概念起源——权利的历史哲学》，中国社会科学出版社 2007 年版，第 37 页。

② [美]罗纳德·德沃金：《认真对待权利》，信春鹰、吴玉章译，上海三联书店 2008 年版，第 21 页。

③ 夏勇：《人权概念起源——权利的历史哲学》，第 39—40 页。

④ 褚松燕：《权利发展与公民参与：我国公民资格权利发展与有序参与研究》，中国法制出版社 2007 年版，第 33 页。

⑤ 黄璇、任剑涛：《维权之道：利益转化为权利的两种路径——以美国编剧罢工潮和中国农民工讨薪风暴为例》，《江苏行政学院学报》2010 年第 3 期。

的权益，即使本来狭隘的利益也能够在积极性转化中获得无比充分的理由，本来合理的利益同样能够透过消极性转化，以自我标定弱者身份的方式获得社会道德的同情与怜悯，进而创造和拓展博弈空间，实现维护自身权益的目标。

那么，"权益平等导向的农民抗争型"身份转变通过何种手段实现其目标呢？

首先，农民抗争行动与公民权利意识正向相关。当前，农民抗争研究有许多重要的解释框架，其中影响最大的是"依法抗争"与"以法抗争"。它们承接着詹姆斯·斯科特对于农民日常反抗的研究，分析了 20 世纪 90 年代以来的农民抗争特征。基于农民与乡村干部抗争的新特点，李连江与欧博文于 1996 年撰文提出了依法抗争的解释框架。"依法抗争"即"以政策为依据的抗争"，其特点是农民在抵制各种各样的"土政策"和农村干部的独断专制和腐败行为时，援引有关的政策或法律条文，并经常有组织地向上级直至中央政府施加压力，以促使政府官员遵守有关的中央政策或法律。就性质来说，依法抗争处于一般意义上的政治抵抗和政治参与之间的灰色地带，在内容上基本属于政治参与，但是在形式上则明显兼有抵抗和参与的双重特点。[①]在依法抗争解释框架的基础之上，于建嵘于 2004 年提出了以法抗争解释框架，认为依法抗争框架主要针对的是 20 世纪 90 年代初中国农民的维权活动，而 1998 年之后农民抗争在方式、基本目标与组织等方面的发展都超出了依法抗争所界定的框架，因而使用"以法抗争"框架来解释这些具有新的形式和内容的农民维权活动。"以法抗争是抗争者以直接挑战抗争对象为主，诉诸立法者为辅；依法抗争则是抗争者诉诸立法者为主，直接挑战抗争对象为辅甚至避免直接挑战抗争对象。在以法抗争中，抗争者更多地以自身为实现抗争目标的主体，而在依法抗争中，抗争者更多地以立法者为实现抗争目标的主体"，"以法抗争是一种旨在宣示和确立农民这一社会群体抽象的合法权益或公民权利的政治性抗争"。[②]无论是"依法抗争"还是"以法抗争"，抗争对于农民公民身份权利发展的影响始终为研究者所

---

① 李连江、欧博文：《当代中国农民的依法抗争》，载吴毅主编《乡村中国评论》（第 3 辑），山东人民出版社 2008 年版，第 1—18 页。

② 于建嵘：《当前农民维权活动的一个解释框架》，《社会学研究》2004 年第 2 期。

强调，正如吴毅对此评论道："这些模式有一个特点，即强调行动与意识之间的正相关性，强调主体对行为的自觉建构，进而引申出关于维权意识与行为正向互推的烈度升级想象。不过，这种想象在一些研究者那里却呈现出某种单线进化的图谱，并显示出对农民维权行为发展趋势的泛政治化理解。"[①]

其次，农民抗争诉求表明中国农民有规则意识，也有权利意识。对此越来越多的观察家持有相同的观点，即他们声称中国大众抗争呈现出日益高涨的权利意识，这将对于政党—国家的权威性和持久性带来巨大的民主挑战，裴宜理（Elizabeth J. Perry）认为中国大众抗争反映的不是权利意识，而是古老的规则意识的重现，有见识的抗争者使用官方认可的手段表达冤屈，目的是获得更多与威权国家博弈的筹码，这种分析比声称中国大众具有权利意识更加贴近社会现实。[②]然而，李连江在新近的文章中指出，裴宜理的观点建立在对工人公开文本的分析上，有合理之处，但是，一方面，她因没有考虑抗议者的隐藏文本和实际行动，所以低估了规则意识的现实进取性；另一方面，她没有充分考虑农民的诉求，农民的一些诉求无法归结为规则意识，它们代表了权利意识。[③]

最后，本书的案例研究表明，权益平等导向的农民抗争的主要手段是以政府行为违法性及农民权利至上性为诉求理据。在这些抗争理据的支持下，抗争农民综合运用集体上访、诉讼、前线抗争、扩大情境边界等方式展开"公民行动"。被征地农民既具有规则意识，又具有权利意识。他们的规则意识突出表现为要求地方政府按照中央政策和政府法规办事，直接或间接地参与监督地方政府的政策执行过程，而权利意识则表现为他们质疑政策制定者的权威，认为政策制定者未能平等地对待他们，希望通过直接或间接的方式参与政策制定过程。被征地农民的规则意识和权利意识对其形成诉求理据有着非常巨大的影响。一方面，强烈的规则意识不仅拷问着政府行为的合法性，并帮助抗争农民从政府行为违法性中寻找到进行抗争

---

① 吴毅：《"权力—利益的结构之网"与农民群体性利益的表达困境——对一起石场纠纷案例的分析》，《社会学研究》2007 年第 5 期。

② Elizabeth J. Perry, "A New Rights Consciousness?", *Journal of Democracy,* Vol. 20, No. 3 (July, 2009), pp. 17—20.

③ Li Liangjiang, "Rights Consciousness and Rules Consciousness in Contemporary China", *The China Journal*, No. 64 (July, 2010), pp. 47—68.

的机会结构，而且农民能够凭借规则意识提出各种身份转变过程中获得法律支持的权利话语。另一方面，强烈的权利意识也使抗争农民发展出许多合乎情理却不为现行法律支持的权利话语。在这些抗争理据为"公民抗争行动"提供正当性的同时，这些公民抗争行动本身也促进了农民规则意识与权利意识的进一步发展。总之，这种维权意识与抗争行动之间的正向互推式发展确实有着广泛的现实基础，不过，我们仍然需要重视和回应吴毅的批评性评论。一是研究者不应将这种正向互推式发展视为单线进化的图谱，而应看到维权意识中规则意识与权利意识的分化及非对称性存在，而且不同的抗争结局对于维权意识也有不同的影响；二是被征地农民所具有的权利意识虽然构成对现有政策制定者的挑战，但是从内容上看这些权利目前仍然以社会权利为主，并且与强烈的规则意识交织在一起，所以对于农民维权抗争行动发展趋势的泛政治化理解还有待观察确证。

基于上述分析，本书的案例研究表明，将"权益平等导向的农民抗争型"身份转变放置于政府与农民的多次重复博弈过程中，可以清晰地理解政府与农民的互动过程，双方如能相互学习、平等互动，农民公民身份权利就会逐步受到尊重，城乡边界也会被逐步破除。

第四节 政府还权与农民抗争：农民身份转变的整体路径

从公民身份构建视野来看，在城市化进程中，中国农民身份转变的整体图像包括两种类型：增量改革导向的城乡整合型与权益平等导向的农民抗争型（如表2-1）。前者的基本路径在于政府还权破除城乡身份边界，后者则是农民抗争塑造公民行动。政府还权与农民抗争两条路径并存发展，构成了农民公民身份权利发展的完整画面，呈现出农民公民身份权利复归与成长的"真实世界"。

基于此，我们禁不住要深入追问双重路径并存的农民权利成长会带来何种影响，即增量改革导向的城乡整合型与权益平等导向的农民抗争型的并存发展将导向一个怎样的新社会秩序？目前，增量改革导向的城乡整合型仍然处于城乡统筹试验阶段，其试点经验并未在全国大规模推广。由于另一个全国城乡统筹综合配套改革试验区——重庆市的经验与成都市增量改革导向的城乡整合型的身份转变经验差异较大，所以政府主导的城乡关系变革与农民身份转变的最完整方案仍有待深入探索。不过，权益平等导向的农民抗争型身份转变则在全国大部分地方广泛存在，在有些地方此类抗争已经演变成了严重危及社会稳定的群体性事件。因此，我们可以预见这两种农民身份转变类型并存、混合的现象在较长时期内会一直存在。即便如此，上文对两种身份转变类型的分析已经清楚表明，两种路径并存发展的农民身份转变已经为构建以权利为基础的新社会整合秩序准备了条件。参见表2—1。

表2—1　　　　　　　　　中国农民身份转变的整体图像

项目＼类型	农民公民身份权利发展的整体图像	
	类型 I	类型 II
	增量改革导向的城乡整合型	权益平等导向的农民抗争型
背景	城乡一体化：城乡二元体制向新型城乡关系过渡的时空状态	城乡二元体制
目标	破除城乡边界，迈向城乡平权，推动农民与市民平等	突破城乡边界，维护农民公民身份权利，推动农民与市民平等
推动力	政府推动，中央主导的社会政策试验	农民及社会精英推动
路径	政府还权破除城乡身份边界；自上而下的改革	农民抗争塑造公民行动；自下而上的抗争
手段	农民身份的分化与重构，消解公民身份与村民身份之间的紧张关系	以政府行为违法性及农民权利至上性为诉求理据，综合运用集体上访、诉讼、前线抗争、扩大情境边界等方式开展"公民"行动
重要特征	坚持增量改革导向	坚持权益平等导向
典型案例	成都市 S 乡	广安市 G 镇

那么，如何构建以权利为基础的新社会整合秩序呢？

当今社会类似于一个罗生门式的社会①，不同的人对于增量改革导向的城乡整合型身份转变有不同评价，抗争事件中不同的行动主体对权益平等导向的农民抗争型身份转变有不同的意见和诉求，然而真相却是始终存在的。为了获得对真相（真理）的共识，除了由最理性的人——哲学王而达成之外，另外一种可能性就是各种政治人通过"相互说理"来实现对话，逐步接近共识。②近代的政治理论告诉我们，要完成"相互说理"的政治实践，有几个条件是必不可少的：各种政治人具有权利平等的独立身份、明晰且受到各主体尊重的对话规则、便于各主体参与与表达的民主制度。因而，为追寻城市化背景下农民身份转变所构建的权利秩序，我们可以透过以下三个方面来推进政府与农民之间"相互说理"的政治过程：

第一，以增量改革为导向维护农民公民身份权利。在不久的将来，增量改革导向的城乡整合型身份转变也许会成为国家主导的城乡关系变革的示范对象，其相关试点经验将在全国范围内普及推广。作为例证，2011 年 1 月，国务院紧急叫停各地土地换户籍试验，准备出台综合性配套政策文件，要求地方政府在自行试点进行户籍改革时，不再将农民土地与城市户籍捆绑运作。③这不仅是对 2010 年广东、重庆、陕西等地放开农民进城落户限制，但同时要求进城农民交出土地的政策的否定，亦是对成都坚持户籍一元化改革与农民身份证明工作并行的增量改革思路的肯定。

第二，强化权利成本意识，建构合理的民主对话机制进行成本分配。从理论上说，"权利依赖于政府，这必然带来一个逻辑上的后果：权利需要钱，没有公共资助和公共支持，权利就不能获得保护和实施"，权利需要有预算成本。④在现实层面，一方面，各地的城乡统筹试验表明，要给农民穿

① 罗生门式的社会是一种比喻的说法，意指日本影片《罗生门》剧情所反映的社会情境，在影片中真相只有一个，但不同的人有不同的说法。由于不同的动机和视角，不同的个体在讲述故事时都会有所隐瞒或伪造，不管他是有意还是无意。在有关农民抗争的案例分析中，笔者深深感到要还原事件的真相，分析不同访谈主体的动机是一件十分困难的事情。

② 倪梁康：《〈十二怒汉〉VS〈罗生门〉——政治哲学中的政治—哲学关系》，《南方周末》2004 年 7 月 8 日。

③ 李乐：《国务院紧急叫停土地换户籍》，《中国经营报》2011 年 1 月 29 日；张艳玲：《土地换户籍叫停》，《新世纪》周刊 2011 年 1 月 30 日。

④ ［美］史蒂芬·霍尔姆斯、［美］凯斯·R. 桑斯坦：《权利的成本——为什么自由依赖于税》，毕竞悦译，北京大学出版社 2004 年版，导论第 3 页。

上城市"就业、社保、住房、教育、医疗五件衣服"，使其享受城市待遇需要高额的财政投入，在当前中央转移支付有限的情况下，许多地方便推出了土地换户籍政策，试图运作土地财政来负担改革的成本。增量改革导向的城乡整合型改革虽然较土地换户籍政策更能维护农民公民身份权利，受到农民的欢迎和支持，但是它同样面临着成本问题，因而改革者一开始就在思考两个关键性的问题：钱从哪里来？人往何处去？另一方面，虽然我们经常从新闻媒体上看到政府对于农民土地或房屋的不合理补偿，但是，另外一种情况也不鲜见，即作为理性人的农民在土地征收、房屋拆迁的过程中时常漫天要价，要求的赔偿额远远超过相应的市场价值。他们的要求未能考虑到政府在提供公共服务以满足其他人权利时所需要的成本。无论是上面哪种情况，各相关行动主体首先应该强化权利成本意识。政府应将保障农民权利的成本纳入公共预算范围，不管这些公共财政资金主要来自于土地财政还是国有企业的利润贡献等。更为重要的是，用于支付权利成本的公共财政在分配方面需要通过一种民主的对话机制加以解决。各行动主体在程序公正、民主公开的制度平台上展开对话，能够就农民在土地财政收益中的分配比例达成共识，才能对政府压低补偿与农民漫天要价两种问题进行双向反击。

第三，提升国家对于农民抗争行动的制度化能力。当前中国农村以征地纠纷为主体的农民抗争大多属于集体行动范畴，但是，正如于建嵘对 H 县农民维权抗争的研究表明，农民抗争已经出现了有组织抗争的端倪，即使这种以法抗争组织还处于"非正式"阶段，是未得到政府有关部门认可的非正式、非结构性软组织。[1] 然而，这种农民抗争形态从许多个体自发参加的制度外政治行为向许多个体被动员参加的组织化的制度外政治行为转化，带来了两个具有相关性的后果，一是使得众多的研究者运用社会运动有关理论来研究当前的农民抗争，二是在现实中农民的集体行动有可能转变为一场浩大的社会运动，甚至革命。处在此种社会转型的十字路口，要建构以权利为基础的社会政治秩序无疑对国家提出了更高要求，国家需要提高自身对于社会变迁的学习能力、适应能力与制度化能力。通过将无组

---

[1] 于建嵘：《抗争性政治：中国政治社会学基本问题》，人民出版社 2010 年版，第 94 页。

织的集体行动和革命边缘化，将社会运动制度化和有序化，提升国家对于农民抗争行动的制度化能力，中国才能够获得一种动态的稳定秩序。这是因为，一方面，国家能够在社会抗争中扮演突出的能动角色，虽然这种国家角色在不同政体环境下差异性很大，但是作为社会抗争的政治面向，国家能够以制度结构或者行动者的方式去作用、规导和塑造社会抗争，影响其发生、发展、形式以及结果等等；① 另一方面，西方国家社会运动发展史及西方社会进入"社会运动社会"的事实表明，"一个国家的整个集体性抗争方式的发展，以及一个国家中某一具体的集体性抗争事件的动态，在很大程度上取决于国家社会关系以及以此关系为基础的国家对集体性抗争事件的制度化能力"。② 所以，增强国家应对农民抗争行动的制度民主化程度，在权益平等导向的农民抗争型身份转变中，将具有强规则意识与权利意识的理性农民有序地纳入政策制定与政策执行议程，拓展农民的权利表达空间和权利表达渠道，才能真正构建起以权利为基础的新秩序。

---

① 黄冬娅：《国家如何塑造抗争政治——关于社会抗争中国家角色的研究评述》，《社会学研究》2011 年第 2 期。

② 赵鼎新：《社会与政治运动讲义》，社会科学文献出版社 2006 年版，第 304 页。

第三章 政府还权破除身份边界：以成都市S乡为例

面对处于十字路口的中国农民，"增量改革导向的城乡整合型"身份变革不仅能够从理论认识层面深化中国农民研究，而且提供了一个解决农民问题的新的城市化方案。成都城乡统筹改革便是这种改革类型的一个典型实践。本章选取成都市S乡为个案，试图借此窥探成都市城乡一体化改革情况以及在此背景下的农民身份转变机制与过程。

增量改革导向的城乡整合型身份转变的基本路径是政府还权破除身份边界。我们将在本章中勾勒政府如何推动农民身份的分化和重构，如何消解村民身份与公民身份间的紧张关系，进而创设一套农民与市民平等的公民身份制度安排，推动农民公民身份权利向前发展。

第一节　中国城乡关系变革进程中的成都市S乡

中华人民共和国成立后形成的城乡二元体制将农民身份逐步固化下来。农民与工人虽然在宪法及政党和国家的意识形态中具有主人的政治地位，但是，从普通人的日常生活态度来看，相对于城市居民，农民代表的是经济上贫困和文化上落后的群体。这种态度同样反映在国家的政策之中，不仅各级政府的农业政策始终在强调农民增收的重要性，而且国家推动的精神文明建设、素质教育、普法教育等政策亦始终将农民作为落后文化的代表看待。

20世纪70年代末，改革开放的伟大决策在推进中国经济快速发展的同时，也使得城乡二元体制在城乡收入差距上的马太效应进一步显现，农民与市民之间的收入差距不断拉大。而20世纪90年代的分税制改革，虽然增强了国家能力，但其负面影响则是催生了基层政府与村干部的利益联盟，这个利益联盟的最大化目标就是向农民征收更多的税费。农民面临的多重遭遇发生了共振作用，于是2003年湖北省监利县棋盘乡党委书记李昌平发出了"农民真苦，农村真穷，农业真危险"的呐喊。从定量数据来看，图3-1清楚地显示出从1990年到2009年城乡居民家庭人均可支配收入之间的数量差值逐步增大的严峻现实，而图3-2则通过基尼系数反映出改革开放以来中国贫富差距逐渐超过国际公认的警戒线，城乡、东中西部居民收入差距越拉越大、收入高低差距悬殊的事实。

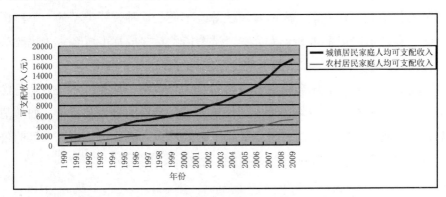

图3-1 1990—2009年城乡居民家庭人均可支配收入差距变化图

资料来源：《中国统计年鉴2010年》，图形由本书绘制。

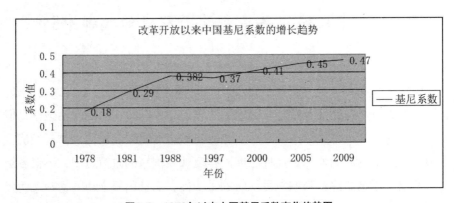

图3-2 1978年以来中国基尼系数变化趋势图

资料来源：http://news.qq.com/a/20100718/000604.htm

　　面对这种复杂局面，执政党和政府采取了多种措施来应对可能的危机。首先，提出科学发展理念以丰富和调适旧有的意识形态。科学发展观要求坚持以人为本，树立全面、协调、可持续的发展观，促进经济社会和人的全面发展，要做到统筹城乡发展、统筹区域发展、统筹经济社会发展、统筹人与自然和谐发展、统筹国内发展和对外开放。科学发展观不仅促进唯GDP主义的转型，而且将统筹城乡发展放到了首要位置进行强调，这为构建新型城乡关系提供了思想条件。其次，推进农村税费改革。2005年国家决定取消农业税，这不仅从根本上减轻农民负担，而且对基层政府与村干部的利益联盟起到一定程度的瓦解作用，官民关系有所改善。再次，中央连续数年以一号文件的形式来强调"三农"问题的战略性地位，每年的文件都围绕着增加农民收入、改革城乡二元体制等议题提出诸多措施，其中最重大的举措便是提出建设社会主义新农村，推动各种资源向农村的流动。最后，通过各项行政管理体制改革推进公共服务型政府建设。一方面，国家推动乡镇体制改革和规范村民自治，配合农村税费改革，理顺政府与社会关系；另一方面，推进公共财政分配体制改革，强化对"三农"领域的投入，以增强农村的公共服务供给能力。在此基础上，国家还逐步构建起各种公共福利制度，以保障农民的基本生活安全。

　　基于国家在农村领域内的改革作为，我们不禁要深入追问两个问题：一是为什么国家能够在城乡关系上进行如此快速的政策调整？二是国家如何变革传统的城乡二元体制，提高农民收入，缩小城乡收入差距，构建新型城乡关系？

　　事实上，国家在处理城乡关系及农民问题上所表现出来的政策特征和体制特征，与政府推动农村合作医疗体制变革所彰显出来的特征类似。按照王绍光对于中国模式的解释，这些特征突出了中国各级政府特有的学习机制和适应能力。"所谓适应能力是指，面对环境变化等因素造成的种种不确定性时，一个制度发现和纠正现有缺陷，接受新信息，学习新知识，尝试新方法，应对新挑战，改进制度运作的能力。"① 对于任何国家尤其是转型中国，适应能力相当重要，只有因势利导、顺势而为、立足国情、与时俱

---

① 王绍光：《学习机制、适应能力与中国模式》，《开放时代》2009年第7期。

进，才能提升国家在全球风险社会背景下的治理能力。进一步而言，适应能力与学习能力密切相关，学习能力是提升国家体制适应能力的基础。王绍光从学习的推动者和学习源两个维度区分出了四种学习模式：决策者推动的从实践中学习、决策者推动的从实验中学习、政策倡导者推动的从实践中学习与政策倡导者推动的从实验中学习。他认为，这四种学习模式彼此之间不是排斥的，中国体制适应能力强就是因为它能充分利用这四种学习模式来进行学习，会根据社会环境的变化，不断调整政策工具和政策目标，从而提升治理绩效。①

就城乡关系体制和政策变革而言，各地方政府的系统性实验奠定了学习的基础。众所周知，随着农民打工浪潮的兴起，经济发达地区政府不仅要处理与本地农民相关的地方公民身份问题，而且要回应外来农民工的公民身份权利问题，因而它们需要进行城乡关系变革创新。广东中山创新的 "农民工积分制落户" ②、广东东莞创新的 "'渐进式统一' 城乡社会保障一体化模式" ③ 等都属于地方政府在社会政策上的创新实践。"基层的实践为中央决策者和政策倡导者提供了灵感，是政策 / 体制演变的动力源" ④，这些地方分权式的横向创新为集中式纵向推广应用准备了条件。然而，与这些地方政府推进城乡关系变革实践相比，"中央主导的政策实验" 才是国家建设新型城乡关系更重要的学习源。"中央主导的政策实验" 与其他地方政策创新一起被韩博天（Sebastian Heilmann）称为 "分级制政策实验"。韩博天用该概念解释中国经济腾飞事实的同时，认为："在提供社会产品和公共产品方面，政策试验显示出明显的局限性，比如农村地区加入基本的医疗保障和对土地使用权有效保护，或者环境保护方面。" ⑤ 但是，本书认为，随着中国发展意识形态从唯 GDP 主义向科学发展、和谐发展转型，加上执政党明确提出下一个阶段的重点是推动社会建设，那么，国家原来拥有的体制、

---

① 王绍光：《学习机制与适应能力：中国农村合作医疗体制变迁的启示》，《中国社会科学》2008 年第 6 期。

② 《中山试行流动人口 "积分制"，探索农民工落户城镇》，《南方日报》2010 年 6 月 8 日。

③ 陈天祥、饶先艳：《"渐进式统一" 城乡社会保障一体化模式——以东莞市为例》，《华中师范大学学报》（人文社会科学版）2010 年第 1 期。

④ 王绍光：《学习机制、适应能力与中国模式》，《开放时代》2009 年第 7 期。

⑤ Sebastian Heilmann：《中国经济腾飞中的分级制政策试验》，《开放时代》2008 年第 5 期。

政策和方法优势必然会从经济领域向社会政策领域扩散，从而推动社会政策领域出现多种"中央主导的政策试验"，如成都市的统筹城乡改革实验。2007 年，四川省成都市和重庆市被国家发改委批准成为全国统筹城乡综合配套改革试验区，其政策意涵在于探索统筹城乡发展的体制机制，发掘促进城乡经济社会协调发展的规律。因而，本书选取成都市统筹城乡综合配套改革试验区作为标杆案例，借此探究国家在城乡二元体制变革过程中是如何构建新型城乡关系，并推进农民身份转变工作。

对于成都市来说，统筹城乡综合配套改革试验区带来了新的机会和挑战，承载着国家推进城乡关系变革，实现城乡平权，解决"三农"问题的重大历史使命。虽然成都正式成为改革试验区的时间是 2007 年，但是，成都市开始探索城乡一体化改革则肇始于 2003 年。2003 年成都市政府要求龙泉驿区、都江堰市、双流县、郫县、大邑县 5 个区市县开展"统筹城乡经济社会发展，综合运用各种政策，加快城市化进程，全面建设小康社会"试点，成都城乡一体化改革正式推开。在获批统筹城乡综合配套改革试验区之后，成都城乡统筹的实践探索逐步走向深入和成熟。

中央主导的成都试验显然是在城乡二元体制及城乡差距扩大的背景下开展的。成都是西南地区特大中心城市，具有大城市带大农村的显著特点，与全国其他大城市的主要共性表现在两个方面：一是城乡关系面临严峻现实。成都市城市居民家庭人均可支配收入与农村居民家庭人均可支配收入之比，从 1980 年的 1.77 ： 1 上升到 2003 年的 2.64 ： 1，同期全国的平均水平是从 1980 年的 2.50 ： 1 上升到 2003 年的 3.23 ： 1，城乡居民之间收入差距不断拉大是成都和其他大城市共同面临的趋势。因而，中国要走以城带乡的经济社会发展道路，首先要启动大城市对自己农村地区的带动，如果大城市连自己的农村也辐射和带动不了，全国范围内的以城带乡实现的机会就很渺茫。[1] 二是成都与其他大城市一样主要采取以土地财政为主经营城市的做法，"土地财政"是成都各级政府可支配财力的第一支柱。究其原因，分税制之后，增值税收入在地方财政收入中的比重呈现下降趋势，

---

[1] 北京大学国家发展研究院综合课题组：《还权赋能：奠定长期发展的可靠基础——成都市统筹发展城乡综合改革实践的调查研究》，北京大学出版社 2010 年版，第 2 页。

而营业税和其他收入呈现上升趋势，营业税与增值税在地方政府财政收入中具有替代性，加之建筑业是营业税的第一大户，所以，地方政府将主要精力放在了发展建筑业身上，从而直接推动土地财政或批地财政的出现。[①]以2007年为例子，成都国有土地出让总成交635.7亿元，纯收益421.5亿元，分别高于当年预算内财政收入286.4亿元和预算内财政支出356亿元。更重要的是，土地财政并不会必然促进地方政府将收入大量用于公共服务，改善全社会公共福利。这种来源单一、收益巨大的收入更有可能被用于支持一个规模巨大的财政供养人口，在使农民利益受损的同时增加政府公务人员的获益。[②]

所以，成都市开展的统筹城乡综合配套改革试验必须要调适或破解上面提及的二重共性，不然就违背了中央要求政策试验的初衷。所幸近年来成都的城乡一体化改革试验已在体制改革方面取得了累累硕果。在受到执政党和政府高度肯定的同时，其经验也引起了学术界同仁的广泛关注，王绍光、崔之元、周其仁、郎友兴、肖滨等学者都十分关注这场恢宏历史变革和制度变迁的走向及其影响。就城乡收入差距而言，成都城乡一体化改革五年之后，2008年成都全市城乡居民人均收入比由上年的2.63：1缩小为2.61：1，城乡居民收入差距持续扩大的趋势开始得到有效遏制。成都市居民的贫富差距也呈减小趋势。2008年成都居民收入基尼系数为0.345，比2007略有缩小。[③]不仅如此，在2003年五个人口超千万的特大城市（北京、上海、天津、重庆和成都）中，2003至2008年间成都城市居民的人均可支配收入与其他四个城市相当，而成都市农村居民的收入增长则高于其他四个城市。在此基础上，成都和重庆成为我国人口过千万特大城市中仅存的两个扭转城乡收入差距拉大趋势的城市。[④]从土地财政调适角度分析，成都试验对传统的土地财政既有继承又有创新，其释放级差土地收入的土地制度改革是经济学家们最关注的对象。周其仁认为："成都经验的可贵之处，

---

① 周飞舟：《分税制十年：制度及其影响》，《中国社会科学》2006年第6期。

② 周飞舟：《大兴土木：土地财政与地方政府行为》，《经济社会体制比较》2010年第3期。

③ 四川大学成都科学发展研究院、中共成都市委统筹城乡工作委员会编：《成都统筹城乡发展年度报告（2007—2008）》，四川大学出版社2009年版，第638—639页。

④ 北京大学国家发展研究院综合课题组：《还权赋能：奠定长期发展的可靠基础——成都市统筹发展城乡综合改革实践的调查研究》，第3—4页。

就是在可为的领域大胆作为，除了在财政支出方面主动向农村和农民倾斜，还启动了土地制度方面的变革，探索在城市化加速过程中收窄城乡发展差距的可行途径……成都实践不仅仅是简单改变财政收入增量的分配，而且涉及现存土地和其他经济制度，因而是一场涉及既得利益调整、流行观念改变与体制运行方式演进的深刻变革。"①

本书便是在上述背景下将成都城乡一体化改革纳入了研究视域。不过，与蔡昉、周其仁等经济学家的研究视角不同，本书将从政治学视角重点研究成都城乡一体化改革对于农民身份转变的影响。

2007年6月成都获批全国统筹城乡综合配套改革试验区之后，同年7月成都市十一届二次全委（扩大）会议召开。会议提出要用"全域成都"的理念实施城乡统筹，建设1.24万平方公里的现代化都市区，推动市域经济、政治、文化、社会建设一体发展，整体推进城市和农村的现代化，努力建设现代城市与现代农村和谐相融、历史文化与现代文明交相辉映的新型城乡形态。② 这次重要的决策会议，不仅审议了《关于推进统筹城乡综合配套改革试验区建设的意见（征求意见稿）》，而且会议提出的"全域成都"理念明确界定了成都城乡变革的广度及规模。显然，此次改革虽然是在一个封闭场域内进行的"中央主导的政策试验"，但是它的广度及规模则覆盖了整个成都市。因而，在成都市内的各个地方行政区域内，围绕着"三个集中""六个一体化""四大基础工程"等工作，城乡一体化改革全面铺开。改革伊始，成都就将"身份转变"与规划、产业发展及政策配套并列为四个关键问题进行重点处理，强调改革要以农民的生产、生活和居住方式转变（身份转变）为出发点和落脚点。③ 为清楚地呈现城乡一体化改革进程中农民身份转变的过程与机制，从科学研究的操作性与深入性考虑，本书选取了成都市S乡为研究个案，试图以小见大、以点看面。在作者多次前往调研的成都市S乡城乡统筹办公室的墙面上，清楚、方正地挂着城乡统筹

---

① 北京大学国家发展研究院综合课题组：《还权赋能：奠定长期发展的可靠基础——成都市统筹发展城乡综合改革实践的调查研究》，第5页。

② 《中共成都市十一届二次全委（扩大）会议召开》，四川新闻网—《成都日报》，2007年7月20日，http://news.sina.com.cn/o/2007-07-20/062812238212s.shtml。

③ 成都市发展改革委：《突破城乡二元体制障碍，坚定不移推进城乡一体化》，成都市推进城乡一体化专题之一，参见国家发改委网站：http://www.sdpc.gov.cn/tzgg/dfgg/t20070105_109102.htm。

办公室职责，从中可以看出，农民身份转变工作是城乡一体化改革中的一项重要工作。

成都市 S 乡城乡统筹办公室职责

一、主要负责统筹协调辖区推进城乡一体化工作。

二、宣传贯彻推进城乡一体化的方针、政策。

三、做好土地整理、农房拆迁、规划建设工作。

四、协助做好农民身份转变、培训、就业工作。

五、完成领导交办的其他工作。

S 乡在 20 世纪 90 年代前属于成都市金牛区，呈现出典型的农村形态。1989 年 S 乡的基本情况是："S 乡地处成都东部，距市中心 7 公里，东与龙泉红河乡和双流新星乡相邻，西与金牛区保和乡大观村、花果村相邻，南与金牛区琉璃乡相邻，北与龙泉区洪和乡三桥村相邻。全乡面积 13.8 平方公里，为浅丘陵地貌，有 10 个村 81 个生产队（现 44 个农业生产合作社）。总人口 16965 人，耕地面积 9.061 平方千米，其中田 5.287 平方千米，地 3.774 平方千米，南支山渠灌溉，提灌占 75%，主要生产粮食和蔬菜。"[1]后来经过行政区划调整，S 乡从金牛区划归到现在的锦江区管辖，2004 年 9 月，四川省人民政府撤销了 S 乡建制，所属行政区域实行街道办事处管理体制。虽然 S 乡已经变成了 S 街道办事处，但是作为管理体制变革的遗留痕迹，"S 乡"的大石碑现在依旧赫然矗立在 S 街道办事处办公大楼的门口，并且在政府文件和 S 乡官员的口中，"涉农街道"与"涉农社区"仍然是他们最习惯使用的称谓。这些细节不仅显示了 S 乡所经历的转变过程，而且呈现出 S 乡最重要的特征，即它的发展始终没有离开过农民与农业。"涉农街道"与"涉农社区"不仅是传统与现代的二元结合，而且代表着一种依靠传统资源而走出来的独特城市化道路。

2003 年前的 S 乡与城市近郊的传统农村无异，处于"土地不多人人种，

---

① S 乡人民政府：《S 乡血防工作汇报》（1989 年 10 月 25 日），成都金牛区档案馆藏，档案号：85-1-217，第 145 页。

丰产不丰收""晴天一把刀，雨天一包槽"的境况。[1]"现在，随着城乡一体化建设的持续推进，从外观上看S乡已经和成都市的街景无异，让到访的游客有恍如行走在西湖的柳堤莺岸这样的幻觉。"[2]从作者数次前往S乡调研的经验判断，S乡在外在环境上不是与市区街景无异，而是超越了城市的生活方式，提供了一种后现代主义的生活氛围，也许这里才真正暗合了成都市提出"建设世界田园城市"的真实意涵。城乡一体化改革给S乡带来的变化，在那些时任官员的亲历者的记忆中依然深刻：

> 我是2000年从其他地方调入S乡工作的，这里被城里人称为"外八乡"，刚来的时候，S乡的交通、生活环境都还比较恶劣，下雨天地上到处都是泥泞，当时只有一路公交车能够到达市里。现在不一样，从搞城乡一体化以来，我们乡就借助政策加快发展，探索出了自己的发展模式，现在我们乡不仅是重要的旅游基地，而且从环境来看，甚至比城市里还好，城里人比较羡慕我们的生活。（S乡城乡统筹办公室J主任[3]访谈，2010年8月4日）

S乡经过城乡一体化改革，其经济结构发生了很大变化。现在的S乡面积比1989年有所增加，达到16.31平方公里，辖6个涉农社区30个居民小组，总人口20685人，其中农业人口17297人，耕地面积12676亩，人均耕地面积0.7亩，常年花卉种植面积5500余亩，年产值6000多万元，蔬菜种植6000余亩，年产值近4000万元，旅游收入达3.2亿元，2006年农民人均纯收入7306元，2009年辖区居民人均纯收入已经达到12544元。[4]

S乡走出了一条农村土地不征用、不拆迁，农民离土不离乡，进厂不进城，就地市民化，农民"失地不失利、失地不失业、失地不失权"，农民变

---

① 《种粮改种花，成都S乡农家也玩时尚》，四川在线—《华西都市报》，2008年10月18日，http://news.sina.com.cn/o/2008-10-18/030114591840s.shtml。

② 郎杰：《S乡的创新》，《今日中国》（中文版）2008年第4期。

③ J主任在谈到S乡改革时非常自豪，并且对其及周边发展也充满信心。从访谈中了解到一个具体的细节，即他已经在S乡周边的楼盘买下了住房，并对其成功升值充满信心。

④ 《S街道办事处简介》，http://www.cdjinjiang.gov.cn/street/detail.asp?StreetClassID=0410&ClassID=041004&ID=43517。

市民，农村变新貌的道路。[①]这种道路既呈现了地方环境与资源约束下发展模式的独特性，又彰显出全域成都理念指导下成都城乡一体化改革的普遍性做法。因而，本章将以 S 乡为例，结合成都市其他地方以及沿海发达地区的部分资料，力图清晰地呈现出新型城乡关系建设对于农民所带来的实实在在的影响，而我们研究的落脚点就是农民身份转变问题。

第二节 权利发展导向的农民身份分化与重构

一 建构城乡一体的民主治理模式

成都城乡一体化改革力图建构一个城乡一体的民主治理模式，进而推动农民与政府关系的转变。该模式具有两重理论意义：一方面，城乡一体化改革改变了原来仅从纵向上调整农民与政府关系的传统思维。学术界以往就国家对农村的渗透或撤退的讨论多局限在一个国家—农村治理系统之中，现在成都改革者试图从横向上调整农民与政府的关系，打破国家—农村治理系统与国家—城市治理系统二者之间的分割，建立一个城乡一体的治理模式，创造一个城乡一体的公共政治领域。另一方面，在原有农村村民自治与城市社区自治的基础上，政府尝试建构新的基层民主治理机制，以便更好地发挥利益表达与利益协调的功能。从成都改革经验来看，通过政府机构改革与职能新定位、户籍一元化改革与农民身份证明、村改居与社区治理改革、社会管理与公共服务改革四大项工作，成都已经初步形成了一套城乡一体的民主治理模式，为城乡居民享有同等的政治权利奠定了基础。

（一）政府机构改革与职能新定位

2003 年伊始，城乡一体化改革成为成都各级政府的中心工作，这是全国统筹城乡综合配套改革试验区所赋予的历史使命，更是进一步推进中国

---

① 中共成都市锦江区委、区人民政府：《锦江区推进城乡一体化工作情况介绍》，2009 年。

市场化、城市化与民主化的重要变革。改革的决策者对城乡一体化改革给予了空前的支持，通过将城乡统筹工作纳入干部绩效考核范围来动员和组织力量，强调"城乡统筹没有局外人；对城乡统筹没有认识、没有办法的干部是不合格的；部门在城乡统筹中找不到位置，这个部门就没有存在的必要；城乡统筹是真正的一把手工程，重大的事情必须要出面协调等"。①此外，成都市委还借助暗访录像、随机抽查、鼓励民间参与监督、强调智慧创新等方法，进一步带动行政官员的思维和观念转变。在此基础上，成都采取了"一竿子插到底"的做法，主动以"全域成都"理念来安排自己的工作，着手对政府机构进行改革，寻求部门职能的重新定位，从而将城市和乡村平等对待，构建城乡一体的政策治理框架。

一方面，成都在进行政府机构改革时突出强调了城乡一体化工作的重要地位。在改革过程中，"市级撤销了市农牧局，组建市农业委员会，挂市委农工办牌子，将市农机局并入市农委；五城区撤销了农业局等机构，组建城乡一体化工作局；14个郊区（市）县撤销了农业局、畜牧局、农机局等机构，组建农村发展局，挂农工办牌子"。②这些政府改革措施不仅提高了原来农业行政管理部门的话语权，而且整合了资源，强化了协调机制。

另一方面，各个政府部门主动寻找在城乡统筹中的位置，对机构职能重新定位。各个机构在强大的动员面前，不仅将自身的工作职责覆盖城乡，而且将资源更多地向农村倾斜。以规划部门为例，由于城乡一体化改革强调规划是龙头、基础和先导，"在规划制订中，要把广大农村纳入城市总体规划、土地利用规划、产业发展规划的范畴。要强化规划的执行和管理，城市规划就是城市的宪法，必须一张蓝图绘到底"。③所以按照城乡一体的要求，规划部门以全域成都的理念重新科学地编制了成都城乡规划，并对原来的规划体制进行了改革。

为因应城乡一体化改革，政府机构改革和职能新定位从市级机构一直

---

①　赵义：《成都试验步入深水区》，《南风窗》2010年第6期。

②　成都市发展改革委：《突破城乡二元体制障碍，坚定不移推进城乡一体化》，成都市推进城乡一体化专题之一。

③　成都市发展改革委：《万户千门入画图——成都市城乡规划管理体制改革纪实》，成都市推进城乡一体化专题之六，参见国家发改委网站：http://www.sdpc.gov.cn/tzgg/dfgg/t20070108_109234.htm。

传导到基层街道。S 乡的 J 主任在接受访谈时谈道：

> 目前，成都所提出的城乡统筹已经统领了我们 S 乡的所有工作。我们现在是一个涉农街道，社区属于涉农社区，随着社会管理改革的推进，乡政府的机构和职能已经发生了很大变化，目前 S 乡不承担经济任务，也没有各项经济指标的要求，政府内的经济科也已经撤除，增设了城乡统筹办公室、产权制度改革办公室等机构，所以乡政府的主要职能是放在有关民生的社会服务上面，原来的经济发展职能多数转移到了区级政府，通过区政府所规划的各种功能区，来推动各地方的经济发展。与此同时，我们还将各项服务职能前移，通过设置社区服务中心，村民不出家门口就可以享受到公共服务。这种职能的转变和前移，是有利于城乡统筹的。（S 乡城乡统筹办公室 J 主任访谈，2010年 8 月 4 日）

（二）户籍一元化改革与农民身份证明工作并行

陆益龙认为："以控制个人行动和建构社会差别为导向的户籍制度，与个人和社会发展的趋势和潮流格格不入。因而，改造中国户籍制度是社会协调发展的必然要求。"[①] 户籍制度被认为是城乡二元体制的核心制度安排。依附于户籍制度之上的传统粮食政策、就业政策、健康保障政策及教育政策等，它们与户籍制度一起造成了中国农业人口长期的资源匮乏、权利贫困和经济弱势。改革开放以来，随着市场经济的发展，农民工浪潮的冲击，传统户籍制度原来所具有的控制人口流动功能已经大大弱化，并且形成了大量人户分离的事实，有关改革户籍制度的争论大量轮番出现。[②]

户籍制改革的观点大致可分为下面三类，三类观点彼此分化对立，难以达成共识，这使得国家层面的户籍制改革设计至今仍饱受争议、迟滞不前，改革最终只好降格为部分地方政府基于自利性而推动的社会政策创新。一是更为自由主义的观点，认为公民权与市场经济相伴相随，随着社会主

---

① 陆益龙：《户籍制度——控制与社会差别》，商务印书馆 2004 年版，第 456 页。
② 苏黛瑞对有关户籍制度改革的争论进行了详细梳理，参见 [美] 苏黛瑞《在中国城市中争取公民权》，第 100 页。

义市场经济的发展与完善，应当废除传统户籍制度，给予农业人口与非农业人口同等的公民权；二是从行政执法角度出发，以公安部门认识为主的观点，认为户籍制度改革是一个重要的经济和政治问题，直接影响到经济发展和社会稳定，因而户籍制度将在较长时期内应予以保留；三是小城镇道路论者的观点，认为应该改革和放开中小城市和小城镇的户籍限制，使它们成为中国城市化和农村劳动力转移的蓄水池。这些观点的分歧主要在于是否改革户籍制度，是否开放大城市户籍。近年来，在户籍制度改革必要性问题上，其共识正逐步形成，但是，对于开放大城市户籍是否会造成城市混乱、贫民窟等问题，许多人还是持悲观的态度，也给户籍制度改革增添了不少压力，正如苏黛瑞对于城市农民工的研究所指出，"无论是向上转向结构层面，还是向下求助于能动主体角度，看来农民工作为市民融入城市的前景，实质上都是很悲观的"。[①]

然而，对于开放大城市户籍的担忧问题，"从实地考察情况来看，事实并不像人们所想象的那样，放松户籍迁移和转换的控制，就会有一大批农村人拥入城市，造成城市混乱……取消户口迁移限制与人们进入城市的行为根本没有必然的联系。从现实的情况看，人们该进城的还是进城了，不能进城的，即使转了城镇户口也不会进城"。[②]成都城乡一体化改革的实践经验比陆益龙所考察的老峰镇更具典型性。作为一个特大城市，成都市户籍一元化改革的经验成就，从实践上说明构建一个以大城市为中心的市域公民身份乃至省域公民身份是可行的。

成都改革的重要经验是户籍一元化改革与农民身份证明工作并行。在2003年成都以条件准入制代替入城指标，取消入户指标限制的基础上，2004年成都市委、市政府出台了《关于统筹城乡经济社会发展推进城乡一体化的意见》，明确提出要打破城乡户籍二元结构，建立城乡统一的新型户籍管理制度。本着降低门槛、放宽政策、简化手续的原则，成都确定了"转变称谓、放宽政策、剥离待遇"的工作步骤，努力实现本市户籍人口市域范围内的自由迁移，建立真正的一元化户籍管理制度。

---

① [美]苏黛瑞：《在中国城市中争取公民权》，第316页。
② 陆益龙：《户籍制度——控制与社会差别》，第452页。

首先，转变各类户口称谓，建立一元化户口登记制度。按照 2004 年成都市公安局制定的《关于推行一元化户籍管理制度的实施意见》，通过广泛宣传、积极动员、强化服务，截至 2006 年 10 月，成都市全面完成一元化户口登记工作。三年来成都完成非农业户口转为居民户口 370 万人，农业户口转为居民户口 651 万人，其中已征地农转居 38 万人，未征地农转居 613 万人。一元化户口登记不仅提高了成都市的城市化率，而且还给了农民一个平等身份，消除了户籍身份的血缘继承性，打破了农民与市民之间的划分界线，为实现城乡在政策上的平等、产业上的互补以及国民待遇上的一致奠定了基础。[①]

其次，放宽农民入户政策，促进农民向城镇迁移集中。按照"三个集中"中农民向城镇和新型社区集中的要求，以前期建立一元化户口登记制度以及城乡统一的门（楼）牌体系为基础，2006 年 10 月成都市委、市政府出台《关于深化户籍制度改革深入推进城乡一体化的意见（试行）》，率先在全国副省级城市提出农民（未征地农转居）在各类城镇（中心城区、区市县城、建制镇建成区）中拥有合法产权房屋并实际居住的，或者连续租用统一规划修建的出租房且在同一住房居住一年以上的，可在实际居住地办常住户口。[②]2008 年 4 月进一步放宽农民入户政策，《中共成都市委、成都市人民政府关于促进进城务工农村工作者向城镇居民转变的意见》将个人租赁性住房纳入可以登记入户的范围，且无租住时间的限制。这些政策变革，彻底消除了用货币筑起的农民向城镇转移的门槛，打破因户籍管理阻碍农民向市民转变的障碍，真正意义上实现了进城务工农村劳动者的自由迁徙。[③]然而，这种宽松自由的政策，并没有带来农民向城市的大量迁移，也没有引起城市混乱。据统计，2006 年 10 月 20 日至 2008 年 10 月，成都市共有 234830 名农民向城镇集中，入户城镇，其中征地农转居为 230166

[①] 成都市公安局：《破户口藩篱，建立城乡一体的户籍管理体制——成都市统筹城乡户籍制度改革工作情况》，载四川大学成都科学发展研究院、中共成都市委统筹城乡工作委员会编《成都统筹城乡发展年度报告（2007—2008）》，四川大学出版社 2009 年版，第 299—304 页。

[②] 成都市委、成都市政府：《关于深化户籍制度改革深入推进城乡一体化的意见（试行）》（成委发 [2006]52 号），2006 年 10 月 20 日。

[③] 《成都商报》：《今起农民工租房可落户城区，一房一户就可登记》，http://sichuan.scol.cn/sczh/20080418/200841870114.htm。

人，其他自由迁移才 4664 人。①

最后，剥离待遇，实现全域成都自由迁徙。农民身份证明工作是剥离待遇的方法途径，目的在于剥离依据户籍认定农民身份的功能。因为在一元化户籍改革的同时，改革者坚持稳定农民既有的土地利益和集体经济成员权利，以此为基础才能把放开市内农民到城镇入户和市外人员向市农村迁移的政策规定真正落到实处。所以，政府借助农村产权制度改革的有利时机，在确认土地承包经营权的同时，由相关职能部门对集体经济组织成员人数进行确认。在摸清农民底数的情况下，政府为农民发放证明身份的"IC"卡，为彻底剥离农民身份认定和享受相关待遇与户籍登记的关联性奠定基础，为农民积极、放心地将户口迁入城镇消除障碍。② 然而，成都上述所有深化户籍改革的政策目的都在于促进城市化，使农村人口向城镇单向迁移。这不仅不符合建设"世界现代田园城市"的总体战略，而且也不能满足灾后重建的现实需要，离实现全域成都自由迁移还有一段距离。不过，2008 年底出台的《成都市人民政府批转市公安局关于促进灾后重建和经济发展调整我市部分户口政策暂行意见的通知》改变了这种状况，新政策进一步降低了入户门槛，规定市内所有人员可在市域范围内的合法固定住所登记入户，对有两套以上合法固定住所的人员，可选择其中一套合法固定住所登记入户，真正实现了成都市中心城区和远郊区（市）县、各郊区（市）县之间、城镇与农村之间的双向自由迁移。③ 此外，2010 年 11 月出台的《关于全域成都统一城乡户籍实现居民自由迁移的意见》，正式提出成都将在 2012 年全面实现全域成都统一户籍，使城乡居民可以自由迁徙，实现统一户籍背景下的享有平等的基本公共服务和社会福利，彻底破除城乡二元结构，彻底消除隐藏在户籍背后的身份差异和基本权利不平等。④

---

　　① 成都市公安局：《破户口藩篱，建立城乡一体的户籍管理体制——成都市统筹城乡户籍制度改革工作情况》，载《成都统筹城乡发展年度报告（2007－2008）》，第 299－304 页。

　　② 同上。

　　③ 成都市公安局：《成都市 2009 年深化户籍制度改革工作情况》，载四川大学成都科学发展研究院、中共成都市委统筹城乡工作委员会编《成都统筹城乡发展年度报告 2009》，四川大学出版社 2010 年版，第 234－236 页。

　　④ 成都市政府新闻办 2010 年第四十五次专题新闻发布会《全域成都统一户籍》文字实录，http://www.chengdu.gov.cn/zhibo/index.jsp?ClassID=032061。

S乡属于成都市一元化户籍改革首批启动地区，因而在2005年底之前，S乡就完成了一元化户籍登记，并在2007年加强了农民身份证明审核工作。在作者的访谈对象Z大哥看来，通过户籍改革，感觉自己不仅不比城里人差，而且还比城里人享受更多的惠农待遇，对现在自己开小店过生活的日子很是满意。作者看到他家的常住人口登记卡当中的几栏重要信息如下：

> 户别：居民家庭户
> 职业：农业劳动者
> 何时由何地迁来本址：2004年9月16日四川成都市锦江区S乡F村2组未征地农转居。（S乡居民Z大哥访谈，2010年2月25日）

从对S乡官员J与M的访谈内容来看，成都的户籍改革实现了下述三个目标：一是户籍改革能与现行国家征地制度实现对接，在进行一元化登记的同时，仍对那些没有农转非的居民标注"未征地农转居"，为未来可能的征地留足空间；二是维护农民既有利益，通过农民身份证明工作保留了农民作为集体经济组织成员的权利；三是还农民与市民平等的公民待遇，现在的农民可以自由迁移户籍，户籍已经不能成为待遇差异化的依据。

> 在目前的体制下，农转非涉及的情况很多，其中很大一部分是因为土地被征用，根据土地占用的多少而确定相应的农转非名额。在我们乡，除了改革之前少数因为公共设施建设而被征用土地导致农转非之外，目前大部分居民都没有农转非。因为我们乡属于成都198规划区域，目前主要采取土地流转的方式来提高土地的利用率，农民的户籍虽然成都已经实行了一元化管理，但它们仍然特别注明是"未征地农转居"性质，这种特别的注明是因为农民身份关系到一系列的重大利益，如果哪天我们乡的土地被国家统征的话，那么凡是属于未征地农转居居民就能够获得相应的大笔赔偿，正因为有如此的利益观念，目前农民对于农转非其实并不积极，我们也在严格做好农民身份确认工作，现在要想获得我们这里的农民身份已经变得很困难了。（S乡城乡统筹办公室J主任访谈，2010年8月4日）

我们社区很多村民都属于未征地农转居居民。尽管很多居民没有农转非，但是他们因为城乡统筹改革，目前的生活待遇并不比城市居民差啊。说实在话，现在我们这里的农民都不想农转非，原因就是农民身份能够得到很多实惠，比如教育学费减免、耕地保护基金等等，这些只能是农民才能享有，原来那些只有市民才能享有的待遇，现在农民又都享有了。总的来说，农民现在享受的待遇是集体经济组织的待遇与城市居民待遇叠加的总和，不仅如此，城市人还不能享受到我们这里优美的田园环境呢，他们很羡慕这里的风光。现在我们乡已经被成都市视为建设世界田园城市的典范了。所以说，只要将城市市民所享受的待遇向农民扩展，那么户口也就不那么重要了。（S乡H社区M书记访谈，2010年8月5日）

（三）村改居与社区治理改革

按照成都城乡一体化改革提出的"三个集中"要求，农民要向城镇和新型社区集中。成都改革者专门出台了《关于对农民集中居住区实行社区化管理的意见》，提出要促进农村居民向城市居民转变、农村村组管理体制向城市社区管理体制转变，努力把农民集中居住区建设成为管理有序、服务完善、环境优美、治安良好、生活便利、人际关系和谐的新型社区。[①]为此，在建设农村新型社区的同时，成都市还积极推动村改居工作，从而实现两种行政建制和社会体制的并轨。在此基础上，成都市还进一步开展了社区治理改革，构建新的基层治理机制。

一方面，建设农村新型社区。S乡所在的锦江区专门成立了区级新型社区建设推进领导小组，具体负责198区域农村新型社区建设工作。区内11家新型集体经济组织为股东成立的成都市农锦集体资产经营管理有限公司作为项目业主，按照"统一规划、政府监督、市场运作、分步实施"的方式，统筹具体的建设工作，包括按照区域规划加强集中居住区基础设施、学校、社区公共服务站、文化站等公共服务设施建设。[②]S乡分别建设了WF

---

① 《成都市人民政府办公厅关于对农民集中居住区实行社区化管理的意见》，2005年12月14日。
② 锦江区统筹委：《锦江区农村新型社区建设进展情况》，http://www.chengdu.gov.cn/GovInfoOpens2/detail_allpurpose.jsp?id=LJ6ICzZ3R6NEYlKFxSCC。

与 DA 两个新型社区。农村新型社区建设是一个十分巨大的工程，涉及拆迁、安置、重建组织系统等多项工作，需要解决"钱从哪里来，人往哪里去"的问题。S 乡 H 社区 Z 书记就此谈道：

> 这个系统性工程的开展所花费的经费的确非常巨大，如整个锦江区完成拆迁安置需要 40 个亿，所以政府在这个过程中要发挥主导作用。除了政府在使用公共财政上向农村偏移之外，经费还是主要来源于土地的运作。这主要分为两个部分，一是土地的本身价值与增值部分，通过农民宅基地整理、拆村并院，在考虑土地占补平衡的情况下，多出来的土地指标就可以转为建设用地指标，从而换到其他地方使其增值。这些指标批卖的收入，用于解决先期费用，如用于拆迁、安置、过渡费等。我们还配置了每人 10.5 平方米的经营性用房给到村集体，用于解决农民新居的物管费，从侧面促进农民增收。当然，仅仅这部分收入还不足以支撑整个城乡统筹工作的开展，另一部分收入来自于锦江区专项批出的 1970 亩建设用地的运营收入，通过将这部分土地融资以获得更多的收入。这些收入加在一起，才能支撑城乡统筹工作向前发展。因而，要把这些土地价值运作得更好，需要有产业发展、城市化发展等条件，不然的话，"人往哪里去，钱从哪里来"就得不到根本的解决。（S 乡 H 社区 Z 书记访谈，2010 年 8 月 5 日）

房屋拆迁、拆村并院及建设新型社区关系到农民的切身利益，普通群众对这些政策也很支持，但是由于在操作中缺乏透明性和公开性，前期仍然有些冲突发生。访谈对象 P 阿姨向作者讲述了她们村的拆迁补偿情况：

> 农民对城乡统筹的做法还是很愿意的。但是，乡政府及村组干部开始在向村民宣传政策时有些话及做法过"左"，所以开始的时候大家有些波动和不满，不过后来就好了。开始的时候，政府的政策原本宣称透明的、公开的与村民签订拆迁合同，但在第一批操作时，政府的行动就不那么透明了，政府把赔偿价格压得很低很低，先找那些好说话的人，或者老实的人，或者那些懒惰的人，或者那些不愿意种庄

稼的人谈合同，这些人认为先把钱拿到手，总比自己种庄稼的收入高，所以这些人就成为了第一批签合同的人。但是签了合同的人中，有些信息比较灵通的，看新闻、懂政策的，他们发现后面签合同的家数反而赔偿更高些，基本上第一批签的人每人赔偿三万两千左右，第二批每人三万六千左右，第三批就四万多，最后一批甚至快达到六万，当然安置房每人35平方米是固定的，在赔偿金之外。所以他们就去乡政府闹了，有些情绪波动，不过合同已经签了就不可能再改变了。后来政府汲取了教训，在其他村组签拆迁补偿协议时，都采取了统一来、摆到桌面上来谈的做法，按未征地农转居户口平均赔偿，如果哪家有十分特殊的情况就适当多赔偿点，但不会有很大的悬殊差距，农民就比较满意了。(S乡居民P阿姨访谈，2010年2月27日)

为了弄清楚"人往哪里去"，作者在调研过程中参访了DA农村新型社区。该社区属于一个安置小区，从一个外地人的眼光来看，此小区的环境和设施与城市小区并没有什么区别，集中的政策宣传栏、文化服务站、购物区、物业化管理、休闲广场等一应俱全，俨然就是一种都市生活。如果不了解小区的历史，我想不会有人再把生活其间的人们看成是"城市里的农村人"。

另一方面，推进村改居，构建基层治理新机制。农民新型社区建成之后，实行什么样的管理模式就是下一步需要考虑的问题。成都改革者按照城乡一体化的内在要求，要求农民新型社区实行社区化管理，将原来分散居住的农民村组管理模式转变为城市集中居住的社区治理模式。村改居的重要意义不仅仅是实现城市与农村两种行政建制的统一，更重要的是，需要通过村改居提升基层治理的民主化，提高政府公共服务的品质，增强社区集体经济的活力。[1]S乡H村在2008年1月20日正式撤销村委会建制，成立居委会，并由全体居民投票产生了居委会领导层。村改居能够给居民带来更多的实惠和便利，正如H村村改居之后，锦江区统筹委有关负责人及新当选居委会主任所言：

---

[1] 成都民政局：《注重三个环节，达到三个促进，推进撤村建居工作》，2007年11月28日。

　　锦江区统筹委有关负责人："撤村建居后的社区居民，与其他城市居民一样享受同等待遇，如小孩就学、城市最低生活保障等均等的公共服务；撤村建居后财政将不断增加对社区的投入，其基础设施的建设和管理，纳入政府的统一管理范围，进一步改善居住条件和生存环境。"①

　　H 居委会 B 主任："现在居委会只负责以前村委会的社会服务职能，可以肯定地说，今后为居民的服务将更专业、更周到。居委会的公共服务职能是办事处公共服务职能的延伸，当前我们马上就要成立红砂社区服务中心，方便居民办事。不能再像以前，群众到村里办事，村里盖个章，村民自己到办事处办，今后啊，社区服务中心就要全面代办了，以实现让居民办事不出社区。"②

　　不过，完善基层治理，建构基层治理新机制才能保证村改居更好地发挥积极作用。从 S 乡的情况来看，村改居之后形成的新的组织架构和运行机制，改变了过去农村基层组织职责不清、职能错位、越位和缺位的情况，并将政府的公共服务功能从乡镇（街道）一级延伸到了作为细胞的社区。按照政企分开、政社分开的思路，S 乡采取了"一撤、两分离、三强化"方式建设基层组织治理新机制，即在撤村建居之后，剥离了原村委会的经济管理职能与行政管理职能，分别将这两项职能划归到新成立的组织机构即集体资产经营管理公司与社区公共服务站，而居委会则成为一个单纯的自治主体，发挥社会管理与利益表达职能，此外，坚持强化社区党组织的领导核心作用，强化社区居委会的自治作用，强化社会组织的自我服务作用。③
S 乡 F 社区 C 书记在访谈中这样描述新的基层治理机制：

　　　　我们的基本做法是，成立新型集体经济组织即资产管理公司行使过去村委会的经济职能，除了剥离村委会的经济职能之外，还成立了

---

① 《H 有了居委会，锦江从此无村落》，《成都日报》2008 年 1 月 21 日。
② 同上。
③ 中共成都市锦江区委、区人民政府：《锦江区推进城乡一体化工作情况介绍》，2009 年。

社区公共服务站，专职负责承接与行使过去村委会行使的公共服务职能，而新成立的社区居委会则主要是一个自我管理、自我教育、自我服务的自治组织。它们与党支部、监督小组等一起共同构成了新的基层治理机制，其中党支部主要关心民主政治、社会组织与社会发展等工作，而居委会则是一个执行机构，负责收集民意，提出相关问题的解决方案。（S乡F社区C书记访谈，2010年3月5日）

（四）社会管理与公共服务改革

村改居和社区治理改革之后，为进一步促进城乡基本公共服务均等化，适应农民生产生活方式转变的要求，成都市出台了《关于深化城乡统筹，进一步提高村级公共服务和社会管理水平的意见（试行）》，以涉农社区为重点对象，推动社区公共服务和社会管理改革，通过建立健全村级公共服务和社会管理的分类供给机制、经费保障机制、设施统建机制、民主管理机制及人才队伍建设机制，形成了完整的村级公共服务和社会管理政策体系（如图3-3）。

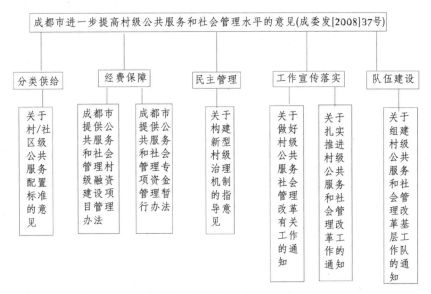

图3-3 成都市村级公共服务和社会管理改革政策体系图

资料来源：成都市村级公共服务和社会管理改革研究课题组《成都市村级公共服务和社会管理改革调研报告》，载《成都统筹城乡年度发展报告（2009）》，第108页。

　　从作者对 S 乡的实地调研来看，公共服务分类供给机制以及依托基层治理新机制对公共服务项目进行民主管理给人留下了深刻印象，充分体现了多元治理、让民做主、尊重民权的现代精神。就分类供给机制而言，基本思路是政府主导、多方参与，即"进一步强化各级政府提供农村基本公共服务的责任，完善覆盖城乡的公共财政体系；明确村级自治组织应当承担的公共服务和社会管理职责；鼓励和吸引各类社会组织共同投入和发展公共服务事业，支持和引导市场主体参与农村公共服务和管理，形成政府主导、市场主体和社会组织广泛参与的公共服务供给机制"。① 从公共服务项目民主管理来看，从 2009 年起，锦江区政府每年预算安排每个社区不低于 20 万元的专项经费，用于社区公共服务和社会管理项目的定额补贴，要求各涉农社区根据"让民做主、因地制宜、整合资源"的原则，严格按照"宣传动员、收集民意、梳理讨论、表决公示、实施监督、评议整改"的方法（如图 3-4），使用该专项资金，确保"项目来源于群众、经费全部用于群众、项目服务于群众"。② 正如 S 乡 H 社区的 M 书记与 F 社区的 C 书记在谈到公共服务项目运作时指出：

　　　　为推动村级公共服务，政府还专门设立了公共服务专项经费，每个社区 20 万元，每年递增 20%。但是，这些经费的使用受到严格的监督，一般说来只有七个用途，如社区文化建设、百姓就业培训、基础设施建设、环境绿化等。最近市上还专门通报了有关这项经费的违规使用情况，如有些地方把这项经费拿来发奖金、支付工资或截留去做其他工作，这些都是不允许的。此外，该项经费的使用也是很民主的，每年年初社区要收集民意、收集项目，然后筛选那些反映最集中的项目，通过监督小组提交到党员大会，然后通过党员大会将确定的项目交给议事会表决确定，只有那些获得 80% 选票的项目才能成为当年集中办理的公共服务项目。我们社区今年推出了三个项目，一个是广场

　　① 中共成都市委、成都市人民政府：《关于深化城乡统筹，进一步提高村级公共服务和社会管理水平的意见（试行）》，2008 年 11 月 25 日。
　　② 成都市锦江区：《锦江区 2009 年统筹城乡发展工作情况》，载《成都统筹城乡发展年度报告（2009）》，第 322 页。

增设运动设施，一个是建设社区文化活动中心，一个是安装路灯，结
果最后一个项目因差一票而未通过，最终不能在今年办理了。（S乡H
社区M书记访谈，2010年8月5日）

　　政府每年拨入20万元给社区，用于社区的公共服务。但是，这笔
款项的支配权却不在社区干部手里，必须通过项目民主管理流程，让
民做主，尊重农民的知情权、监督权和决策权。通过大讨论、大民主，
"有肉不放到碗底下，摊到桌面上来说"，就怕不晓得，老百姓的事情
交给老百姓自己办，他们不但方法多，容易解决问题，减少矛盾，而
且这样一来，社区只发挥引导作用，反而增强了政府的公信力。（S乡
F社区C书记访谈，2010年3月5日）

二　农民财产权利的回归和释放

　　财产权与经济自由是我国现行宪法规定的重要法律权利。然而，多年
以来农民的土地权利和对集体资产的占有权利往往处于悬置状态，不仅未
能有效地推动土地、集体资产的要素市场化，而且农民的合法权益还常常
受到侵犯。尽管农村生产要素在城市化与市场化进程中实现了增值，但是
农民仍然欠缺分享增值利益的公平机会。为此，成都改革者试图通过土地
确权与流转改革、新型集体经济组织股份化改革来推动农民财产权利的回
归和释放。

（一）土地确权与流转改革

　　成都农村产权制度改革总的思路是，在严格保护耕地的前提下，以农
村集体土地所有权、使用权的确定颁证为基础，以农村土地承包经营权和
农村建设用地使用权的流转为核心，逐步建立健全归属清晰、权责明确、
保护严格、流转顺畅的农村产权制度。[1]具体而言，就是要通过土地确权、
土地流转及收益分配三个环节，在充分发挥基层民主治理的基础上，建立
统分结合的现代农村产权制度，通过"还权赋能"，明晰产权，构建以家庭
或者集体经济组织为主体的现代微观经济单元，真正做到"恒产者，恒其

---

　　① 成都市锦江区农村产权制度改革领导小组办公室：《深化和完善农村土地承包经营权确权
工作宣传资料》，2009年8月。

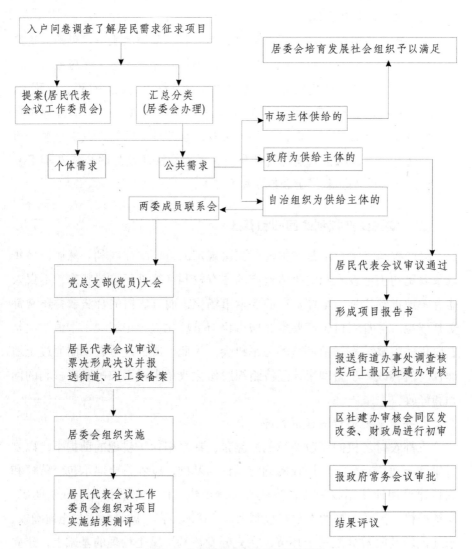

图3-4 公共服务项目民主管理流程图

资料来源：S乡F社区宣传资料

心"，调动农民增加农业投入和企业投入现代农业项目的积极性，促进农村资源资产化，农村资产资本化。[1]

首先，土地确权。锦江区对"198"范围集体土地按自然村界进行现状实测，将其所有权确权登记到各个相应的村级新型集体经济组织，对于集体土地的使用权则区别对待。对于农用地的确权，政府采取了充分尊重农民意愿的做法，采用了确权到户或确权到组两种形式。从 2008 年的试点情况来看，在锦江区确权的 76 个村民小组中，有 17 个村民小组选择确权到组，占全部村民小组的 22.37%。[2]对于集体建设用地（包括宅基地），使用权确权登记到各村级新型集体经济组织，并注明各组台账面积和股份权重，作为土地流转收益的分配依据。通过确权、登记、颁证，2009 年锦江区全面完成农村土地的确权颁证工作。2010 年全区开展"回头看"工作，按照"土地、台账、证书、合同、耕保基金"五个一致的要求，认真清查漏洞和错误，为加快土地流转工作铺平了道路。

其次，土地流转。按照"大统筹、大集中、大流转"的思路，锦江区在推进土地确权、土地综合整治与土地复耕的同时，按照"农民—村级新型集体经济组织—农锦公司—项目业主"的工作流程，积极开展土地流转，推动土地适度规模经营。到 2009 年，锦江区"198"区域 16968 亩农用地和 2417 亩集体建设用地全部实现了从村级新型集体经济组织到农锦公司的初次流转，4000 多亩农用地实现了从农锦公司到项目业主的二次流转，充分实现了土地作为要素资源的市场化。此外，通过 2008 年成立的锦江区农村土地房屋登记交易服务中心，参照国有土地使用权出让程序和办法，经过招标、拍卖、挂牌等程序，目前有 7 宗共 99 亩集体建设用地实现交易转让，迈出了城乡建设用地"同地同权"的第一步。[3]

最后，收益分配。土地流转收益的分配与土地流转的流程刚好相反，锦江区按照国有资本与各级政府不分红不分利的原则，首先从土地流转收益中按交易比例扣除农投公司花费的土地整理和配套成本，然后将剩余收

---

① 柳街镇人民政府：《柳街镇农村产权制度改革工作情况汇报》，2009 年 6 月 3 日。

② 吴建瓴、蒋青：《成都市锦江区农村产权制度改革试点分析》，载蔡昉、程显煜编《城乡一体化：成都统筹城乡综合配套改革研究》，四川人民出版社 2008 年版，第 167 页。

③ 中共成都市锦江区委、区人民政府：《锦江区推进城乡一体化工作情况介绍》，2009 年。

益全部返回给农锦公司，农锦公司再按各集体经济组织筹建农锦公司的入股比例分配收益。各集体经济组织最后在政府严格的监管之下，按照新型集体经济组织经营性的收益分配比例，即 50% 的收益用于组织成员购买社保，40% 用于经济组织自身的再发展，10% 以现金的方式派发分红，以严格的审批支付程序分配财政结算中心专户中的土地流转收益。①

S 乡是锦江区内一个很大的涉农街道，由于其所在区域包含"五朵金花"风景区，所以它的土地确权和土地流转工作要求做得更加细致，我们可以通过下面访谈记录来了解 S 乡推进农村产权改革的进展情况以及农民对此的反应。

> 从成都成为城乡统筹试点以来，我们 S 乡就集中开展农村产权制度改革，一方面将农民的土地进行规划、整理，另一方面在成都市的规划范围内进行相关的土地产权改革，如在政府 117 规划内，通过对土地的陆续征用，完善对失地农民的安置来保障国家的建设发展，所以我们乡政府这一带、成龙路两侧都是属于 117 规划的范围，会被政府陆续统征，涉的相关农民都将完成农转非，成为市民。但是，在 S 乡，大多数的地方都属于成都 198 规划区域，即基本农田保护区，所以这些地方都只能通过土地流转、整理和租用的方式来合理开发利用，其基本做法是土地通过一次流转甚至二次流转，将土地流转给严格符合土地利用规划，又有很好资质的企业。目前我们乡共计 2 万多亩土地，已经流转出 18000 多亩。通过这样的农村产权制度改革，农民得到了更多的实惠，农民收入多元化，所以农民对于产权制度改革还是非常拥护的。当然，就我们乡而言，也不是没有钉子户，对于他们，一般情况下都属于漫天要价类型，对政府提出不合理的要求，也有些属于对政策的不理解、误解造成的，可能因为政府的宣传不到位，可能因为农民的文化素质低下，对于政策的目标和路径认识不清楚，结果产生纠纷，不过政府一般都能因情因地制宜的解决。（S 乡城乡统筹办公室 J 主任访谈，2010 年 8 月 4 日）

---

① 吴建瓴、蒋青：《成都市锦江区农村产权制度改革试点分析》，第 170—171 页。

我们村的土地基本上属于198区域保护的土地，所以我们主要的工作是确权、整理与流转，土地的确权与土地流转并不矛盾，目前，我们将全村土地按自然村界进行了现状实测，将集体土地所有权确权登记到了村级新型集体经济组织，将农用地承包权确权到了普通农户。就我们社区而言，确权时发现，全村土地在2008年基础上减少了200多亩，这部分耕地的减少主要用于了公共道路、基础设施、农家乐开发等项目，所以确权时只能确认剩余的土地，其他被征用的土地已经由政府或企业按照政策进行了相应补偿。举例来说，如果一个小组仅有50亩土地，其中20%的土地在发展过程已经被硬化，修成了公共道路，那么就只能对剩下的40亩土地进行相应的确权。这种情况在现实中经常存在，我们社区的一个生产队原来有土地200亩，但2008年确权时只有180亩了，那么我们就只能对这180亩进行确权，以此为基础开展土地的整理、流转工作。

我们在开展土地流转工作时，坚持依法、自愿、有偿的原则，所以大部分村民还是支持我们工作的。当然，也有小部分村民由于不理解政府的政策而不愿意流转，这个时候政府的做法也不是强制，而是发挥农村工作的优良传统，通过做这些村民的思想工作来化解其中的矛盾，一方面，我们会给村民算算账，让他们明白土地的合理使用对于农民来说是一件好事，一件划算的事情；另一方面，在村里面，农民之间都是乡里乡亲，一般都可以通过这种社会关系去化解一部分矛盾。进一步说，如果还有村民实在不愿意的话，那么村集体可以在村里调整土地，哪怕给这些村民调多一点地，也要保证大部分村民的利益，促进土地流转规模化经营。

其实，我们社区在土地确权和流转过程中还碰到过很多问题，如轮转工问题。该问题本身是一个历史遗留问题，它与计划经济下的劳动就业有关系，到今天，我们社区主要通过社区居委会民主议事的方式解决了此问题。另外，还有一些比较极端的案例。一是土地实测总量严重偏少，村民不服。在198区域内，H社区一组在实测土地时，数量仅15.2亩，村民大多不相信，因而通过第二次实测数量确定为27亩，但还是有10多户不愿意领证，所以我们召集这些村民调解，告诉他们该组土地利用的来龙去脉，但两次调解之后，目前他们还是不愿意领证，我们只能留着这些调解记录，暂时搁置这些事情，稍后继续去做工作。二是土地实测数量超过198用地数目，2007年，H社区3组的土地有几十亩属于117区域，实测时将其与其他属于198的土地一起流转，由于土地流转的经费当时是贷款的，所以区统筹委不愿意为那部分不应流转的土地付款，但是，如果将这部分土地退给农民，农民这时也不愿意接受，还声明要告政府，面对这种极端的情况，我们社区只能与乡政府、区统筹委协商，最后还是将这部分土地流转了。与此同时，H社区3组还增加了40多口人，他们还要求调整土地，但是大部分人都不愿意，在土地流转的情况下，调整土地实质上就是调钱，涉及大范围的利益问题，所以我们社区干部更进一步讲清楚政策，后来这个组的工作做通了。(S乡H社区M书记访谈，2010年8月5日)

（二）新型集体经济组织股份化改革

成都城乡一体化改革在构建基层治理新机制时，曾将村民委员会原来的经济管理职能剥离出来，成立新型集体经济组织。新型集体经济组织通过股份化改革，借助现代企业制度，试图解决原来农村村组集体资产管理中存在的产权不明确，经营管理缺乏有效监督，分配对象不确定，分配矛盾日趋突出，增值速度趋缓，经营收益率呈下降趋势等问题，促使新型集体经济组织既能适应市场化的要求做大做强，又能将收益真正给予成员个体，使农民成为改革的最大受益者。①

按照锦江区《关于加强农村集体资产管理，促进农村集体经济发展的意见》，首先，S乡对集体资产开展清产核资、摸清家底，将经营性资产量化到村民。按照"依法办事、承认历史、尊重现实"的方针，农村集体资产处理领导小组对各村组的集体资产进行独立核算、严格审计、厘清关系，将核对、公示后的集体资产折股平均分配给每位应享有权利的集体经济组

---

① 成都市人民政府办公厅：《成都市人民政府办公厅关于加强农村村组集体资产管理工作的通知》，2004年7月7日。

织成员。如S乡J社区资产经营管理公司以2007年12月31日为基准日，将公司资产483.85万元平均分成3481股，分配给全体3481名集体经济组织成员，其中公司资产包含新型社区建设中按人均10.5平方米配置给村民的经营性用房资产。[①]其次，成立公司，规范运作。S乡各新型集体经济组织采用有限责任公司的组织形式，以股份制替代农村现行的管理体制，开展集体资产经营管理工作。在将经营性资产量化完成之后，集体经济组织成员将每人分得的全部股份在公司入股，成为公司股东，公司为其颁发股权证，作为在公司享有权益、承担义务的凭证。公司成立后，按照《公司法》规定，逐步健全了股东大会、董事会和监事会构成的"三会"运行机制，以及相关的民主议事、民主决策、民主监督制度，推进公司经营班子的市场化、职业化管理。最后，强化制度性监管，保障股东利益。S乡所在的锦江区主要通过三项措施来加强和完善集体资产管理制度，即一是健全农村集体资产的财务管理、会计核算和实物登记制度，在全区农村推行村、组会计核算委派代理制度；二是完善民主理财制度，积极化解村级债务；三是推行公司主要责任人经济责任离任审计制度。[②]

　　然而，从下面对S乡几个社区的访谈调研情况来看，新型集体经济组织股份化改革由于受到农民参与意识不强、政策约束较大、运作机制不顺畅等因素影响，目前各股份有限公司的运行都不太理性，甚至收不抵支，需要进一步激活机制，提升股份公司的市场竞争力。

　　　　在基层治理结构上，虽然社区居委会与资产管理公司已经分设，并且各自承担着不同的职能，然而，目前经济组织中的主要领导暂时都是由社区干部兼任的。为什么如此呢？我认为其中很大的原因在于我们是一个涉农社区，它与城市社区不一样，我们的居民参与意识不强，每次开会都得发钱，每人几十块钱，不然就没有多少"股民"愿意来开会。这是一笔很大的开支，我们社区居委会目前只能向公司借款。这种现状不利于公司按照股份化公司来运作，所以我们今

----

① 吴建瓴、蒋青：《成都市锦江区农村产权制度改革试点分析》，第169页。
② 锦江区城乡一体化局部门职能介绍《农村集体资产管理》，2005年12月18日，http://www.cdjinjiang.gov.cn/dept/detail.asp?DeptClassID=0322&ClassID=03220101&ID=31275。

年已经提出要慢慢转变职能，将公司与居委会彻底分开，不仅在人事上，更要体现在财务分开上。（S乡H社区M书记访谈，2010年8月5日）

我们社区在成立成都市S乡F社区生态旅游管理有限责任公司后，虽然按照《公司法》管理，但由于公司带有公家性质，所以政策比较特殊，在现在的成长过程中，股份不能转让，我们希望将公司政策优势转换成市场优势。但目前公司对项目选择要求比较高，相对保守，所以市场优势还不突出。（S乡F社区C书记访谈，2010年3月5日）

我们成立了资产管理公司来管理经营集体经济，目前资产管理公司与社区两块牌子一套人马，公司总经理多由社区书记兼任，这两块牌子坚持财务分开，人事不分开，每年还要请外面的单位审计公司账目。每个村民都是公司的股东，选举产生了股东代表大会、监事会等组织。在日常运作方面，农村法治观念比较淡薄，村民比较散漫，所以股东一般都不愿意参与公司的日常运作。每年的股东大会，我们还要求他们来开会，采取每人发50元钱的形式，如果不发钱的话，股东大会基本上都没有人来开。而开会的时候，他们多数没有什么意见，所以公司的日常运作等事务多是代表在运作。（S乡政府工作人员H访谈，2010年3月8日）

三　社会权利从分离到并轨

马歇尔认为，"社会权利指的是从某种程度的经济福利与安全到充分享有社会遗产并依据社会通行标准享受文明生活的权利等一系列权利，与此最紧密相连的机构是教育体制和社会公共服务体系。"[1]国家对于社会权利实现的影响非常巨大。一方面，"社会权利内容的界定以及权利的实现途径是由具体的社会历史文化制度条件决定的，每个国家都应该选择适合本国国情的社会权利实现制度"[2]；另一方面，"公民的社会权利必须通过社会性公共

---

① [英]马歇尔：《公民身份与社会阶级》，载郭忠华、刘训练编《公民身份与社会阶级》，第8页。

② 杨雪冬：《走向社会权利导向的社会管理体制》，《华中师范大学学报》（人文社会科学版）2010年第1期。

产品的供给才能得到确认和保障"，因而公共部门需要为所有的共同体成员提供具有均等性、分享普遍性以及不可选择性的社会性公共产品。①

近年来，伴随着经济增长方式的转变，社会建设和社会管理体制改革被提上议事日程，执政党和政府开始重点推进与民生相关的公共服务改革。在传统城乡二元体制下，农民与市民两个群体享有的公民服务水平差距悬殊。在新中国成立后相当长的时期内，农民的社会福利主要通过"一亩三分地"与"养儿防老"等传统方式实现，农村的水利灌溉、道路硬化及义务教育等基础设施建设与公共产品供给也基本上依靠农民集资解决。各级政府对于农民更多的是汲取资源，在农村的社会性公共产品供给上严重缺位。相反，城市居民则享有由政府公共财政保障的便利的基础设施、社会福利等公共服务。不仅如此，偏向城市的经济发展政策也使得农民与市民间的社会福利差距越拉越大。从公民身份理论视角来看，农民的公民待遇亟待回归，政府在公共服务均等化方面的责任也亟待加强。

成都改革者推动的城乡一体化改革，就是站在超越城乡二元体制的高度，通过强化政府公共服务能力，试图为城乡社会提供统一的、基本的社会性公共产品与服务，使每个居民都能享有平等的社会福利。为此，成都市在城乡就业、社会保障、卫生医疗、教育、社会救助及住房等事关民生的各个领域均推出了切实的措施，努力实现公共服务均等化，推动农民的社会权利发展，使城乡居民的社会权利从分离走向并轨。

本书将以城乡就业、城乡社会保障两个领域的政策为例，探讨成都市城乡公共产品供给从分离到并轨的过程，解读其在实现公共服务均等化，保障城乡居民平等社会权利方面所作的努力。

（一）建设城乡一体化的公共就业体系

为建设城乡一体化的公共就业体系，成都改革者在强调政府理念转变的同时，积极推动就业政策完成从机制对接到平等对待的进程。2004 年，成都为推进城乡一体化改革，出台了《关于加强成都市农村劳动力培训和就业工作的意见》，提出要从增加就业岗位、扩大向国内外的输出渠道、落实就业扶持政策、强化就业服务和帮助就业困难群体等五个方面促进农村

---

① 王春福：《社会权利与社会性公共产品的均等供给》，《中共中央党校学报》2010 年第 1 期。

劳动力的培训工作和城乡就业一体化。原来城市市民才能享有的就业服务、就业促进与帮扶政策开始向农民群体扩展。在具体实施过程中，就业培训一体化工作与新型社区建设结合在一起，农民集中居住区的就业培训一体化工作就成为政府促进城乡充分就业工作的重要内容之一。为此，锦江区政府强调建立城乡就业培训的对接机制，要求用城乡统筹的系统理念，通过中介服务的对接、就业援助的对接、职业培训的对接、城乡岗位的对接四大机制，将农民集中居住区失地农民的就业工作作为区内充分就业工作的重要组成部分整体推进。①伴随着《就业促进法》的实施，2007 年锦江区出台了《统筹城乡充分就业工作的意见》，提出统筹安排城镇下岗失业人员再就业、城镇新增劳动力的就业、本地失地农民和农村劳动力的转移就业以及外地农民工的就业与服务，尤其是要统筹考虑农村富余劳动力的转移就业问题，逐步实现城乡一体化的就业规划。不仅如此，还明确提出在公共就业服务上实现城乡平等，将农村劳动力纳入就业管理服务范围，在政策制度中逐步消除城乡身份差别，实现政策普惠共享，服务管理制度全覆盖。②而 2010 年成都市出台的《关于全域成都统一城乡户籍实现居民自由迁徙的意见》则进一步明确了城乡统筹的政策走向，即要求到 2011 年底前，要建立城乡统一的就业失业登记管理制度和就业援助扶持制度，统一城乡失业保险待遇标准。

政府建设城乡一体的公共就业体系取得了显著的成绩。从 2003 年至 2006 年，政府通过管理、宣传、信息、培训四级网络，大力开展农民就业技能培训，多渠道促进失地、准失地农民就业。2006 年，锦江区农村劳动力转移就业 12548 人，已征地失地农民就业率达 94.63%。③2007 年，锦江区一体化局为推进城乡充分就业，开展了多项工作：一是对农村失业人员开展烹饪技能培训，共培训 83 人；二是鼓励农村家庭自主创业，组织到兄弟城区参观学习，共有 30 户农村家庭报名参加；三是与对口涉农街道办的龙头企业维生花卉公司、蔬菜基地和五朵金花区域内的知名餐饮、酒店联系，

---

① 成都市锦江区人民政府：《关于进一步做好失地农民集中居住区就业工作的意见》（锦府办 [2006]13 号），2006 年 7 月 13 日。

② 成都市锦江区人民政府：《锦江区统筹推进城乡充分就业工作的意见》，2007 年 11 月 6 日。

③ 中共成都市锦江区委、区人民政府：《锦江区推进城乡一体化工作情况介绍》，2009 年。

解决困难农村失业人员 21 人的再就业问题。①

从作者对 S 乡的访谈调查来看，城乡一体的公共就业体系确实对失地农民帮助很大。目前在 S 乡经营小卖部的 Z 大哥以及在 S 乡农家乐工作的 P 阿姨，他们都是准失地农民，现在正等着搬进农民新型社区生活，他们的共同经历是参加过政府组织的烹饪培训。虽然 Z 大哥后来在政府的帮助下没有选择去餐饮业工作，而是独立经营小卖部，但在谈到他所接受的培训时，还是显得相当自豪，并将自己获得的结业证书拿给笔者看。Z 大哥确实对现在的小卖部经营感到满意，在数次交流中，他都认为跟着共产党走没有错，生活只会越来越好。P 阿姨和 Z 大哥在访谈中表达了较为一致的看法，即认为政府是在切实帮助失地农民解决就业问题，只要自己不懒惰，不挑三挑四，是完全可以找到工作的。从他们的描述中可知，S 乡的失地农民基本上都解决了就业问题，部分是自己开人力三轮摩托车载客，借助景区的优势挣生活，部分是在当地的花卉企业打工，像工人一样拿工资，部分则在农家乐里面工作，像 P 阿姨一样。

（二）城乡社会保障渐进并轨

从 2003 年开始，成都改革者就坚持按照"制度框架城乡统筹、待遇标准城乡衔接、机构设置城乡统一、经办操作城乡一致"的工作思路，着手建立健全覆盖城乡居民的社会保险制度。这项改革工作主要分为两个阶段来完成：第一阶段是健全针对各类人群的城乡社会保险制度，包括农民、农民工、学生儿童与老年人等等。2003 年 1 月，市政府出台《成都市非城镇户籍从业人员社会保险办法》，开展针对农民工群体的综合社会保险；2004 年 3 月，《成都市征地农转非人员社会保险办法》与《成都市已征地农转非人员社会保险办法》实施，对 2004 年以后新征地农民实施"鼓励就业、土地换保障、纳入城镇社会保险"政策，将一次性货币化安置改变为纳入城镇基本养老、医疗保险的强制性制度安排，对 2004 年以前的已征地农民实施"退费进社保、政府给补贴、纳入城镇养老医疗保险"政策，追溯解决其社会保险问题；2004 年 4 月，成都在全市农村普遍推行新农村合作医疗

① 《锦江区城乡一体化局大力推进城乡充分就业工作》，http://www.cdjinjiang.gov.cn/dept/detail.asp?DeptClassID=0322&ClassID=032204&ID=37072。

制度，实现"小病不出村、常见病不出乡、疑难病不出县"的农民合作医疗服务全覆盖；2007年1月，成都市出台《成都市农民养老保险试行办法》，开始探索社会统筹与个人账户相结合的农民养老保险制度；同年，《成都市城镇居民基本医疗保险试行办法》实施，其目的是完善本市城镇户籍的非从业人员，未参加城镇职工基本医疗保险人员，全市中小学生、婴幼儿的医疗保障，并全面启动市属高校大学生基本医疗保险；2008年1月，市政府出台《成都市城镇个体劳动者基本养老保险和基本医疗保险补充规定》，解决2004年12月31日前男不满60周岁、女不满50周岁的原城镇集体企业职工、返城下乡知青和知识分子农转非配偶在老有所养和病有所医方面的问题；2008年9月，《关于妥善解决我市城镇老年居民养老保障有关问题的通知》实施，解决了那些长期在城镇居住、超过劳动年龄、未纳入社会养老保险制度安排的城镇老年居民的养老保障问题。①

　　第二阶段则是推动各种社会保险制度渐进并轨。2008年11月成都出台了《成都市城乡居民基本医疗保险暂行办法》，将原参加城镇居民基本医疗保险、市属大专院校在校大学生基本医疗保险和新型农村合作医疗的三类人员，一并纳入城乡居民基本医疗保险范围，保证了城乡居民基本医疗保险待遇一致，实现了全市城乡居民基本医疗保险政策的全覆盖和统一；②2010年4月1日实施的《成都市城乡居民养老保险试行办法》将新型农村社会养老保险和城镇老年居民养老保障制度整合，在政策文本上实现了城乡居民养老保险制度一体化，并与城镇职工基本养老保险衔接；同日实施的《成都市城乡医疗保险门诊统筹暂行办法》与《成都市大病医疗互助补充保险办法》将城乡基本医疗保险参保人员整体纳入覆盖范围，从而形成了普惠全市范围的医疗制度。由此，在消除各类保险制度"碎片化"的基础上，围绕着全民"老有所养、病有所医"的目标，成都市基本养老、医疗保险体系分别实现了由城镇职工基本养老和城乡居民基本养老、城镇职工基本医疗和城乡居民基本医疗两大支柱构成、缴费和待遇标准多层次、保险关

---

① 成都市劳动和社会保障局：《构建城乡统筹的劳动就业社会保障体系——成都市统筹城乡就业社保工作情况》，载《成都统筹城乡发展年度报告（2007－2008）》，第314页。

② 叶建平：《成都：统一医保标准，城乡居民待遇一致》，2008年11月20日，http://news. xinhuanet.com/fortune/2008-11/20/content_10388926.htm。

系市域内无障碍转接的城乡一体社保格局。[1]

S乡与成都其他地方相比，由于离城市中心较近、土地流转规模巨大，因而政府非常重视借助成都的各项保险政策，鼓励农民购买相关保险。政府不仅提供免息贷款来培养农民购买社会保险的意识，充分利用耕保基金的政策优势来减轻农民购买社保的负担，而且采取封闭运作的方式提高了统筹标准。

> 我们社区居民在社会保障上和其他市民有些差异，因为成都市在推进城乡社保并轨的同时，我们社区所在的锦江区与其他二圈层、三圈层地方不同，我们的社保标准已经远远高于成都市城乡社保标准，2003年时农民缴费16800元左右，每个月可以领到300多块，2009年农民需要缴费33000元左右，到了退休年龄每月可以领到630多块。如果按照成都市城乡统筹10000多元的标准，我们这里根本就执行不了，因为那个标准比较低，也比较适合远郊农村的实际情况，所以锦江区在块上面是封闭式运行，但是城乡平等的理念是一致的。从这种情况来看，农村并不能完全城市化，必须要兼顾农村的特色。（S乡H社区M书记访谈，2010年8月5日）

> 我们鼓励农民购买相关的社保，2004年开始的时候，我们还提供免息贷款帮助农民购买社保，其实这个社保很划算，农民是很会算账的，所以后来农民就逐步自己购买社保了。（S乡F社区C书记访谈，2010年3月5日）

> 2007年，我们村大部分土地的承包经营权都已经流转出去，我们按照成都的惠农政策发放耕保基金。耕保基金发放给那些具有土地承包经营权、获得农村土地承包经营权证并与区县政府签订了耕地保护合同的农户，这些基金优先用于承担耕地保护责任的农民参加社会养老保险，缴纳养老保险费。（S乡X社区工作人员L姐访谈，2010年3月7日）

---

[1]　成都市劳动和社会保障局：《成都市2009年统筹城乡就业和社会保障工作情况》，载《成都统筹城乡发展年度报告（2009）》，第241—246页。

四　传统社会资源的现代化

传统与现代的界分曾经是研究国家现代化转型的重要范式，不过近年来学术界对其强调对立性忽视延续性的缺陷有了更为深刻的认识。法学研究者试图去寻找中国法治与本土资源的连接，政治学者也曾思考儒家传统文化与现代自由观念的关系，这些学者的努力不仅仅是在维护中国法学或政治学学术传统，还看到了中国国家现代化转型的复杂性以及传统之于现代的延续性。中国农村的历史发展可以作为一面借镜，从中可以很好地理解传统资源、地方性知识及非正式规则的顽强生命力及其解决现实问题的效力。这些传统资源的作用往往具有双重性，一方面，它们能够成为国家治理规则的重要补充，二者的良性互动是社会有效整合、秩序和谐的重要基石；①另一方面，二者的冲突甚至相互抵触也时常存在，这个时候往往需要国家选择恰当的方式将传统资源整合进正式的治理规则之中。②

就是站在这样的起点上，成都改革者在推进城乡一体化改革的进程中，十分珍视民间智慧和传统资源，并不失时机地将其制度化。他们通过推动传统社会资源的现代化改革，如成立乡村议事会以完善农村基层治理机制、指导各新型集体经济组织拟定"村规民约"以保障成员权益等，不仅使成都土地产权改革、新型集体经济股份制改革等能够顺利完成，而且提升了村民自治的制度绩效，进一步推动了个体成员之间社会关系的契约化。

一方面，尊重民间智慧，顺势成立议事会，改善基层治理。议事会是成都在开展土地确权工作时的民间创造。在确权之初，老百姓不理解为啥要确权，听不进去村干部对于确权意义的宣传，对于村干部的工作既不信任也不配合，此外，有些地界冲突存在的时间甚至比村干部的年龄还要长，确权也要花费巨大的人力物力。在这种情况之下，成都市原来坚持自上而下推动产权改革的想法遭遇了极大的现实阻力，甚至面临被迫搁浅的命运。③为消除困境、解决诸多历史遗留难题，老百姓自己摸索选出一些德高望重

---

① 赵佳伟、杨建华：《村规民约与社会整合》，《中国党政干部论坛》2005 年第 9 期。

② 卞利：《明清徽州村规民约与国家法之间的冲突和整合》，《华中师范大学学报》（人文社会科学版）2006 年第 1 期。

③ 韩永：《议事会：逼出来的民主试验》，《中国新闻周刊》2009 年 3 月 9 日。

的"长老"级社员组成长老会或议事会参与产权改革，才逐步打消了村民的疑虑。村民普遍认为议事会的决议比村两委更具有公信力，愿意支持和信任土地产权改革。

成都市委组织部曾对议事会作了如下介绍：

> 其实村民议事会是在成都产权制度改革中应运而生的，是群众智慧的结晶，组织部只是从制度上予以规范推进。
>
> 早在2008年6月，邛崃市油榨乡马岩村在产权制度改革中，面临诸多历史遗留难题，这些难题不处理，改革只能搁浅。于是，他们自己摸索选出一些能代表村民说话、办事公道、在群众中有一定威望的村民，组成新村发展议事会，商议出产权制度改革的具体实施方案提交村民代表大会决策，由于决策前通过新村发展议事会成员广泛征集了群众的意见，作出的决定都符合广大群众的意志，实施产权制度改革的过程出奇的顺利。[1]

作为群众智慧结晶和传统资源的议事会，很快得到了改革决策者的尊重和接纳。2008年成都市连续出台了三个文件：《关于进一步加强农村基层基础工作的意见》《关于构建新型村级治理机制的指导意见》以及《关于深化城乡统筹进一步提高村级公共服务和社会管理水平的意见（试行）》，它们均以村民议事会为切入点，对村级组织的职能定位作了新的阐述和规定，构建了以党组织、议事会、村委会、集体经济组织和其他村级组织为主体的新型村级治理机制。通过坚持党组织的领导核心地位，坚持政经分离，坚持决策权、执行权与监督权的分离制约，新型村级治理机制改善了村民自治的制度绩效。[2]通过还权赋能、民权民定、让民做主，借助城乡一体化改革的平台，村民的权利意识、参与意识得到很大提高。

另一方面，介入村规民约，维护改革成果，保障成员权益。成都作为

---

① 王剑平：《聚焦成都：构建新型村级治理机制的探索与实践》，2009年8月3日，http://unn.people.com.cn/GB/9776583.html。

② 成都基层治理机制研究课题组：《成都市完善农村基层治理机制的探索和思考》，载蔡昉、程显煜编《城乡一体化：成都统筹城乡综合配套改革研究》，第113—122页。

统筹城乡综合配套改革试验区，改革累积了丰富的成果和经验。在改革的攻坚阶段，改革者曾希望通过立法的形式来保障"全域成都"规划及其他重要目标的实现，维护改革成果，同时增强老百姓对于持续改革的信心和信任。① 然而，立法的周期相对较长，法律在村庄治权方面往往也需要村规民约的主动"邀请"才能更好地进入乡村，发挥整合国家与社会规范的作用。村规民约所体现的村庄治权，如张静所言："文字或非文字性的乡规民约都比法律条文更多地介入民间日常生活，它以协调乡间公共秩序为己任，并坚持处事中集体利益优先的原则，这种原则似乎并没有引起普遍的非议，也没有引起县以上地区才设有的正式法律体系的不承认。"② 所以，村规民约作为一种乡村治理的传统资源，政府选择主动介入，指导各新型集体经济组织拟定村规民约，不仅希望借其固化改革的成果，而且试图用之解决改革过程中出现的各种侵权行为，保障集体经济组织成员的权益。

以土地流转工作为例，政府在改革中碰到了许多难题和侵权行为，需要进行及时解决和规范。

> 土地流转工作中政府要解决许多问题，其中问题很多让人啼笑皆非。一是物价波动，村民在拿钱时提出不合理要求。二是发放住房补贴时，假结婚、假离婚的事情比较多。2007 年签协议前，登记结婚的就比较多，甚至出现了媳妇与公公结婚的事情。三是村民的观念问题，土地流转之后村民不知道做什么事情，有些人成天打牌，很快就把补偿费用输光了，这时他就来找政府闹。（S 乡政府工作人员 H 访谈，2010 年 3 月 8 日）

因而，为解决锦江区土地流转、房屋拆迁工作中存在的利用非正常婚姻谋取不当利益等诸多问题，锦江区统筹委下发了《关于印发〈新型集体经济组织成员资格认定及其权益义务的有关规定〉的通知》，要求各涉农街道办事处要切实履行职责，组织并指导属地各新型集体经济组织以《新型

---

① 尹鸿伟：《统筹城乡是改变二元结构的有效途径——专访成都市委常委、常务副市长孙平》，《南风窗》2010 年第 6 期。

② 张静：《基层政权：乡村制度诸问题》，上海人民出版社 2007 年版，第 111 页。

集体经济组织成员资格认定及其权益义务的有关规定》为初稿蓝本，讨论通过相应的村规民约，严格控制在土地整理、房屋置换中发生各种侵权行为，维护成员的合法权益。[①] 从内容来看，新的村规民约主要包括三个方面的内容：一是集体经济组织成员确认，户籍成为对集体经济组织成员的权益资格进行界定的单位；二是土地、房屋确权，具体规定了承包地、集体建设用地的确权安排及纠纷调解机制；三是收益分配，主要规定成立股份经济合作社，按股份数量分享收益。[②]

政府指导制定的村规民约，将改革的内容及成果通过通行于村庄内部的契约性规范予以文本化，创造出一种融乡土性与现代性于一体的重要整合机制，不仅能够弥补国家法律的不足，而且在城乡一体化改革带来重大利益调整的历史节点上能发挥重要的整合调解功能。事实上，这样一种将传统治理资源现代化的政府政策，不仅将农民的社会关系从传统带到了现代，而且通过公开、公认的村规民约，保障了村级治理的透明度，增强了人们对于改革和制度的信心，进而创造出一种制度性社会资本来强化村庄社区成员的普遍信任，改善村级治理绩效。[③]

第三节　消解村民身份与公民身份间的紧张

城乡一体化改革使农民利益得以重新认识与广泛调整，既涉及发放耕地保护基金，又涉及土地流转和集体资产收益分配。利益与身份、权利之间存在着密不可分的联系，围绕着利益分配，农民的身份归属与权利资格

① 锦江区城乡一体化局工作简报：《区统筹委指导各新型集体经济组织拟定"村规民约"保障成员权益》，2009 年 1 月 12 日，http://www.cdjinjiang.gov.cn/dept/detail.asp?DeptClassID=0322&ClassID=032204&ID=48740。

② 都江堰市柳街镇鹤鸣村：《成都都江堰市柳街镇鹤鸣村第七组"村规民约"》，2008 年 4 月 21 日。

③ 钱海梅：《村规民约与制度性社会资本——以一个城郊村村级治理的个案研究为例》，《中国农村观察》2009 年第 2 期。

问题便在改革实践中凸显出来，其中最重要的就是出嫁女与轮换工的身份资格问题。在成都，出嫁女与轮换工问题呈现出村民身份与公民身份之间的紧张关系，认真对待他们的权益诉求事关城乡一体化改革的成败。农民身份转变与农民的公民权利发展意味着国家治理规则打破传统共同体的封闭性，实现"在场"的国家与地方的有效互动，因而，消解村民身份与公民身份间的紧张关系，是改革者推进农民身份转变过程中面临的重要难题。

外嫁女问题的焦点在于如何认定她们的身份资格，进而影响其利益分配。根据张静、王雯等的研究，中国农村存在着一种相互竞合的二元身份定义结构："一方面，存在着可以自由决定婚后户口所在地的公民权确认；另一方面，又存在着外嫁后消除本村户口的成员权确认，前者没有实际的经济利益捆绑，而后者有，并且在持续多年的传统之下得到村民认可。"[1] 受到农村父权制和从夫居的传统影响，此种身份定义的双重结构在界定外嫁女身份资格时就表现出相互矛盾及竞争的一面。村民身份的地方治理规则往往利用村规民约、村民民主决策的方式剥夺、取消出嫁女的村民待遇。面对农村中强势的村委会及多数村民，处于权利弱势的外嫁女只能诉求公民身份的国家治理规则，试图通过国家力量的介入保护自身的合法权益。事实上，新修订的《村民委员会组织法》明确规定：村民自治章程、村规民约以及村民会议或者村民代表会议的决定不得与宪法、法律、法规和国家的政策相抵触，不得有侵犯村民的人身权利、民主权利和合法财产权利的内容。剥夺外嫁女的村民待遇不仅与《中华人民共和国妇女权益保障法》《中央办公厅、国务院关于切实维护农村妇女土地承包权益的通知》相抵触，而且在财产权层面上村规民约关于外嫁女不能参加利益分配的规定也违背了集体所有权的制度。[2] 所以，从公民身份所倡导的平等理念出发，要实现农民向市民的身份转变，导向新的社会整合秩序，国家就需要削弱农民身份认定的"二元定义结构"对于身份转变进程的影响，加强对村规民约的指导和合法性审查，并积极支持外嫁女通过司法途径讨回村民权利。

---

① 张静：《基层政权：乡村制度诸问题》，第 300 页。
② 陈端洪：《排他性与他者化：中国农村"外嫁女"案件的财产权分析》，《北大法律评论》2003 年第 5 卷第 2 辑。

　　建设新型城乡关系伴随着农民利益的重大调整，成都城乡一体化改革同样无法回避外嫁女问题。"在2004年至2006年期间，成都高新区法院就受理了外嫁女、新生儿、空挂户等各种类型的村民起诉村民小组分配土地补偿费纠纷案共80余件"，"此类案件的审理难点在于，一方面，村民小组代表的是绝大多数村民，并且是以村规民约作为不分配土地补偿费给原告的理由，因此这涉及村民自治和农村基层组织权力问题。但另一方面，农村土地补偿费关涉村民的基本生存利益，因此，需要在二者的矛盾中寻找利益平衡点。"① 经过审理，法院认为村规民约限制了妇女落户选择权，与我国户籍政策及国家法律法规相抵触，因此村规民约无效，村民小组需要分配外嫁女土地补偿费用。这一司法判决充分显示出成都官方努力消除村民身份与公民身份紧张关系的态度和决心，为当地村民小组执行农村集体组织资产分配政策提供了法律指导意见，对于化解农村矛盾、深入推进城乡关系变革具有重大意义。

　　面对村规民约关于外嫁女不能参加利益分配的规定，要坚定推进农村城市化进程，政府就不能在以民主的名义通过的村规民约面前显得力不从心，要切实承担起维护公民平等权利的公共责任。以经济发达的东莞市为例，由于近年来东莞推行经济社会双转型，社会分配关系与利益格局发生变化，外嫁女权益问题便成为诸多社会矛盾的焦点。为此，政府以农村股份合作制改革为契机，以落实出嫁女股份分红权为重点，结合"十百千万"干部下基层驻农村活动，明确驻村干部贯彻国家政策的责任，在工作指导中严禁村组撇开法规，对出嫁女配股问题进行"自治"表决，以多数人通过表决来剥夺少数人的合法权益，在2002年至2006年的农村股份合作制改革中，出嫁女依法获得配股的比例达到99%。② 反过来，通过农村股份合作制改革，全面固化股权，实行"生不增、死不减、进不增、出不减"的股权制度，今后新迁入和新出生的人口须通过继承或购买才能获得股权，切断了集体经济受益权与户籍的联系，从根本上消除了长期困扰农村集体的

---

　　① 成都高新技术产业开发区人民法院：《在稳定大局中坚守正义》，2009年8月10日，http://www.courtwind.org/html/29/177/4351.html。
　　② 中共东莞市委、东莞市人民政府：《以农村股份合作制改革为契机，依法保障农村出嫁女合法权益》，广东省农村出嫁女权益保障工作会议材料之一，2007年3月。

利益纷争根源，妥善解决了出嫁女、招郎女及新老村民福利分配等问题。[①]

轮换工问题与外嫁女问题虽然反映出相同的本质，但是二者的差别仍旧非常明显。外嫁女问题主要根源于传统父权制文化影响，而轮换工则是一个历史遗留问题，反映的是 20 世纪八九十年代的城乡分割与用工制度沉疴。轮换工是特定时期的政策产物，1988 年四川省实行轮换工政策，1992 年四川省人民政府批转的省劳动厅《关于调整统一家居农村老工人换工政策意见》规定：家居农村的老工人可自愿申请提前换工回乡，经批准后由其在家庭成员中择优换一名符合招工条件的子女进厂当工人。回乡老工人继续领取原厂发给的生活费和相关补贴，耕种换工子女的那份责任田和自留地，可以计算工龄，但不参加企业调资升级，国家不再供应其口粮、食油。同时，换工子女的户口转为城镇非农业户口，原责任地和自留地予以保留。轮换回乡的老工人达到国家规定的退休年龄时，由原企业办理退休手续，并从办理退休手续之月起，改按退休待遇发给退休费。[②]1998 年农村土地二轮延包以来，大多数的轮换工已经从原企业办理退休，领取退休费，所以四川省内多数村民小组都未将这些已经退休的老工人视为集体经济组织成员，让其分享土地权益。然而，轮换工认为，他们的户籍已经转为当地的农业户口，自回乡以来也承担了相应的村民义务，所以他们应该继续享有农村土地承包经营权等相关权益。2008 年成都推行土地产权改革，发放耕地保护基金，分配土地流转收益，更加刺激了部分轮换工的确权诉求，成为他们不断上访的导因。[③]

轮换工是否确权是问题争议的焦点，界定其身份资格在利益面前变得异常重要。村组和当地村民认为轮换工有别于一般农民，是已享有国家福利的退休职工，按照权利与义务对等原则和公平公正原则，不应确权。[④]而

---

① 东莞市农村股份合作制改革工作领导小组办公室：《关于全市农村股份合作制改革工作情况的报告》，2006 年 11 月 21 日。

② 成都市农委调研组：《关于农村土地承包经营权确权工作中"轮换工"问题的思考》，《农村工作研究》2010 年第 10 期。

③ 新津县部分换工老工人：《轮换工的前世今生》，2010 年 8 月 30 日，http://www.tianya.cn/publicforum/content/free/1/1973231.shtml。

④ 成都市农委调研组：《关于农村土地承包经营权确权工作中"轮换工"问题的思考》，《农村工作研究》2010 年第 10 期。

轮换工则认为他们满足以户籍与义务结合模式确认村民资格的标准，并且他们领取的退休待遇也与正式退休人员存在较大差距，未能享受到正式退休人员之前享有的住房补贴、能源补贴等福利，因而应当确权。[1] 从政府对上访的处理意见来看，政府认为轮换回乡老工人虽然户口回到了原籍农村，转为农业户口，但其为轮换工的身份不变，因其已享有职工养老保险，就不能再享受农村土地承包和集体收益分配。[2] 为此，成都市政府在宣传政策的同时，鼓励各村组根据实际情况，遵循依据法律、尊重历史、民主沟通、公平合理的原则，通过民主决策机制解决轮换工的确权问题。大多数村组均通过村民自治形成决议，对轮换工不再确权，但也有小部分村组经民主讨论对轮换工进行了确权。

无论是外嫁女事件，还是轮换工问题，政府的处理态度显示出国家治理规则的主导性地位，既打破了地方规则滥用民主的局限性，又维护了权益平等与利益平衡，通过消解公民身份与村民身份间紧张关系，彻底清除了农民身份转变道路上的两大障碍。

第四节 跨越农民与市民间的身份边界

成都改革实践表明，通过增量改革导向的城乡整合型身份转变，农民与市民间的社会身份边界被有效打破，农民的公民身份权利得到进一步发展。农村居民与城市居民在成都全域内可以自由迁徙，获得同等程度的政治权利和财产性权利，享有平等的基本公共服务和社会福利。

深入到该社会实践过程内部，我们可以从两个方面总结出农民权利发展的内在机制。一方面，国家行为、身份边界与农民权利发展息息相关。

---

[1] 《换工老工人不该享有职工住房补贴等福利吗？》，《西部法制报》2005 年 12 月 29 日。

[2] 网络信访回信内容：《国家政策是否有要求轮换退休人员退田》，http://www.xindu.gov.cn/quzhangxinxiang/detail.jsp?id=7342。

如图3—5所示，在自上而下的国家行为推动下，通过建构城乡一体的民主治理模式、推进社会权利从分离到并轨、土地确权与流转改革、新型集体经济组织股份化改革、以民间智慧成立议事会以及介入村规民约维护公民权六大方面的努力改革，农民身份发生了分化与重构，作为社会身份的"农民"变成了"居民"、"股民"和作为职业身份的"农业劳动者"。经由城乡整合改革，最终农民和市民在与国家、市场及社会的联系中将面临相同的行为规则，身份边界被打破。在此基础上，政府还通过解决出嫁女及轮换工问题，积极消解公民身份与村民身份之间的紧张关系，进一步强化和推动了上述农民身份转变进程。

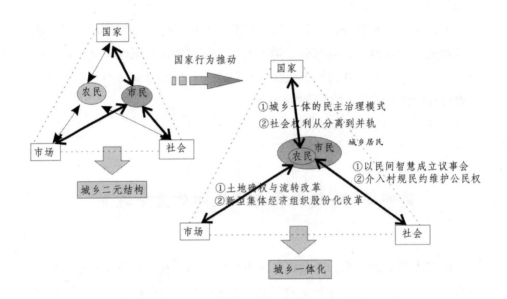

图3-5 跨越农民与市民间的身份边界图

另一方面，农民身份转变坚持增量改革导向原则。为建设新型的城乡关系，减小城乡一体化改革的阻力，政府非常注重将此原则融入各项改革措施之中，如政府在财政支出与财政增量分配上主动向农民和农村倾斜，通过公共财政改革主动承担起公共服务均等化的责任；户籍制度改革与农民身份证明工作并行，使农民进城不以牺牲承包地、宅基地等财产权为代价，充分保障农民的基本权益；实行耕地保护基金政策，政府出钱激励农民承担本无力也无责承担的耕地保护任务；推进制度变革，初步实现集体建设用地与国有土地同地同权等等。通过这些举措，以 S 乡为代表，成都市已经逐步建立起涉农社区居民可持续增收机制，从农用地租金收入、房屋出租固定收入、耕地保护基金、集体经济收益分配收入、产业转移工资性收入五个方面，实现涉农社区居民收入的多元化。

第四章　农民抗争塑造公民行动：
以广安市G镇为例

本章选取广安市 G 镇为典型案例，尝试分析"权益平等导向的农民抗争型"身份转变的发生和发展过程。在 G 镇案例中，被征地农民抗争持续八年之久，虽然既有的各种农民维权理论能够对此案例进行一定程度的解读和阐释，但是其深度有限。它们忽略了现实中的扩权问题，不能清楚呈现话语与行动间的互动，以及行动过程对于行动主体意识的影响，也不能解释抗争农民的公民身份权利意识发展以及抗争农民的分化等事实。公民身份是分析被征地农民抗争的新的解释视角，能有效克服上述不足。

权益平等导向的农民抗争型身份转变的基本路径是农民抗争塑造公民行动。本章将围绕着抗争农民的"公民"行动，详细刻画抗争农民的公民身份权利意识在抗争理据、抗争诉求、抗争话语及抗争过程中的运用和发展，展现它们之间的复杂性和交错性。此外，G 镇案例表明，在农民抗争中生产出来的具有现代意义的行动主义公民（activist citizen），体现出抗争农民对旧有的公民身份制度安排的挑战、修正或创设，是农民公民身份权利意识觉醒和发展的重要表征，并且众多的公民抗争行动还能借由逆向驯服能力，促使政府尊重和保障农民的公民身份权利。

第一节　城市化进程中的被征地农民维权

　　城市化进程将农村卷入到经济发展的漩涡中心，围绕着农村如何发展的问题，国家的政策是坚持小城镇建设与社会主义新农村建设两手抓，寄希望这两大战略能够相互促进，推动广大中国农村的发展进步。近十年来，这些政策在极大改变中国农村面貌的同时，也给中国基层社会带来新的突出矛盾。因而，我们在评价国家政策的绩效时，很难摆脱那些来自社会现实的危机感。如果我们用邓小平的三个有利于标准来定位政府农村政策成就，会发现政策在推动发展生产力与增强综合国力的同时，失地农民的生活水平却没有同步提高；进而言之，如果我们按照阿玛蒂亚·森(Amartya Sen)以自由看待发展的观点评价当前农村的发展进步，那么国家在农村领域内所取得的发展成绩就会逐步褪色。阿玛蒂亚·森认为，"发展可以看作是扩展人们享有真实自由的一个过程。聚焦于人类自由的发展观与更狭隘的发展观形成了鲜明的对照"，"对进步的评判必须以人们拥有的自由是否得到增进为首选标准"，"发展的实现全面取决于人们的自由的主体地位"。[①]而在既有的制度框架和社会安排之下，城市化带来的土地征用进程产生了一大批失权、失利与失地的农民，在未能充分维护失地农民的经济机会、防护性保障等工具性自由的情况下，失地农民往往被看成了分配给他们的利益的被动的接受者，而不被看作是参与变化的能动的自由主体。总之，城市化进程中的失地农民问题凸显了蛋糕做大后的分配正义问题，而被征地农民的维权抗争则给当前社会秩序带来了新的压力和挑战。

　　于建嵘曾断言：自2002年后，土地纠纷已经上升为农民维权的最大焦点问题，是当前影响农村社会稳定和发展的首要问题。[②]因而，被征地农民

---

　　① [印]阿玛蒂亚·森：《以自由看待发展》，任赜、于真译，刘民权、刘柳校，中国人民大学出版社2002年版，导论第1—2页。

　　② 孔善广：《土地纠纷为何成为农民维权的焦点》，《党政干部文摘》2007年第4期。

维权成为当今学术界与实务界研究和关注的重大问题。对于实务界而言，他们需要学习和理解如何应对被征地农民日益增长的维权抗争，使其不会向群体性泄愤事件发展，维护社会的稳定和秩序；就理论界来说，被征地农民维权抗争为许多重要的理论问题提供研究素材，对于研究国家与社会关系、探索转型社会的政治经济规律提供了便利条件。围绕着被征地农民维权抗争，基于农民底层政治的自主性认知，学术界发展了多种解释框架。这些解释框架在彼此对话、推动研究深入发展的同时，也给我们从新的角度开展研究留下了广袤的空间。

詹姆斯·C.斯科特提出了日常抵抗的解释框架。斯科特使用"生存伦理"与"弱者的武器"两个概念来呈现农民的政治规范与政治行动。前者强调了农民生存规则的道德意涵，按照斯科特的论述，"贫困本身不是农民反叛的原因；只有当农民的生存道德和社会公正感受到侵犯时，他们才会奋起反抗，甚至铤而走险。而农民的社会公正感及其对剥削的认知和感受，植根于他们具体的生活境遇，同生存策略和生存权的维护密切相关"。[1]而后者指明了农民的抵抗策略，他认为，农民为了回避公开的集体反抗的风险，会更多采用"日常"形式进行斗争，即通过偷懒、装糊涂、开小差、假装顺从、偷盗、装傻卖呆、诽谤、纵火、怠工、暗中破坏等方式，与试图从他们身上榨取劳动、食物、税收、租金和利益的那些人之间开展平常地却持续不断地争斗，透过个体的自助抗争，利用心照不宣的理解和非正式的网络去蚕食那些不利于他们的治理策略。[2]对于日常抵抗的解释框架，于建嵘认为："由于斯科特是以东南亚国家农民为考察对象的，他的许多结论对于具有独特生存环境和文化传统的中国农村和农民来说，还是有所区别的。特别是，他所指出的日常反抗的武器，并不能解释当代中国农民进行的许多抗争事实。"[3]而李连江与欧博文对于日常抵抗的解释力则给予了更多的承认，他们指出当代中国农民的日常抵抗矛头所指主要是乡村干部，毁坏村

---

① ［美］詹姆斯·C.斯科特：《农民的道义经济学：东南亚的反叛与生存》，程立显、刘建等译，译林出版社2001年版，第322页。

② ［美］詹姆斯·C.斯科特：《弱者的武器》，郑广怀、张敏、何江穗译，译林出版社2007年版，前言第2—3页。

③ 于建嵘：《抗争性政治：中国政治社会学基本问题》，第56页。

干部财产、对干部进行精神打击、以打架斗殴的方式实施人身伤害是日常抵抗最主要的三种手法。然而，除了日常抵抗和传统的武力抵抗之外，基于农民与乡村干部抗争的新特点，李连江与欧博文于1996年撰文提出了依法抗争的解释框架。在依法抗争解释框架基础上，2004年于建嵘构建了"以法抗争"框架来解释1998年后农民维权抗争活动的新发展。面对着日常抵抗、依法抗争、以法抗争等解释框架之间的竞争，董海军主张发展一种更为综合的解释框架来消解已有解释之间的张力。他借用本土资源性概念"势"的含义，汲取各种解释的合理内涵，基于乡镇场域的现实案例提出了一种具有融合性的解释框架，即依势博弈。依势博弈视官民为平等的博弈主体，官不一定是强者，民则不一定是弱者，通过博弈主体之间的多元化利益博弈，各自借助知势、造势、借势及用势四个方面，博弈主体依势抗争，博弈对象依势摆平，调解者或裁决者则中庸调势，三者共同构成了基层社会维权行为的系统画面。①

这些有关农民维权的解释框架彼此之间保持着延展性的沟通对话。农民维权是隐性抗争还是显性抗争、农民维权的政治性是高还是低、农民维权是强弱力量间博弈还是平等主体间博弈，这三个关键选项间的区分不仅构成了不同解释框架的立论重点，还成为理论批判的中心。

首先，斯科特的日常抗争聚焦于农民的隐性抗争，弱者的武器凭借农民彼此之间心照不宣的理解和非正式的网络发挥作用，反映了社会弱者维权抗争的一种机制。就此而言，斯科特不仅未能触及农民的显性抗争，而且社会弱者并不必然在任何时候都处于弱势地位，有时甚至拥有优势。如果我们从农民自身的主体立场去分析他们的抗争力量与策略，那么传统的弱者认识就需要修正，因为弱者具有隐性力量，弱者可以通过将自身身份武器化来进行抗争，从而使得抗争居于日常抵抗与公开的直接对抗之间，既可显性地表达自身利益要求，又可以借弱势之壳保护自己，这就是农民维权抗争的另外一种机制：作为武器的弱者身份。②

其次，吴长青对依法抗争框架进行了批评性讨论，他认为，受依法抗

---

① 董海军：《依势博弈：基层社会维权行为的新解释框架》，《社会》2010年第5期。

② 董海军：《作为武器的弱者身份：农民维权抗争的底层政治》，《社会》2008年第4期。

争概念的影响，当前农民抗争研究过于强调抗争过程中的策略，忽略抗争中伦理的重要性。"策略模式把个案过分地理性化处理，便难以分析这种策略性不高明而伦理性极强的、具有'过度'性质的抗争"，社会运动研究的文化转向、情感研究的复归，为弥补依法抗争中的"策略取向"概念的局限性提供了相应学术资源。①

再次，针对于建嵘提出的以法抗争框架，应星从草根动员的角度认为至少就农民群体利益表达行动的自发趋向而言，以法抗争观点是难以成立的。在应星看来，草根行动者所进行的草根动员，基于合法性困境之下的安全考虑，"使农民群体利益表达机制在表达方式的选择上具有权宜性，在组织上具有双重性，在政治上则具有模糊性"；"草根动员既是一个动员参与的过程，同时也是一个进行理想控制并适时结束群体行动的过程，尽管在实际动员过程中表现出较强的组织化，但这种组织性与其说是政治性的，不如说是去政治性的"。②吴毅则从"权力—利益的结构之网"的视角展开讨论，认为关于农民维权"以法抗争"等理解模式存在简单政治化倾向，非政治化仍然是农民维权的基本特征。"农民利益表达之难以健康和体制化成长的原因，从场域而非结构的角度看，更直接导因于乡村社会中各种既存权力—利益的结构之网的阻隔，与合法性困境相比较，这一结构之网已经越来越成为影响和塑造具体场域中农民维权行为的更加常态和优先的因素。"③

最后，于建嵘也指出了依势博弈框架的不足之处。一方面，作为武器的弱者能够发挥作用是需要条件的，弱者所蕴含的社会力量和道德力量在法的面前可能被部分地消解掉，弱者必须依据法律才能在道德上获得同情和支持。法律的平等性使他并不必然成为保护弱者的武器，法律对违法的弱者的惩罚同样是严厉的；④另一方面，作为博弈策略，"依势博弈大多借助

① 吴长青：《从"策略"到"伦理"：对"依法抗争"的批评性讨论》，《社会》2010年第2期。

② 应星：《草根动员与农民群体利益的表达机制——四个个案的比较研究》，《社会学研究》2007年第2期。

③ 吴毅：《"权力—利益的结构之网"与农民群体性利益的表达困境——对一起石场纠纷案例的分析》，《社会学研究》2007年第5期。

④ 于建嵘：《利益博弈与抗争性政治——当代中国社会冲突的政治社会学理解》，《中国农业大学学报》（社会科学版）2009年第1期。

的是非正常的手段和社会外力的作用，而作为博弈主体的抗争者的面目却越来越模糊"，它更多地反映出制度在基层社会的非常态化运作。[①]

　　总体来看，上述这些充满延展性与对话性的研究成果，主要是从策略、伦理与网络等角度对农民抗争维权展开研究，其研究对象极其广泛，包括大河移民抗争、村组利益博弈、征地利益博弈、农民减负抗争等等。但是，这些研究并未清楚呈现城市化背景下农民身份转变过程中农民抗争与农民公民身份权利获取的关系。换言之，这些维权论忽视了话语与行动的互动，以及行动过程对于行动主体意识的影响，缺乏对维权之外的扩权问题的深入关注。事实上，此种类型的抗争不仅能够触发农民的权利意识，而且能够促使政府尊重农民享有的权利，在征地过程中将农民与市民平等看待。

第二节　G镇星河片区政府征地中的八年农民抗争

一　故事缘起：启动省级试点小城镇建设

　　成都市S乡与广安市G镇的案例面临着共同的背景，那就是城市化进程的推进，不同的是S乡处在城乡一体化发展阶段，而G镇则处在城市化发展初期。不同的城市化阶段与相异的社会制度安排之间的结合，使政府和农民在处理农民身份问题上采取了完全不同的策略。它们从不同的侧面丰富了农民的公民身份发展。

　　G镇星河片区政府征地与农民维权的八年拉锯战故事，缘起于四川省启动省级试点小城镇建设。1998年召开的十五届三中全会指出："发展小城镇，是带动农村经济和社会发展的一个大战略。"[②]1999年中央经济工作会议再次强调发展小城镇是一个大战略，并着手制定与落实西部大开发战略。2000年中共中央、国务院出台《关于促进小城镇建设健康发展的若干意见》，详

---

① 于建嵘：《抗争性政治：中国政治社会学基本问题》，第11—12页。
② 《中共中央关于农业和农村工作若干重大问题的决定》，1998年10月14日。

细阐明了小城镇建设的重大战略意义、发展小城镇的原则及相关的配套性政策，并鼓励相关部门可以选择一些基础较好、具有较大发展潜力的建制镇作为试点，使这些小城镇在规划布局、体制创新、城镇建设、可持续发展和精神文明建设等方面，为其他小城镇提供示范和经验。[①]

四川省作为实施西部大开发战略的一个重要行政区域，省委及省人民政府遵照中央的精神，力图抓住政策机遇，在全省掀起新一轮小城镇建设高潮，推动全省农村经济和社会各项事业不断取得新的进步，在 2000 年 3 月出台《关于扩大我省小城镇建设试点的实施意见》。同年 4 月发布的《关于扩大全省小城镇建设试点镇的通知》，提出要使四川省城市化水平到 2010 年达到 30%，在原有 301 个试点镇的基础上再扩大一批试点镇，到 2010 年使四川省小城镇试点镇达到 1000 个，新扩大的试点镇分两批启动，2000 年启动第一批。[②]本书两个案例涉及的 S 乡与 G 镇同时进入了四川省 2000 年启动的省级试点小城镇名单，而此次广安区进入该名单的只有 4 个镇，G 镇就是其中之一。

广安县如今已改为广安区，位于四川省南充地区东南部，渠江中游，距省会成都 419 公里。[③]老广安县的乡镇建设发展程度差异极大，按照口口相传的说法，"一代，二花，三观阁"，G 镇的地位已经进入前三甲之列。G 镇的历史也比较久远，它位于渠江以东，离县城 40 公里，离襄渝铁路 G 站 5 公里。清同治二年（1863），天主教就在此附近建教堂。光绪十年（1884）开办昌明书院。清末，有街道 1 条，古建筑宫庙 8 座。场期二、五、八，集市贸易以薪木、陶器、煤炭为多。[④]凭借这些历史资源，目前政府已经将 G 镇定位为广安川东北部商贸及农副产品集散中心城镇。作为省级小城镇试点镇，G 镇确立了诚信立镇、产业富镇、开发活镇、文明兴镇、和谐安镇，以城带乡、城乡并进的长效机制，走中心城镇、村庄呈级次协调发展的城

① 中共中央、国务院：《中共中央、国务院关于促进小城镇健康发展的若干意见》，中发 [2000]11 号，2000 年 6 月 13 日。

② 中共四川省委、四川省人民政府：《中共四川省委、四川省人民政府关于扩大全省小城镇建设试点镇的通知》，川委发 [2000]21 号。

③ 四川省广安县地名领导小组编印：《四川省广安县地名录》，四川省国营渠县印刷厂 1988 年版，第 1 页。

④ 四川省广安县志编纂委员会：《广安县志》，四川人民出版社 1994 年版，第 602 页。

镇化道路。[①]

二 开发哪条街是个政治问题，更是个利益问题

G镇被批准为省级试点小城镇之后，G镇党委、镇政府就努力着手开展场镇开发。故事就从这里正式拉开帷幕，以下几个方面的因素使故事充满了复杂性和冲突性。一是从2000年至2008年间，G镇党委、镇政府累计更换了四任领导班子，党政领导的频繁更迭拷问着政策的延续性，特别是与小城镇建设相关的城镇建设规划方案，致使相关的规划方案一直以来都没有一个完整的蓝本。镇政府最新的文件要求依照《城乡规划法》在2009年1月底前完成规划编制工作。[②]二是政府或村民小组的违规操作，导致后来"合法"的土地征收行为后面带有许多瑕疵。三是由于被征地村组坐落于G镇场镇周边，许多村民都是工商业从业者，因而具有极强的利益理性计算能力。

2000年以前，G镇党委将镇内的A街道打造成一条颇具商业价值的街道，并顺势引进房地产开发商进行地产开发，通过设置肉菜市场、硬化路面、安装路灯等多种公共实施，使A街聚集了较多的商业个体户，A街村民因此受益匪浅。但2000年始，上级对G镇党委进行了调整，新任党委书记L到G镇履新，其新的施政目标与上任党委书记的目标产生了比较剧烈的矛盾。两者的冲突不仅表现在权力、人脉的冲突上，还引发了一场有关乡镇开发方案的争端。上任党委书记对于L到G镇任党委书记的调任非常不满意，因而在权力过渡与交接时期表现出诸多的不配合，虽然由于L的调任具有政治合法性和权威性从而使其占据主动和优势地位，但是这仍然为后续矛盾的发生埋下了伏笔。L到G镇任党委书记之后，为扩大场镇开发，力图重新打造一条新的商业干道，便提出了开发B街道的规划方案，并声称使B街道成为G镇的商业"黄金地段"（如图4-1所示）。L的场镇开发举措很快就被全镇群众所知，并且准备付诸实施。然而，新方案的推行将带来两个改变：首先，开发B街道需要征收涉及G镇星河片区M村一组、

二组、八组三组的土地，被征地村民可分为三种：靠近B街道居住，靠近A街道居住，散居在场镇周边。靠近B街道的村民将获利最大，散居在场镇周边的次之，而靠近A街道的利益受损最大。其次，B街一旦建成，势必会对原来一家独大的A街的商业、房产开发项目带来巨大冲击。因此，曾在A街道进行商业投资的地方精英、原有的房地产开发商及居于A街的被征地村民产生了"共同的利益诉求"，即希望能够阻止B街道的开发与建设。正如受访者所言：

> 我（受访者）与他们都很熟，平时都是哥儿兄弟，这些年他们上访也不容易，花了不少钱。他们也经常跟我摆老实龙门阵，他们说，"B街道开通之后，直接连接好几个大队，这样的话，从A街道过路的人就会少很多。我们的房子、门面都在A街道，B街道建成之后，我们的房子就贬值了，门面的生意也会变淡。如果不是影响到A街道，就像现在正在开发的另外一条新场口街道，离我们很远，我们才不愿意理呢，政府想怎么搞就怎么搞吧"。（邻村前任村支书J访谈，2010年1月20日）

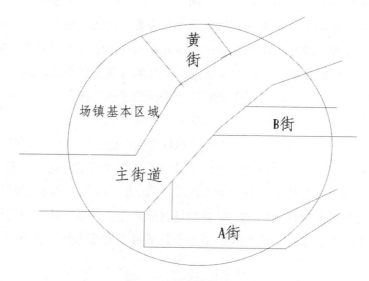

图4-1　G镇场镇基本区域

不过，在这些村民与当地镇区政府长达八年的博弈过程中，这些利益始终很难被光明正大地呈现出来。这种利益在抗争中的正当性问题不仅影响着外界群众对于抗争的态度，而且影响着事件的最终结局。

三 政府征收星河片区土地的历程

为了开发建设B街道，政府准备征收星河片区土地约15亩。围绕着土地征收问题，在共同利益诉求的驱使下，长达八年的抗争开始发端。这一事件呈现出逐步升级的发展态势，可分为以下三个阶段：

第一个阶段为2000年至2002年，是政府埋下隐患阶段。此间相关各方采取了房地产开发公司与M村一组、二组、八组直接签订征用土地协议书的形式买卖土地。这种做法严重违反了国家的法律法规和方针政策，埋下了隐患，其严重后果是造成小产权房的泛滥。小产权房是一些村集体组织或者开发商未经合法的征地程序，打着新农村建设等各种名义在集体土地上兴建并出售的房屋或是由农民自行组织建造的"商品房"。虽然目前小产权房在广大农村地区广泛存在，甚至因价格低廉而处于热销状态，但是它的政策风险和由于监管缺失带来的质量等风险却不容忽视。事实上，由于此种原因，到目前为止G镇A街仍然有许多房屋没能获得国家颁发的房屋产权证。从2001年9月6日签订的"征用土地协议书"来看，镇政府并没有出现在书面协议上，但镇政府是知道这个事情的。正如受访者L所言：

> 当时签约的时候，甲方代表是开发商，乙方代表则是村小组组长和村民代表，并且村支书和村委会主任等人都在协议上签了字，镇政府的人没有在上面签字，不过大家都知道镇政府主要是在背后操作这件事情。（受访者L，2010年1月15日）

这份不合法的征用土地协议书也许受到了政府的默许，带有典型的官方话语痕迹。协议书在意义部分载明道：

> 根据G镇场镇总体规划，为了振兴G镇的经济发展，解决G镇西

部发展进程，甲方拟在 G 镇横街口延伸段建一条宽 16 米街道修建商住房。①

就主要条款而言，协议书规定，甲方（开发商）需征用乙方（M 村一、二、八组）土地面积约 15 亩，甲方向乙方交纳土地费用按照每亩 5.5 万元计算，并且乙方出售土地税费用由甲方负责。从这些条款可知，如果地方镇政府不支持此种违法的土地买卖，那么出售土地的税费征缴就不可能实现，出售土地的行为也就得不到承认。

第二个阶段的持续时间是 2003 年至 2006 年，是农民抗争频发期。开发商在上个阶段中与村小组签订的协议并没有得到落实，一是因为政府将居于 B 街道那边的村民住房拆除之后，居于 A 街道的村民的反对声越来越大。他们认为村民代表不能代表他们行使对于土地的承包权利，所以主张不卖。二是由于开发商没有及时付清土地款，致使土地协议丧失效力。三是由于国土资源部在 2002 年 7 月出台了《关于切实维护被征地农民合法权益的通知》，深化了 1999 年出台的《关于加强征地管理工作的通知》以及 2001 年实行的《关于切实做好征地补偿安置工作的通知》的精神，提出要对土地未批先用、补偿低、费用不到位、安置不落实等问题进行依法查处，通过进一步加大对征用土地的执法力度，强化国土资源管理部门的执法职能，调动农民保护自身权益的积极性等手段，确保《土地管理法》确定的各项征地制度落到实处。② 这些原因使镇政府调转船头，开始依循合法的途径开展对 B 街道星河片区土地的征收工作。

2003 年 6 月 3 日，G 镇政府作为建设用地单位分别与 M 村一组、二组及八组签订了征用土地协议书，于同年 8 月 18 日得到区国土局的同意征用批准。6 月 5 日，M 村一组、二组、八组与区国土资源局共同出具权属证明，证明拟征用土地界址清楚，无土地权属纠纷。为符合占补平衡的占用耕地补偿原则，镇政府在该镇的 Y 村一组实施了先补后占耕地开发项目，并通过广安市国土资源局竣工验收。7 月 18 日，市国土资源局批复，将该项目

① 《征用土地协议书》，2001 年 9 月 6 日。
② 国土资源部：《关于切实维护被征地农民合法权益的通知》，2002 年 7 月 12 日。

开发补充的耕地 2.98 公顷，用于 G 镇场镇建设占用耕地的补充指标。12 月 13 日，广安区政府通过 [2003]205 号、[2003]206 号文，就广安区内包括 G 镇在内的 6 个省试点小城镇建设的农用地转用及土地征用问题向广安市人民政府请示和报告，广安市人民政府于 12 月 29 日转报四川省人民政府审批。2004 年 9 月 13 日，四川省人民政府以川府土 [2004]91 号文批复，同意广安区政府呈报的建设用地项目呈报说明书和征用土地方案，同意将包括 G 镇 M 村一组、二组、八组在内的 20.1466 公顷土地征为国家所有，作为广安区 2003 年第一批乡镇建设用地，其中征用 M 村一组土地 1.377 亩、二组土地 2.916 亩、八组土地 7.299 亩。2004 年 11 月 18 日，广安区政府获得《关于广安区 2003 年第一批乡镇建设用地的批复》后，进行征用土地和安置补偿公告，同月 28 日进行农转非人员安置方案公告。2005 年 12 月 9 日，G 镇政府付土地款后与 M 村一组、二组与八组办理了土地移交清单。[①]

区政府在将村组的集体土地转为建设用地过程中按程序逐级报批，虽然在文本上事实清楚，报批程序合法，但是，居住在 A 街的部分村民仍然认为这次征地不合法，不仅剥夺了他们的权利，而且损害了他们的利益。所以，他们从 2003 年到 2006 年，开始组织起来抵抗政府的征地行为，导致 B 街道的开工建设受阻。在这三四年中，他们采取的主要抗争策略包括上访、诉讼及阻止现场施工等，但结果并不理想，长久的拉锯战终于使政府下定决心采取行政强拆的手段解决星河片区的征地问题。

第三阶段主要发生在 2007 年至 2009 年，是政府强制拆迁阶段。上个阶段 A 街村民的上访和诉讼都以失败告终，长久的拉锯战终于使政府下定决心采取行政强制的手段解决征地问题。2007 年 5 月 26 日，广安区政府对 G 镇星河片区土地征收实施行政强制执行，当天区政府出动了武警、公安、消防及其他职能部门上百人参与行政强制执行行动，场面极其浩大，引来上千群众围观。G 镇各村的党支部书记也都在行动前被组织起来，他们手臂戴着红袖章，主要负责维持现场的秩序。面对强大的政府武装力量，A 街村民并没有采取鸡蛋碰石头的面对面策略，在强制执行现场只有少数几个老

---

① 《武胜县人民法院行政判决书》，（2006）武胜行初字第 6 号，2006 年 5 月 12 日；《四川省广安市中级人民法院行政判决书》，（2006）广法行终字第 20 号，2006 年 6 月 29 日。

年人去阻挡施工，但都被政府以相对柔性的方式处理了。在这些人中，个别老年人因为拉扯受伤被送进了医院，另有一些人被女警直接架离了现场。伴随着推土机的前行，星河片区土地上的树木、庄稼应声倒下，在突兀不平的土地上 B 街的路基原形也逐步显现出来。

此次行政强制执行之后，A 街的抵抗村民深深地感受到政府力量的强大，更对这种木已成舟的结局表示相当的无奈。2009 年，开发商在星河片区土地上盖起了商住楼，一条宽阔、现代化的街道逐步呈现在 G 镇群众面前。至此，星河片区土地征收的故事正式拉下了帷幕。大多数在 B 街有土地的 A 街村民也领走了属于自己的补偿款，放弃了抗争，仅两三户人家仍然坚持不领补偿款，试图通过此举坚持自己的权利诉求，表达无声的抗议。

第三节 理据、诉求与话语：公民身份权利意识的觉醒和发展

一 以监督政府和主张权利为核心的抗争理据

在许多学者看来，农民抗争是一个持续性的动态过程，包括提出要求、话语生产、行动策略等多个环节。其中，"农民如何提出权益诉求、提出了怎样的权益诉求"等问题，往往都包含在农民抗争"问题化技术"的分析研究之中。问题化建构过程实质上就是抗争者找到抗争理据，并运用多种策略来表达自身要求的正当性和合法性，将自身的具体问题推入进政府解决问题的议事日程之中，以便实现抗争目标和利益的过程。正如于建嵘所言："问题化主要是指维权精英将国家的法律和中央的政策作为一把尺子来衡量县乡政府的决策和行为，并根据农民生活状况提出抗争目标或要求的过程。"[1] 因此，本章将首先探讨 A 街村民抗争的抗争理据和诉求，展现其问题化建构过程，然后再以农民抗争为主线、政府应对为副线来分析抗争过

---

① 于建嵘：《抗争性政治：中国政治社会学基本问题》，第 115 页。

程中的话语生产、行动者博弈格局及行动策略等。

在本案例中，G 镇 A 街部分村民反抗政府对星河片区土地的征收，固然有基于商业利益的考虑，但在政府提出"开发场镇、促进发展"的政策情境中，A 街的商业利益就成了摆不上台面、无法直白提出的理由。他们需要寻找合理合法的理据、话语等来装饰自己的动机，以便使其在征地维权中的抗争具有正当性和合法性。纵观整个事件发展的过程，拷问政府行为合法性和主张公民身份权利至上性是 A 街农民抗争的主要理据。

就前者而言，具有合法性的政府行为必须经过实质正义和程序正义的双重检验，二者间的背离以及政府的非法行为将给抗争者提供抗争理据和政治机会；对于后者，农民基于对政府行为的监督和判断的实践，开始意识到自身权利的重要性和合理性，使自身超越了传统的"利益抗争""依法抗争"或"依政策抗争"的话语表达，直接诉求于农民作为普遍的公民应该享有的权利，其朴素的公民身份权利意识开始觉醒。尽管当前看来，不是所有的权利意识所诉求的利益都能获得法律的支持，他们的论说也时常在合法与权利之间游走，以致还产生出紧张关系，不过，农民朴素的权利意识及其权利诉求即使逊于法律应用方面的能力，缺少合理的法律依据，仍然从一个侧面反映出抗争农民对于当前法律秩序与权利分享格局的不满。

（一）控告政府违规以抵制征地

农民对政府决策的第一次抗争，是认为自己的利益会直接受制于新的经济点的开发，因此反对政府开发 B 街的决策，坚持不卖土地。尽管镇政府组织干部积极动员，但居民不为之所动。

> 2001 年 6 月份，镇村 T、Y、W 三人到我处说，通知三个社员代表到镇上开会。九点钟开会，到会后，说星河片区建房征用土地，到会的社员代表和其他两个组的代表们都签了字。会后，我到各家说明了这件事，当时占地户不同意（承包人），我向村上村支书和村委会主任说了，他们说，镇上领头征地，由他们去做说服工作。（一组组长 C 有关征地事件说明书，2005 年 11 月 26 日）

2001 年 9 月，在镇政府的主导操办下，以村镇发展为借口，开发商与村组几位代表私签了卖地协议。但是，抗争村民很快就发现了镇政府做法的不当。在揭露基层政府默许甚至参与开发商在集体土地上兴建小产权房行为的同时，他们力图通过控告政府具体行政行为违规来抵制政府征地，进而反击政府项目的合理性，依靠对政府违法行为的监督来保护自身利益、维护自身权益。

一方面，镇政府主导开发商与村组私自买卖土地，在未得到上级政府与国土部门批复的情况下即动土开工，给 A 街农民抵制征地提供了抗争的"口实"。另一方面，对政府仅召开村民代表会的做法，来自多条街的占地户都表达了不满与不同意。尤其是 A 街村民坚持认为，那些签协议的村民代表其实并不能代表他们行使对于土地的使用权利，坚决主张不卖土地。不久，国土资源部于 2002 年出台的一系列关于维护被征地农民的合法权益的通知和规范，又进一步帮助农民认清了自身的权益，加大了对镇政府作为的监督力度。

（二）要求合法公正待遇以接受征地

到 2003 年，时隔两年项目进展缓慢。于是，镇政府意识到问题的严重性，便力图修正之前的做法，试图按照国家政策法规重新启动以镇政府为主导的征地程序并向上级政府国土部门报批。但是，在抗争村民看来，镇政府的修正行为仍然有两个重大疏漏：

一是 2003 年镇政府作为协议上的用地单位，直接在开发商与村组私自买卖土地的原有协议上加盖鲜红公章，试图使这份不合法的协议合法化，并继承原协议规定的 5.5 万每亩的土地价格，用以支付征用土地的土地补偿费与安置补助费。这样一来，按照 5.5 万每亩的土地补偿价格，农民即便能够获得比政府文件规定的最高额还要高的补偿，却仍然难以消除心理上的落差，即过去两年土地增值迅猛，但两年后的征地价格却仍旧维持两年前的原价。

二是镇政府及区政府在 2003 至 2005 年间，按程序逐级报批时仅仅追求文本意义上的"合法"，形式化走完报批过程却并不在实质上落实许多细致且具体的工作，做好抗争农民的补偿和社会保障，出现了"文本"与"实践"的彼此背离，再次给抗争农民留下了政府有法不依的证据。从一个比较狭义的角度来看，这与黄宗智在考察清代民法制度时指出的"表达"与

"实践"彼此背离的理论观点相互辉映，即官方所说常与它所为不一致，不能将官方的表达等同于实践。① 面对文本与事实之间的二元背离，一方面，抗争农民能够从中找到抗争的政治机会，他们往往能够基于事实拿出重要的关键性证据来挑战文本合法性，在凸显其脆弱性的同时强化自身论述的正当性，并借此分化上级政府与下级政府间关系来争取上级政府的关注，给下级政府施加压力；另一方面，这也给了抗争农民胜诉的希望，激励他们有勇气进行诉求。

因此，尽管后期征地方案获得省政府批准，且G镇政府也就此在2005年3月22日发布了有关依法征用星河片区土地的公告，并于2005年3月24日至26日分别在三个小组召开了有关星河片区征用土地事宜的村民会议，但是，原来不同意征地的A街农民仍然反对征地。从抗争农民提供的上访、诉讼材料来看，随着政府行为的变化，他们的抗争理据与以前有所不同，现在的诉求调整为：政府如果要征地，必须要步步按照法律要求进行，与征地相关的退耕、农转非等工作要符合标准，而征地补偿价格则应按照现在的市场价格计算，提高补偿费用。

上面两点分析表明，农民抗争的理据均来自对政府所有征地行为是否合法进行细究后的判断。在这个过程中，抗争农民不仅要求上级政府或者法院对镇政府所行使的任何一种不符合法律规章程序要求的征地行为予以细细审判，而且对自身权益也有了更清晰的认识，特别是对公事共议的参与权、知情权以及契约权的认定显得尤为突出：

> 你组长没有组织开会，社员代表没通过就解除了我的承包合同，土地管理法、承包法有什么规定，我的承包地合同一天没有解除，我可以不卖地。(M村一组会议记录，抗争农民D发言,2005年3月24日)
>
> 我们这次的会议召开的时间是否迟了，如果要卖，我们要按市场价。(M村八组会议记录，抗争农民H发言，2005年3月26日)
>
> 所谓代表签字，各级组织的代表是由本组织人民群众选举产生，

---

① ［美］黄宗智：《清代的法律、社会与文化：民法的表达与实践》，上海书店出版社2001年版，重版代序第11页。

更不能指定他人是代表，代表只能代表上下级法律法规政策，群众意见的传递，不能代表每个公民法律赋予的享受权利。农村土地承包经营权，是法律赋予每个承包农民的经营权利，任何人不得侵犯。根据 G 镇政府报批是 2003 年 6 月 3 日向上级报批，然而事发时间是 2003 年 12 月 25 日，当时广安天阳房产公司拆迁星河片区 12 户居民房屋废渣堆放在 M 村二组耕地上发生纠纷。G 镇党委副书记 T 解决此事，并给一份（2003）87 号广安市政府复印文件，给我们组织学习，迫使要我们签字，解除土地承包合同，不准我们上访，这时我们才知道承包耕地被征用，所以我们根据时间的推断，完全不符合事实的逻辑，知情权和表决权受到严重的侵害。（A 街抗争农民"关于广安区国土局信访事项五点处理的反驳"，2005 年 6 月 6 日）

（三）上访诉讼以维护公民身份权利的至上性

随着抗争事件的逐步升级，抗争农民对于征地后政府如何推动农民身份转变以及如何保障身份转变过程中的权益问题尤为关切。按照现行法规，农村农用地转为建设用地时，政府需要安置相应的农转非村民，并将征用土地的土地补偿费、安置补助费作为农转非人员的安置经费。[①]具体到 G 镇星河片区征用土地事件，由于政府在重启征地程序时选择承接初次使用的非法合同，并且想当然地认为相关农转非人员都愿意接受货币安置，于是，在政府发布的征收土地农转非人员安置方案的公告中，出现了下述被 A 街抗争农民严重质疑的说法：

> 按照人口与耕地的比例，即"人随地走"的规定，广安区征收土地应"农转非"375 人，其中劳动力 225 个。"农转非"人员 375 人经村民自愿提出申请，全部进行货币安置。"农转非"人员人均安置补助费 7521 元已于 2004 年 9 月 13 日前由用地单位全部支付给被安置人员做自谋职业安置补助费。[②]

---

① 广安市人民政府：《广安市征地拆迁安置补偿暂行办法》，2004 年 4 月 7 日。
② 《广安市广安区人民政府关于广安区 2003 年第一批乡镇建设征收土地农转非人员安置方案的公告》，2004 年 11 月 28 日。

当时抗争农民不仅对土地出让价格不满，而且大多数对"农转非"的事情闻所未闻，更未提出货币安置的"自愿申请"。不仅如此，从抗争农民提供的银行有关征地安置补偿费的付款凭据可知，用地单位支付这些费用的时间迟滞至2005年11月11日，而非公告所称的2004年9月13日前。农民们被政府表面走形式，暗地自作主张的做法所激怒，他们数次上访、诉讼，不断检验着政府的行为，同时也对法律法规所赋予的参与权、知情权、契约权以及土地承包经营权等有了更清楚的认识。正如抗争农民所言：

> 没有直接与土地承包人解除土地承包合同，村组干部携带村组公章到镇上盖公章作数，镇上填好表，视为无效，补偿安置分文未见，简直是无稽之谈……根据总理的讲话（发表深化土地制度改革，切实依法管理土地决定），明确指出要区分两种不同性质用地，公益性、经营性，如果是经营性用地，要按市场价确定，所以谈到现时土地价格偏低，明显现在土地价格增值。（A街抗争农民"关于广安区国土局信访事项五点处理的反驳"，2005年6月6日）
>
> 当时政府征地签协议时，协议书上是有几个农转非的名额。后来征地的事情越闹越大，A街部分农民上访，星河片区土地迟迟不能动工。再加上，有关农转非的事情政府没有向我们宣传，所以后来这事情就不了了之了。（M村党支部书记T访谈，2010年1月14日）

然而，按照现行信访体制规定，村民们的信访要求是被转给广安区信访局、G镇人民政府处理，即信访的状告对象来处理针对自己的信访。毫无疑问，他们得到的都是政府行为合法的信访结论。同样的，司法也未能如农民所愿支持他们的集团诉讼请求。抗争农民控告镇区政府以扩大人均耕地面积的手段骗取四川省政府批文，并且控诉政府在先补后占耕地开发项目中作假。然而，从法院的行政判决书与抗争农民对于二审终审判决不服的申诉书分析，政府逐级报批行为与法院司法审判行为都仅仅关注文本上的"合法"，不愿意理会事实上的合法。

　　第三人镇政府征用原告所在社的集体土地，在涉及农用地转为建设用地过程中，被告区政府按程序逐级报批，并获得四川省人民政府批准，符合《中华人民共和国土地管理法》第44条规定，程序合法。同时，被征用土地权属、面积等事实清楚，对该次征地行为的合法性，本院予以确认。原告（抗争农民）称被告区政府扩大人均耕地面积，骗取省政府批文，因无确凿证据予以证实，本院不予认可。（武胜县人民法院行政判决书，2006年5月12日）

申诉人对广安市国土资源局竣工验收文件先补后占土地开发项目判决不服，2003年7月18日广安市国土资源局验收G镇在YD村一组实施先补后占耕地开发项目补充耕地2.98公顷，用于G镇场镇建设占用耕地的补充指标（申诉人在一审法院提供的书面材料，G镇YD村一组2002年耕地面积为91.42亩，2003年耕地面积90.7亩，2004年在2003年的基础上，减少了5.42亩，2004年实际耕地面积85.88亩，难道YD村一组历年的计税面积不能作为证据吗？农民负担摊算明细表没有载明新增耕地面积2.98公顷即44.7亩，按规定交原所有者集体经济组织耕种，应纳入2004年年终摊算以及计税，YD村一组2004年耕地面积增加为130.58亩）。在审理中法院不采信申诉人的陈诉和请求到实地查看，只信政府的红头文件一面之词。一审法院行政庭称"路远炙热"就此审理而告终。（申诉书）

面对这样的抗争结果，部分抗争农民表现出相当的无奈，认为自己终究是靠蛮力与政府较量，犹如胳膊拧不过大腿，个体对政府根本不可能胜利。然而在另外一些抗争农民看来，判决书是法院和稀泥的结果，给原告和被告"各打了五十大板"，因为法院对于原告的部分诉讼请求认为："土地承包经营关系，系民事法律关系，原告主张维护其承包经营权，不是本案审理范围，可另行提起民事诉讼。征地行为完结后，第三人镇政府在《小城镇建设政策和法律法规宣传要点》中错误引用法律，虽然对征地行为没有影响，但应予纠正。"① 故而，他们坚持认为，法院并没有直接否定自己的土地承包权，也没有当庭否定他们对镇政府违法的指控，法院其实是碍于

---

① 《武胜县人民法院行政判决书》，（2006）武胜行初字第6号，2006年5月12日。

政府压力而不敢判决他们胜诉。自己的要求是正义的，上访诉讼失败并不是因为自己的抗争理据不适当，也不是权利诉求不合理不合法，而应归罪于政府与司法一家亲：

> 法院的判决纯粹是在和稀泥，各打五十大板。当时接待我们的审判庭庭长告诉我们说："这样的案子法院很难判，有些事情我们法院也没有办法管，但是在案件费用方面，我们会尽量照顾农民……"（受访者L，2010年1月15日）

事实上，抗争农民反复提出的维护"承包土地使用权"主张，看似是一个没有法律理据的诉求，看似是农民不理解法律文本的体现，实际上却是部分抗争农民在尝试依靠司法力量的支持，围绕着土地所有权和经营权，突破原本并不清晰的公民身份权利和义务安排。在本案例中，这是抗争农民的公民身份权利意识觉醒的深层体现。

总之，仔细分析A街被征地农民的抗争理据，我们发现，农民的公民身份权利认知和行动能力在抗争过程中得到了很大的提高。农民从原来仅从自身利益出发表达对政府项目的不满，到如今以上访或诉讼的方式对政府违法行为进行以权利为理据的抗争，显示出农民们的经济利益和公民权利在实践中的强强转化。

二　以权利为基础的诉求与话语

（一）诉求权利以维护经济利益

在考问政府行为合法性与主张农民权利至上性之下，农民基于自身的权利和法律认知，利用政府行为在"文本"合法与"事实"合法之间的背离特征，建构了A街农民抗争的理据。在此基础上，抗争农民通过相应的话语生产和多种策略的综合运用，试图在与各级政府的多次博弈中实现下述的抗争诉求[1]：

---

[1]　广安市广安区国土资源局信访事项处理意见书，2005年5月27日。

1. 反映并处理"非法剥夺村民或者村民代表的知情权、表决权、承包土地使用权";

2. 反映并处理"G镇小城镇建设侵占基本农田";

3. 反映并处理"非法使用土地，用于开发建设";

4. 反映并处理"违反《土地承包法》，侵害承包的合法权益";

5. 反映并处理征用土地费用偏低。

从这些诉求来看，其基本特征是选择诉求公民身份权利以维护经济利益。他们首先予以强调的是征地所涉及的政治权利、社会权利，最后才是经济权利。在目前中国的政策情境中，场镇开发的决定权基本都归属于政府，当政府动用公权力推动小城镇开发项目时，个体的经济权益在全镇开发建设事业面前往往被认为是可以牺牲的，没有充分的理据可以将其摆上台面。因此，A街抗争农民首先要求政府尊重并保护他们的知情权、表决权等政治权利，进而创造机会监督政府的违法行为，通过当面控诉、谈判、上访、法律诉讼等手段约束政府行为，才能达到最终保障自己在小城镇开发中的经济利益。

这实际上凸显出当前农民公民身份权利意识的一个发展特点，即农民抗争行动与农民权利意识相互促进，抗争农民在与政府交涉、博弈的过程中，一个主要的策略就是提出各种政治权利、社会权利与经济权利诉求来保障具体的个体利益，反过来，通过对政府侵害农民权益的手段和过程的进一步了解，农民自身的公民权利意识、法律意识和维权能力也得到实质性提升。

（二）以权利话语对峙发展话语

诉求与话语之间类似于目的和手段的关系。上文通过抗争诉求分析了A街村民的公民身份权利意识发展过程，而他们对公民身份权利的实践，则直接体现在抗争话语上。A街抗争农民能够围绕着征地事件与镇政府开展长达八年的拉锯战，一个非常重要的因素就在于他们运用了失地农民的权利话语来对抗政府的发展话语，进而突出自身权利诉求的合法与至上性。

G镇星河片区征地事件起源于四川省小城镇建设，在当时，坚持走城镇化道路是各级政府发展经济和建设新农村的共识，并且也确实受到当地社会各界群众的拥护。就从政府官员、乡村干部、普通经商人士的认识来看，如何搞好城镇的开发建设是事关G镇前途命运的重要问题。G镇政府就是在这种一心谋发展的大背景之下推动B街的开发与建设，因此，任何为了个体利益而阻挡开发的抗争者在"发展话语"面前就理所当然地被视为"刁民"。

星河片区的土地问题已经告一个段落了。以前A街的农民对于政府的政策不理解，缺乏应有的发展意识，他们不明白像我们这样的小镇，没有什么工业支撑，也没有什么资源可以开发利用，只能利用传统的商贸优势，结合省级试点小城镇建设的政策走城镇化道路，才可能进一步巩固商业氛围，做大做强商业优势。这些年在星河片区土地问题上的扯皮，不仅使G镇的场镇面貌得不到改观，而且在全区的同类乡镇中发展滞后。现在B街即将成型，大家都看到只有发展才可能进步，通过我们的了解，原来那些不满的人现在也慢慢明白这些道理了。（G镇副镇长G访谈，2010年1月16日）

G镇一定要进行场镇开发，最好是按照长远的规划多改建或新建几条街，这样才能够增加更多的门面，扩大城镇人口，繁荣商业。场镇搞好了，大家都会到镇上去买房，人口多了，商业繁华起来后，就能吸收更远更多的人来G镇赶场。如果G镇再不发展，好多有钱的人就都会去城里买房安家了，有钱人都走了，商业发展就慢了。G镇发展迟了，只有走别人的后路，发展慢了，看你怎么样都不行。本来G镇的基础还是很好的，在解放前还有很大名气，但是现在已经赶不上区内其他很多乡镇了。所以，要想把G镇搞好，只能搞场镇改造。（邻村前任村支书J访谈，2010年1月20日）

G镇是个大场，现在在场上的生意还是可以的。但是，在场上做生意，现有的门市非常紧张，我们是租门市做生意，真的很希望G镇能够快些改造，其他乡镇在前几年都建起了新街，就我们G镇还破破烂烂的。星河片区那条街说了几年都没有建起来，说是还在扯皮，其实建起来对谁都好啊，再不发展就会越来越落后了。（个体户主J2访谈，2010年1月21日）

然而，场镇开发是一个异常复杂的工程，旧街改造需要开展房屋拆迁补偿，新街建设则需要完成征地赔偿等工作，每一项无不与民众的切身利益相关。即使政府有心为城镇化的事业作出努力，也需要凝聚村民的力量共同协作才能办好场镇开发项目。遗憾的是，政府开发场镇的过程多是在强行己意，由于决策封闭、程序不合法、保障不到位等多种原因，以一个模糊宽泛的"发展"话语替代了对民众多样需求的考虑，利益受损的被征地农民只得采取各种措施来阻止项目的开发以维护自身权益，在此情况下官民对抗就变得难以避免。A街的抗争农民大多数有商业经验，具备一定的理性计算和组织能力，对政府行为的性质认识较为深刻，因此，他们不仅能够寻找到较为充分的抗争理据，提出自己的抗争诉求，而且还能够以自我标定弱势的方式，以最基本的人道需求为理由，使用公民身份权利的话语来对抗政府的"发展"话语：

> 2003年政府与M村一、二、八社签订征地协议，应按照《农村土地承包法》的有关规定签订征地协议，《农村土地承包法》是2003年3月1日起正式面向全国施行，农民拥有法律赋予的长期而稳定的土地承包经营权，受法律保护，任何单位和个人不得干预变更单方解除土地承包经营，在当事人政府与社签订征地协议，为什么不让集体经济组织成员知情？所谓社指集体而言，集体由众多成员组合而成，现在不知情的成员不卖地、不要钱，要法律、要权利不受侵害。土地被征，简单地说"就是失去饭碗"，因此国家要实行生产与生活长远生计的安置，解决失地农民的吃饭问题，让失地农民继续生活下去，保障生存不出事故。所以申诉人认为，解除土地承包经营权是征地的前置条件，违反了这个条件，申诉人就用法律的具体规定与他抗衡。土地承包是由家庭为主体进行，任何单位和个人代表不了别人法律赋予的权利，不仅如此，他们违反了土地承包法35条规定，所以此次政府违法征地程序应予撤销。（申诉书）

不过，A街抗争农民虽然使用了非常显著的权利话语，要求对政府行为予以监督，保障其财产权及参与政策的政治权利等，但是他们在使用权利话语时存在着一个明显的局限，即并非依靠土地生存的他们使用了"失地农民"身份来表达自身的处境，反而在抗争实践中削弱了用权利话语来挑战政府推动项目开发的合理性。

在中国，抗争农民多数将自我标定为失地农民，以"解决吃饭问题"这个最基本的人道理由展开申诉，董海军认为这种概念的运用为抗争者赢得了社会道德的同情和怜悯，从而拥有了相应的博弈理由和空间。① 但是，这种表达策略在G镇案例中则遭遇了尴尬。这是因为，A街参与抗争的农民多数实际从商，并不依靠土地过活，自家土地的抛荒率较高，"土地被征就是失去饭碗"的说法仅是一种托词和借口。用"失地农民"的身份话语来诉求更高赔偿的说法，在当地民众与政府之中不能引起道德同情和舆论支持，以失地农民身份为基础的高额赔偿诉求最终未能在保障农民权益方面发挥多少作用，反而削减了抗争行动的合法性。正如于建嵘所言，"作为武器的弱者"一定要以事实和法律为边界。

第四节　公民身份权利意识与行动主义公民

一　权利意识差异、行动者分化与行动主义公民的产生

如前所述，G镇案例充分呈现出农民的公民身份权利意识觉醒及公民行动能力的成长，但是其仍然处在一个范围和深度都很有限的水平上，并且在不同类型的抗争者中呈现出很大的差异性。究其原因，除了个体本身素质的差异外，主要是因为一开始B街道所带来的不同经济利益就分化了作为整体的M村农民。农民们的立场分化极大地限制了农民作为一个整体对政府角色、政府作为的反思，也就制约着个体对自身权利和整体社会秩

---

① 董海军：《塘镇：乡镇社会的利益博弈与协调》，社会科学文献出版社2008年版，第195－196页。

序观的认知，进而影响各自在诉求、抗争策略和具体行动上的选择和表现。故而，经济利益与公民身份权利意识之间的强弱转换程度决定了权利意识的差异性分布，也导致本案例中的被征地农民分化成五种不同的行动者类型。

首先，G 镇被征地农民由于居住的分布情况不同，其经济利益受到政府开发 B 街项目的影响也不同，从而在政府征地之初就形成了三种不同意见，据此划分出"推动征地户""抗争农民"与"配合征地户"三种类型。"推动征地户"是指居住在 B 街的那部分被征地农民，他们认为政府补偿 5.5 万每亩的土地价格在当时算是合理公道，开发能够使自己的旧房、门市等增值，因此他们对于政府的违法行为并不愿意深入追究，愿意积极配合政府完成房屋拆迁工作等。"抗争农民"主要指居住在 A 街的被征地农民。由于担心 B 街建成之后 A 街的商业人气受到影响，出于商业利益方面的考虑，强烈反对政府征地，对于政府征地中的违法行为进行强力监督，进而催生日益觉醒的公民身份权利意识和公民实践。"配合征地户"是指那些散居在小城镇外围的被征地农民。虽然他们并不直接涉及 A 街与 B 街之间的商业利益纠葛，也可能不是占地户，但是按照集体土地共有的原则，他们能够分享土地补偿款的盛宴，因而希望场镇开发能够顺利进行，赞成开发 B 街，期待政府以合理的补偿征地的意愿强于对政府作为是否合法进行监督和追究的意愿。这三类行动主体的立场差异，可在 M 村几次征地会议记录中一窥究竟。总体而言，抗争农民在被征地农民当中居于少数一方，但是他们的立场鲜明，态度强硬。

其次，"抗争农民"又可进一步分为"保守型抗争者""上访诉讼抗争者"与"前线抗争者"三种类型。"保守型抗争者"偏重从抗争风险方面来思考问题，对于抗争结果持较为悲观的态度。正因如此，他们往往没有直接参与到上访、诉讼或就地抗争活动中。但是，为保住 A 街的商业利益，他们仍然愿意通过制造舆论、赞助部分金钱等方式支持其他抗争农民的积极抗争。这类默默活动的抗争者在本案例中是重要的参与力量，但由于其活动的消极与隐藏性质，他们在本质上算是摇摆的抗争力量。相对于"保守型抗争者"，"上访诉讼抗争者"与"前线抗争者"都属于比较积极的抗争行动者。但是，由于公民身份权利意识的差异性，他们的抗争策略各不相同。在G镇案例中，老年人往往具有扮演弱者引起社会舆论同情的能力，所以每次抗争基本上都是老年人在拆迁施工现场直接同政府对抗，通过就地抗争的方式阻止施工。在施工现场，他们高喊着如"毛泽东万岁""社会主义好"等口号，这种扛着红旗反"红旗"的场景时常引起众多群众围观，使得政府非常难堪，有效迟滞了项目施工，取得了明显的抗争效果。这些抗争者就被称为"前线抗争者"。"上访诉讼抗争者"主要指以中青年人为主的抗争者，他们更愿意选择上访、诉讼等方式解决问题。这并非是因为他们对风险的认知强于"前线抗争者"，也不是因为他们软弱，认为前线就地抗争危险，而是因为他们具有强烈的现代权利意识和法制意识。他们认为自身作为公民有权利对政府作为进行监督和提出批评，政府也应该接受这种监督批评。他们偏于相信自己能够借助体制本身所赋予的法律力量来维护自己诉求的权利，获取公正待遇。

在许多别的案例中，"前线抗争者"与"上访诉讼抗争者"之间常常构成一种分工协作关系，但是，这两类抗争者在G镇案例中对于抗争理据和抗争形式的选择却存在很大分歧和矛盾。

我们这些老头、老婆婆一直都在前线战斗，实际上是这样的，他们那些年轻娃儿害怕，我们这些就不怕，我们大多都六十几岁了，那些敢来推土的人把我们赖不活（四川方言，意思是没有办法），年轻娃儿弄到了就会背时。他们一直说要上访、打官司，我对他们有很多意见，他们就是过骗，骗我们这些老头、老婆婆，他们自己在外面坐车儿要。他们说要去国土资源部上访，结果又没有进去，很快就被政府的人弄回来了。他们那个就是想吓唬吓唬政府，但是你怎么可能把政府吓唬得到呢。说白了，他们就真是害怕，因为他们那几家都有些粑粑（把柄），还是惧怕政府动真格的。后来，打官司我还是去了，但我一直和他们的意见不一样，我不主张像他们那样去控告政府在先补后占耕地项目作假等，而是主张要政府切实解决我们的生活问题，但是那些年轻娃儿根本不会听我们的，结果还是官司打不赢。所以我一直坚持我的看法，就是选择到前线阻挡，当着政府干部的面出气，尽管没有什么用，但群众看在眼里，群众会有公断啊，我不认同他们的做法，也不去和他们商讨什么，也不出钱，如果开会或出钱等被政府知道，政府就会弄你，农民只有受委屈的份。（受访者 Z 访谈，2010 年 1 月 17 日）

一些就地抗争者并不支持上访诉讼抗争者的行动。两者对政府各有不同的态度和策略，上访诉讼抗争者要求实践自身作为公民的权利，约束政府，保障利益，而就地抗争者对于约束政府权力则不在意，只要求当面抗议，希望政府保障自己的经济利益，并且认为这才是实实在在的维护利益的方法。这两者的分化，在一个个人权益并没有得到完善保护的环境下，其出现存在着必然性，也削减了抗争农民与政府对峙的整体力量。

而在政府一方，原本镇区两级政府具有不同的地位和角色，但他们却因场镇开发和应对农民抗争的需要站到了同一个阵营。

G 镇政府作为一个政策执行主体，处于国家与社会的交汇面上，就星河片区征地问题与 M 村一、二、八组的农民面对面打交道。村民们并不认为乡镇属于真正的"上级"，他们能够以更加对等的身份与乡镇政府进行接触和博弈，对乡镇干部的行为也有较强的监督动机和能力。不仅如此，如果双方利益不统一而发生对抗，村民往往能够在短时间内聚集起较强的抗争力量。G 镇政府从 2001 年就开始推动星河片区 B 街道的建设，数任镇党委书记、镇长等国家干部经常到 M 村去做思想说服工作，效果却不理想，政府的合法性不断流失。后来，在镇政府强推 B 街开发项目时，有些抗争农民敢于当着镇党委书记 JQM 的面指责其行为比较"杂"（四川方言，指流氓化）。镇政府在基层的非法作为自然而然也被农民拿来作为抗争的有力凭据。无论是镇政府为征地所准备的普法宣传材料还是具体的拆迁活动，抗争农民均对其中的疏忽错漏给予严厉的抨击，并强烈抵制了镇政府开展的数次强拆行动。因而，作为政策执行主体的 G 镇政府，在与抗争农民的直接博弈中，其力量其实是非常有限的。G 镇政府迫切需要得到上级区政府的支持，才能够动员更强大的强制性力量来解决星河片区土地征用问题。

从 2001 年开始，G 镇政府为了修建 B 街道，每任党委书记都没少干坏事，第一任党委书记拆了街道靠外一端的房子，并给租金让被拆迁的农户租房居住，第二任党委书记来了，眼看搞不定这条街道的事情，干脆把街道靠内一端的房子也拆了。他们就是想把房子全部拆了，把这个局面摆给区政府看。生米煮成熟饭，看你区政府支持不支持。
（受访者L，2010年1月15日）

区政府及以上各级政府对于村民而言，往往是村民上访请愿的对象。作为"上级"，村民们希望向其反映问题，引起关注，进而向镇政府施压，帮助村民解决与乡镇政府的纠纷问题。不仅如此，从土地管理法的定位与土地征收的现实操作层面来看，区政府还是土地的管理者与征用土地的报批者。因此，G镇征用土地协议书由区国土局审批同意，土地征用的大部分对外公告均由区政府署名发布。

表面上看，镇政府和区政府似乎是彼此独立的个体，然而，在本案例中，为了完成省级试点小城镇建设这项工作任务，虽然镇政府在项目土地先补后占、开发商与村组非法签订征用土地协议等方面的工作难以得到区政府的认可，但是，在施政政绩与体制压力面前，两级政府事实上已经结成利益共同体，共同应对被征地农民抗争。由此，便形成了如图4-2所示的行动者博弈格局。

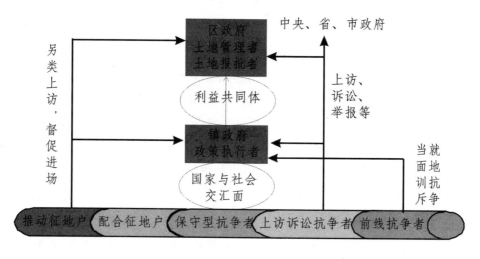

图4-2 G镇案例中的行动者博弈格局

事实上，最后，G 镇抗争事件产生了中国语境下的行动主义公民。正如伊辛所言，行动主义公民（activist citizen）与积极公民（active citizen）的含义不同，积极公民的行为严格遵循着政治共同体已经设定的规则、实践和身份传统，强调其对于共同体的参与美德和责任意识。而行动主义公民则是为追寻正义原则，试图破除既定的规则、实践和身份传统，更多地发挥公民身份制度的赋权功能，而非支配功能，从而拓展和开放政治共同体设定的权利边界，让公民身份权利扩展到更多的人身上。[1]在本案例中，"上访诉讼抗争者"体现出较高的公民身份权利意识，其提出的诸多权利诉求对于 G 镇政府的行为逻辑构成巨大挑战，他们对于土地承包经营权、村民代表的代表权等权利的理解也超越了国家制度安排所设定的规则内涵。因此，"上访诉讼抗争者"可以被视为当前中国特殊语境下的行动主义公民，其行动不仅挑战了原有的公民身份权利边界，而且极大地丰富了中国公民身份行为（acts of citizenship）的内涵。

二 抗争策略、政府应对与公民行动失败

（一）抗争策略分化及其原因

许多的因素影响着抗争农民的策略选择，比较有代表性的观点主要有两类：一是应星分析的"合法性困境"因素。应星认为："草根动员必定是在既有的制度框架所明允、默许或至少未强力禁止的前提下展开，政治合法性的困境是任何一个理性的草根行动者不得不去面对的。"[2]此因素从社会结构的视角显示了抗争农民所遭遇的安全性困境，它犹如一柄达摩克利斯之剑高悬在抗争农民的头上，因而抗争农民选择什么形式的抗争策略，以及将抗争策略运用到何种程度，都脱离不开他们对于自身安全风险的评估。二是吴毅分析的"权力—利益的结构之网"因素。吴毅认为，"任何具体场域中农民的利益表达行为，都不可能仅仅是对单纯的利益损益和权利意识的回应，而必然是经由这些无法躲避的权力与利益之网过滤的产物"，

---

① Engin F. Isin, Citizenship in flux: The figure of the activist citizen, *Subjectivity* (2009), pp. 367－388.

② 应星：《草根动员与农民群体利益的表达机制——四个个案的比较研究》，《社会学研究》2007 年第 2 期。

"乡村社会中无所不在的权力—利益的结构之网，使农民在官民博弈中一般采取忍让而非诉愿的态度，即使诉愿，也尽可能留下回旋的余地，以为诉愿后官民关系的修复留下后路。此种维权的行动逻辑会相应地构成影响具体事件—过程中农民维权方式的重要因素，并进而塑造维权特征"。[①]此因素从场域的视角呈现了抗争农民在选择抗争策略时的顾忌，他们往往选择官治化而非法律化的行政途径解决问题，试图在给政府施压的同时留下调整彼此关系的空间。

从作者的调查访谈材料来看，G镇案例中抗争农民选择具体的抗争策略时明显受到合法性困境的影响，但这种"合法性困境"却恰巧意味着抗争者的公民身份权利意识实际上得到了萌发和强化。现代公民身份权利认知的一个重要表现就是公民法治意识以及其对自身经济、社会和政治权利的认知。公民不单在意自身行为的合法性，在遭遇不公正时，会从自身身份所蕴含的基本权利出发提出诉求，以维护诉求内容和手段上的正当，同时其也对政府行为的合法性有强烈的要求。作为主动对政府提出批评和控诉的公民，他们已经认识到自身的公民身份权利、个体与政府之间的关系、政府运作这三者都包容在一套法律体制中，双方理当互相尊重权益，遵守共同规则。面对不守规则的镇政府侵犯自身权益，最直接的维权策略就是诉诸法律。

> 有一次镇党委书记叫我们到他办公室去一趟。我们第二天上午就去了，见到党委书记，他就对我们讲，听说你们经常在一起集会哟。我们一听，就觉得不对劲，就告诉他，我们这几个都是邻居，楼上楼下，平时没事串串门，怎么就叫集会呢！连聚会都称不上。其实我们心里清楚，党委书记就是想用集会这种会受到法律处罚的方式来恐吓我们。我们也不是那么好欺负的，没有那个法说串串门也犯法啊。（受访者L，2010年1月15日）

而对于"权力—利益的结构之网"因素，本书认为，在本案例中由于

---

① 吴毅：《"权力—利益的结构之网"与农民群体性利益的表达困境——对一起石场纠纷案例的分析》，《社会学研究》2007年第5期。

政府控制着这张网，其主要影响着抗争者参与或退出抗争的意愿，而非影响着抗争者对抗争策略的选择。

案例中的"前线抗争者"与"上访诉讼抗争者"都是带有显著群体限定特征的人群，其中"上访诉讼抗争者"与吴毅所研究案例中的石场业主类似，他们都是当地的经济能人，但是，案例中的"上访诉讼抗争者"在选择抗争策略时明显没有受到"权力—利益的结构之网"的塑造和影响。这并不是说在农村维权情景中"权力—利益的结构之网"在 G 镇案例中不存在，而是说，这张网在 G 镇案例中的作用主要转换成了政府应对农民抗争的工具，政府操持着这张网，试图影响个别抗争者退出抗争。

总之，基于公民身份权利意识差异以及自身安全风险的考虑，A 街各抗争农民在具体策略选择和行动方式上有所不同，各有偏好，"上访诉讼抗争者"与"前线抗争者"的抗争策略出现了分化、竞争和冲突。

（二）"上访诉讼抗争者"的策略及其过程

"上访诉讼抗争者"坚持以法制和权利诉求为基础的抗争策略，包括上访、诉讼以及求助媒体曝光等。

上访是指抗争农民直接向上级政府或上级相关主管部门反映情况，以便引起上级政府或部门的重视，通过上级的介入或施加压力，解决农民与各下级政府之间的纠纷问题，实现农民的抗争诉求。"上访在实践中更多是作为国家的一种门面和安全阀机制而存在着的。它的重要性不在于'一访就灵'的问题解决上，而在于提供群众诉苦的机会和留出问题解决的一线曙光上。"① 因而，从国家角度看，上访制度本身是一种权力秩序再生产和绵延的方式，它在政府与农民的"共谋"中得到建构。而从上访者角度看，为了引起各级政府对上访的重视，抗争农民一般选择五人以上的集体上访形式，并通过大造声势，越级上访甚至集体到北京上访等多种方法增强集体上访的威力。② A 街抗争农民从一开始就选择了集体上访方式维权抗争。在他们看来，镇政府在星河片区土地征收中的违法操作昭然若揭，上访是推动上级出面阻止并惩罚镇政府的最有效办法。为促使上级政府解决问题，

① 应星：《大河移民上访的故事》，生活·读书·新知三联书店 2001 年版，第 368 页。
② 李连江、欧博文：《当代中国农民的依法抗争》，第 12 页。

他们先后到区政府、市政府、省政府及北京进行多次上访，但对于抗争农民提出的信访诉求，信访事项处理意见书都给予了逐条回驳，各级上访接待机关都认定和接受区国土资源局出具的下述调查结论与处理意见。①

一是据调查，征用土地召开了村民会议，代表签字并盖章，反映不属实；

二是经查G镇土地利用总体规划图，该宗地不属于基本农田；

三是经查实，G镇政府正在进行拆迁，并未动工修建，该宗地按招、拍、挂出让供地；

四是经大部分村民同意，签订征地协议，并全部补偿到位；

五是补偿费用依照《土地管理法》有关规定和广安区的实际情况，最高不得超过31890元/亩，但实际补偿达55000元/亩，不存在补偿费用偏低。

然而，信访人始终不承认该调查意见，认为信访调查结论与处理意见不符合实际现状。在整个信访过程中，抗争农民多次到各级政府上访和申请信访复查，耗费了巨大的钱财和精力，但体制运作的不公让他们越来越感觉到上访并不能解决问题，不得不逐渐放弃上访策略。

我参加了去广安市的上访，去省里上访至少去了两次。以前没有去上访过，以为上访有用，后面发现根本就没有用。上级政府每次接待完就给我们一个盖了章的封闭信封，我们看不到里面写的什么，要我们拿回来给当地政府解决。高楼万丈平地起，土蛇子蛇儿咬人（方言），当地政府对我们就是推和拖。去上访一回，要等一个多星期，我们看没有什么消息，就又去上访，他们就随便过问下，冷水烫猪先烫到起（方言）。当地政府不仅推脱，还将我们弄到另外的地方参加"学习"。唉，上访让我们花费了不少钱，结果一点用都没有。（受访者LYM，2010年1月16日晚）

---

① 《信访事项处理意见书》，广安市广安区国土资源局，2005年5月27日。

值得一提的是，在本案例中还存在着另外一类"上访"，即 B 街共计 12 户被拆迁户组成的上访队伍。从访谈中得知，政府在 B 街开发建设初期就拆除了他们的房子，后来 B 街项目因农民抗争被搁浅数年，政府只能给租金让他们在镇上租房子住。对这些被拆迁户来说，他们非常希望 B 街开发建设早点动工，以便政府兑现当时的拆迁承诺，拥有自己新的住房和门市。因而，当他们看到 B 街项目迟迟不能动工，A 街农民上访及诉讼又接连失败的情况下，他们决定主动行动起来，也多次到区政府"上访"，其目的是督促政府早日进场建设。从这两类上访可以看出，围绕着征地拆迁、建设，原来的村组在利益面前已经严重分化，推动征地户与农民抗争者之间的分歧和竞争非常剧烈，这在客观上加速了区政府实施强制措施的进程。

诉讼策略也是当前农民抗争的重要手段，即抗争农民根据相关的法律规定，就土地征用等问题向人民法院提起行政诉讼，将抗争农民团体与被告政府置于对等、对立的地位，欲借助司法救济的法律化方式来实现自身的抗争诉求。对于该策略的运用，不同学者有不同的经验观察。于建嵘认为，诉讼是近年来农民常用的抗争形式，而吴毅则认为自上而下的权力秩序以及"权力—利益的结构之网"对于抗争者的巨大影响，使他们常常倾向于选择上访而非诉讼的方式解决问题。本案例的情况表明，抗争农民确实在抗争之初倾向于通过上访解决问题，然而在上访失灵之后，对于政府与农民来说，诉讼的抗争方式则是对双方都有利的选择。对于政府而言，他们更加偏好于应诉，而不愿处理抗争农民静坐、集会等群体性事件，所以接待上访的政府机关一般会在信访处理意见中表明法律途径存在的可能性和畅通性。在诉讼中，如果政府胜诉，政府就有了实施行政强制执行的更大底气。

经市局组织人员调查核实，认定广安区国土资源分局作出的《信访事项处理意见书》事实清楚，结论正确。我局决定维持。如不服本复查决定意见，可在收到该复查意见后，15 日内向广安区人民法院起诉。过期不起诉者，自动息访。①

---

① 《信访事项复查处理意见书》，广安市国土资源局，2005 年 7 月 19 日。

对于抗争农民而言，他们并不觉得将政府告上法庭是"撕破脸皮""对自己没有回旋的余地空间"的事情，而是表明自己准备与政府抗争到底的决心。于是，A街抗争农民决定将区人民政府和镇人民政府告上法庭，诉讼相关的花费由A街抗争农民集资解决。2006年3月，A街抗争农民向广安市中级人民法院提起行政诉讼，控告区政府与G镇政府的违法征地行政行为。广安市中级人民法院基于回避原则和公正原则，裁定由邻县（武胜县）人民法院指定管辖审理。武胜县人民法院出具的行政判决书驳回了抗争农民的诉讼请求，但办案的主要费用由被告区政府和第三人镇政府各自分担。[①]同年5月，A街抗争农民将此案上诉到广安市中级人民法院，中级人民法院出具的行政判决书驳回了上诉，并维持原判，案件的受理费与诉讼费共计1200元全部由上诉人负担。[②]在局外人看来，原告一审二审均败诉了，但坚持上访和诉讼抗争的他们认为自己并没有输掉官司，是"行政司法一家亲"才使得他们败诉。

在上访与诉讼抗争策略之外，这部分抗争者还试图采用"向外扩散，寻求媒体等外部资源帮助"的策略。为了实现自身的抗争诉求，A街农民试图将星河片区土地征收事件向外部扩散，寻求外部主体的关注和支持。一方面，他们通过给国务院温总理写紧急求助信、给四川省纪委写举报信、给区人民检察院写举报材料，力图在体制内引起上级领导或纪检监察机关对此事的重视；另一方面，他们也曾效仿其他地方联系媒体对星河片区土地征收事件曝光，据受访者讲述，他们联系媒体并不成功，在联系过的几家媒体中，一些媒体不肯也不敢报道，另一些媒体则认为事件所涉土地面积并不大，因而没有必要介入。

（三）"前线抗争者"的策略及其过程

"前线抗争者"主张的策略，包括就地阻工，闹事，要求高额经济补偿。

前线抗争农民往往在施工现场通过阻工、面对面指责咒骂、吸引群众围观等方式反对政府征地，要求政府解决生产生活问题。在G镇案例中，每次现场施工之时，十来个老年人就会出动到现场抗争。在他们看来，这是

---

① 《武胜县人民法院行政判决书》，[2006]武胜行初字第6号，2006年5月12日。
② 《四川省广安市中级人民法院行政判决书》，[2006]广法行终字第20号，2006年6月29日。

最有效的抗争方式，政府或施工人员对老年人没有什么办法，他们不敢对老年人动粗，因为政府或开发商那样做不仅要遭受社会舆论的谴责，而且还要负担可能产生的医药费用。A 街的中青年人较少参与到前线抗争中来。据受访者讲述，好几次开发商进场施工，开发商就从外地召集了一些烂仔（流氓杂痞）到现场维持"秩序"。烂仔们手拿棍棒，向 A 街主要抗争人员叫嚣。中青年人在这种情况下一般都不会正面去抗争，他们不仅具有比较强的权利意识，而且风险意识也比较强，所以倾向于选择上访、诉讼等其他手段。

> 我们这些中青年人当然不会出去啦，那些烂仔都是不要命的，也不知道他们是从哪里叫来的，政府也不出面制止，简直是无法无天了。那些老年人过去就不怕他们，他们一般都不敢打老年人。（受访者 LYQ，2010 年 1 月 20 日）

（四）政府各个击破

面对农民抗争的诸多策略，区政府与镇政府在博弈格局中同样有众多的应对措施，应星将之称为"国家的摆平术"。应星认为，为摆平上访，理顺事件中的关系，国家有三种最常用的技术手段：一是拔钉子，即用以打击为主的各种手段将移民上访的组织给摆平；二是开口子，即将矛盾局部化处理，用特殊化、非例行化的手段来解决矛盾；三是揭盖子，即从权力平衡的需要出发将基层的摆平者作为"败类"抛出来化解紧张的事态。[1] 这些国家摆平术在许多个案中都存在，G 镇案例概莫能外。在抗争初期，政府在 G 镇案例中选择了拔钉子的方法来应对上访等农民抗争，区、镇两级政府广泛采取拦访、拘留闹事者、让上访者参加学习班等方式，试图警示上访者。然而，抗争农民并没有被政府的拔钉子摆平术所吓倒。在抗争中后期，政府仍然需要应对抗争农民提起的行政诉讼、老年人参加的前线抗争以及可能的媒体曝光等。为此，政府动员了各方面的力量，综合采取正式的与非正式的措施，力图瓦解前线抗争者与上访诉讼抗争者的战斗力，让抗争者知难而退，采取忍受退让的态度。在政府的应对措施中，有两种方法最能

---

[1] 应星：《大河移民上访的故事》，第 324—327 页。

充分显示出政府力量的强大和基层行政的行事非规则性，导致G镇公民抗争行动的失败结局。

一是网络式说服工作。区政府与镇政府为做通抗争农民的思想工作，让他们放弃抗争，曾与抗争农民进行面对面的交流沟通，但是效果不理想，抗争农民并不买账。后来政府充分运用并操弄在基层社会中以自身为中心编织起来的"权力—利益的结构之网"对抗争农民开展网络式说服工作，试图影响抗争者参与或退出抗争的意愿，反而取得了预期效果。正如吴毅所言，抗争行动者碰触这张"权力—利益的结构之网"不一定影响到抗争者的政治安全，但会损及他们在网中的生存与资源分享能力。① 举例来说，抗争农民D是上访诉讼抗争的主力干将，他有一个女儿在G镇中学担任老师，镇政府在与D协商沟通失效的情况下，便知会中学领导对D的女儿作出"停教"处理，要求其回家做好父母的思想工作，直到其父母放弃抗争之后才能回到学校正常上班。同样的，抗争农民Z的儿子在市里中国电信公司上班，因政企分离，虽然区政府未能直接让其停工回家做父母的思想工作，但是其子面对压力仍然数次回家劝诫父母。从D与Z在后续抗争中的退让和消极来看，这种网络式说服工作在县乡基层社会确实是政府拥有的一个重要"法宝"。

二是政策的选择性执行。此处的政策选择性执行与地方政府对中央政策的变通执行不同，它是指基层政府使用政策作为打压抗争者的工具，是一种使抗争者屈服的手段。G镇是一个商贸小镇，很多个体户在镇上经营茶馆生意，茶馆不仅提供顾客茶水，更是一个打麻将的场所，多数顾客在这里赌博。从作者的观察来看，四川各乡镇茶馆生意相当盛行，G镇有接近十分之一的店铺都在经营茶馆生意。据受访者LYM讲述，与镇上其他茶馆一样，他家经营的茶馆有向镇派出所交"保险费"，然而，在LYM成为主要抗争者之后，派出所便以禁赌为名查封了他家的茶馆，其他茶馆却安然无恙。派出所负责人明确告诉他不要在征地事件上与政府作对，不然对他家茶馆的选择性禁赌将持续下去。另一个有趣的实例进一步呈现了政府以政

---

① 吴毅：《"权力—利益的结构之网"与农民群体性利益的表达困境——对一起石场纠纷案例的分析》，《社会学研究》2007年第5期。

策的选择性执行应对抗争。抗争者 H 家经营了一个养猪场，按照既有政策规定，养猪场养猪量达到一个固定的标准就会得到政府的相关补贴，然而，在 H 成为主要抗争者之后，政府以其他理由为借口，既不给予 H 应得的养猪补贴，更不愿在大雨等自然灾害发生后抢先帮助 H，使 H 的养猪场无力支撑下去。通过这样给普通公民的生活制造麻烦的方式，基层政府得以分化抗争农民的力量，强行推动政策实施。

第五节 为公民身份权利而斗争的逻辑意涵

"为公民身份权利而斗争"是本书尝试从政治学的角度对被征地农民抗争作出的探索性解释。从公民身份建构视野来考察被征地农民抗争，应着重关注集体土地征用制度结构之下农民、村集体及政府等各主体之间实际上是如何行动的，而非关注各主体应该如何行动。本案例中的抗争农民能够借助制度、意识、行为以及政治空间的互动关系来促使其公民身份权利意识觉醒与发展、产生行动主义公民与塑造公民行动，这就是为公民身份而抗争的内在逻辑意涵。然而，在当前中国的特殊语境下，被征地农民抗争与公民身份权利发展之间的相关性却不是一个单纯线性进化的图谱。

首先，在被征地农民抗争的问题化建构与话语实践阶段，农民基于自身的利益诉求，在抗争过程中通过利益向权利的积极型转化与消极型转化两种方式，不同程度地促进了农民的公民身份权利意识觉醒和发展。积极型转化表示"当强势的利益需要以权利的强意义作为正当性支持而自我强化时，利益向权利的强—强转化"，而消极型转化则表示"当强势的利益体现为弱意义的权利试图寻求外部保护时，利益向权利的强—弱转化"。[1]本案例中的"上访诉讼抗争者"作为积极型转化的代表，在抗争中比较注重考

---

① 黄璇、任剑涛：《维权之道：利益转化为权利的两种路径——以美国编剧罢工潮和中国农民工讨薪风暴为例》，《江苏行政学院学报》2010 年第 3 期。

问政府行为的合法性和主张自身的公民身份权利，用权利话语来对抗政府的发展话语，力图依靠法律途径对原有的公民身份权利制度格局进行突破；而"前线抗争者"则是消极型转化的代表，试图以"失地农民"身份聚集道德优势并寻求舆论支持，达成获得高额赔偿的目的。

其次，在被征地农民抗争的具体行动阶段，由于公民身份权利意识分布的差异性，抗争农民发生了策略与行动上的分化。其中，那些具有较高权利意识，按照正义原则敢于挑战既有公民身份权利边界的抗争者，是中国语境下的行动主义公民，其对于中国公民身份发展具有特殊意义。然而，抗争者内部分化造成抗争无法形成合力，松散的集体行动在区、镇两级政府的利益共同体面前难以摆脱公民行动失败的命运。这也从侧面呈现出中国公民身份权利发展在自下而上的社会抗争路径上面临的特殊困境。

最后，自下而上的被征地农民抗争对于政府行为具有一定的逆向驯服能力。一方面，被征地农民的社会抗争能够推动公民身份权利发展，特别是保障与土地相关的财产性权利。这种积极影响可以从星河片区二期征地中体现出来。2008年由于星河片区旁边的山体发生滑坡，并且修建开发B街道也需要扩征部分土地，因而政府在星河片区进行了二次征地。这次征地同样涉及M村一、二、八组，由于政府吸取了第一次征地的经验教训，在此次征地中，政府完全按照法定程序和市场价值给予农民补偿，保障农民的权利和利益，土地补偿费、安置补助费以及地上附着物和青苗的补偿费加在一起，二期征地价格达到约16万元/亩，远远超过一期的征地价格，所以农民对此次征地工作非常配合，他们认为征地价格符合市场价值，维护了自身的合法权益。另一方面，包含此次抗争在内的众多农民抗争，不管其结局如何，能够促使国家逐步发展农民的经济参与权利，推动各种权益的均等化。如表4—1所示，从近十年来国家土地管理与土地征收政策走向判断，为缓解在集体土地征用过程中"征前不知情、征后不协商"的失控局面，同时为提升国家对于农民社会抗争的制度化整合能力，国家在不断提升农民在土地征收中的话语权，并通过强化农民的经济参与权利来保障被征地农民权益。

表4-1 农民在土地征用中的经济参与权利发展

时间	颁布者	政策文件中央精神	农民经济参与权利内容
1999	国务院	《土地管理法实施条例》	市、县人民政府土地行政主管部门根据经批准的征用土地方案，会同有关部门拟订征地补偿、安置方案，在被征用土地所在地的乡（镇）、村予以公告，听取被征用土地的农村集体经济组织和农民的意见。征地补偿、安置争议不影响征用土地方案的实施
2002	国土资源部	《征用土地公告办法》	有关市、县人民政府土地行政主管部门应当研究被征地农村集体经济组织、农村村民或其他权利人对征地补偿、安置方案的不同意见。对当事人要求听证的，应当举行听证会
2004	国务院	《关于深化改革严格土地管理的决定》	对拟征土地现状的调查结果须经被征地农村集体经济组织和农户确认，确有必要的，国土资源部门应当依照有关规定组织听证，要将被征地农民知情、确认的有关材料作为征地报批的必备材料。要加快建立和完善征地补偿安置争议的协调和裁决机制，维护被征地农民和用地者的合法权益
2004	国土资源部	《关于完善征地补偿安置制度的指导意见》	征地工作程序：（一）告知征地情况；（二）确认征地结果；（三）组织征地听证
2011	中央	中央农村工作领导小组副组长、办公室主任陈锡文谈话	集体土地征收也应当遵循国有土地征收同样的原则，征收的程序必须公开、透明，让民众广泛参与，与民众进行充分协商，必须根据市场定价的原则进行补偿

资料来源：作者根据政府发布的农村与农业政策文件汇总整理。

第五章 农民公民身份权利发展的动力、时序与经验

　　农民的权益发展问题是我国在城市化进程中必须要直面的重大挑战，因为城市化发展的核心归根到底是实现人的城市化，特别是农民的城市化。聚焦到城市化与农民公民权利发展主题，现有的相关研究主要集中在三个方面：一是着手探讨城市化与农民公民权利发展的关系问题，在理论与历史逻辑中阐明推进农民权利发展是新型城市化发展的内在必然要求；[①] 二是集中研究城市化进程中的农民维权问题，探究农民维权的行动策略、动力及影响；[②] 三是着重从制度逻辑层面研究农民公民权利缺失的根源与对策。[③] 总体而言，这些研究为推进农民公民权利发展奠定了坚实的认知基础，然而，仍有许多重要论题需要进一步深入探究，如近年来中国农民公民权利发展的动力何在？农民公民权利发展时序呈现出何种路线图？探索农民公民权利发展的整体图景能获得哪些宝贵经验？本章试图集中探讨这些问题。

---

　　① 参见易承志《城市化、国家建设与农民公民权保障》，《北京行政学院学报》2012 年第 6 期。

　　② 参见董海军《"作为武器的弱者身份"：农民维权抗争的底层政治》，《社会》2008 年第 4 期；于建嵘：《当前农民维权活动的一个解释框架》，《社会学研究》2004 年第 2 期。

　　③ 参见高新军《我国城市化进程中的农民权利及其保障》，《当代世界与社会主义》2012 年第 6 期；赵万一：《中国农民权利的制度重构及其实现途径》，《中国法学》2012 年第 3 期。

第一节 宏观动力：国家与社会互相构建 推进农民权利发展

国家与社会关系在政治学研究中是一个非常重要、具有广阔学术空间且充满争议的问题，在中国研究领域，它更是不可回避、无法绕离的舶来品。一方面，作为一个研究问题，中国国家与社会关系始终是学术界关心的热点理论问题。赵文词 (Richard Madsen) 曾撰文回顾五代美国社会学者对中国国家与社会关系的研究历史，梳理他们对于该问题的观点嬗变。[①]另一方面，作为当代中国研究的基本范式，中外学者用其进行实证研究，构建出许多有影响力的理论。何宏光将这些理论依据研究取向和旨趣分为三个派别，借此深入评述了当代中国研究的国家与社会关系模式。"第一个派别是国家社会共生派别，主张国家权力在中国改革后的持续性和留守性。代表人物是魏昂德 (Walder)、戴慕珍 (Jean C. Oi) 和 王达伟 (David L.Wank)。第二个派别是国家社会冲突派别，强调国家对社会的控制和社会的自卫式反抗，代表人物是余伟康 (Eddy U)。第三个派别是国家社会调和派，强调国家权力和社会自主力量的妥协和共识，代表人物是黄宗智和怀特 (Gordon White)。"[②]

就理论内涵而言，国家与社会关系重点研究"国家"与"社会"这两个分殊主体在政治生活中的应然角色、实然角色以及二者间的互动关系。按照米格代尔 (Joel S. Migdal) 的观点，国家与社会关系范式运用于欧洲和北美之外的国家发展经验研究，其理论意图是为了修正现代化理论、依附理论和"重新发现国家"学派的理论观点，力图将国家社会关系与国家能力结合起来讨论。米格代尔构建了一个有关国家与社会关系的模型，如表

---

① [美] 赵文词：《五代美国社会学者对中国国家与社会关系的研究》，载涂肇庆、林益民主编《改革开放与中国社会——西方社会学文献述评》，牛津大学出版社 1999 年版，第 35—57 页。

② 何宏光、王培刚：《国家与社会：当代中国研究的基本范式》，载周晓虹、谢曙光主编《中国研究》(2007 年春秋季合卷总第 5—6 期)，社会科学文献出版社 2007 年版，第 29—56 页。

5-1 所示，该模型包含四种国家与社会关系，进而将国家政治生活纳入到国家与社会互动视野之中进行分析。后来，米格代尔进一步提出"国家在社会之中"的关系理论，有别于国家中心主义和社会中心论，其着重强调国家与各种社会力量之间的相互赋权与相互构建。具体而言，"国家在社会之中"关系理论认为，国家是社会的组成部分，镶嵌在社会之中。国家既能塑造社会，又能被社会所塑造。国家与社会相互影响，有时社会对于国家的影响甚至多过国家对于社会的影响。在此认识前提下，"国家在社会之中"包含着四个具有内在关联性的观点：一是国家效能基于国家与社会的不同联系具有可变性；二是国家权力是分散的；三是社会团体的政治行为与权能发生是需要条件的；四是国家与其他社会力量能够相互赋权。[1]

表5-1 国家与社会关系

社会＼国家	强	弱
强	强国家—强社会	弱国家—强社会
弱	强国家—弱社会	弱国家—弱社会

资料来源：[美]乔尔·S.米格代尔《强社会与弱国家：第三世界的国家社会关系及国家能力》，张长东、朱海雷、隋春波、陈玲译，张长东校，江苏人民出版社 2009 年版，第 37 页。

聚焦到中国农民公民身份权利发展论题，国家与社会相互构建的视角能够将民族国家背景下公民身份获取与扩展的双重路径及多种动力因素结合起来，整体观照"增量改革导向的城乡整合型"身份转变与"权益平等导向的农民抗争型"身份转变在城市化进程中并存而立的事实，对当前农民公民权利发展过程作出深刻的宏观阐释，即如图 5-1 所示，由经济、社会变迁引起的国家重建、社会抗争及其互动是农民公民权利发展的宏观动力机制。

① Joel S. Migdal, Atul Kohli and Vivienne Shue, *State Power and Social Forces: Domination and Transformation in the Third World,* Edinburgh: Cambridge University Press, 1994, pp.1—4.

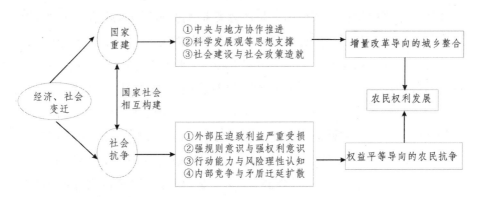

图5-1 宏观动力机制：国家与社会相互构建推进农民权利发展

首先，中国经济、社会变迁不仅促进国家重建，而且对于形塑社会抗争有着巨大影响。从变迁影响国家重建来看，改革开放以来的历次政府机构改革表明，国家总在不断调整治理机构与治理结构以回应市场化改革需求及社会建设需要，以建立符合理性化及民主化特征的国家治理体系，提升政府的治理能力。马骏曾借用波兰尼的"双向运动"框架深入阐释了这种影响的动态过程。[1] 就变迁影响社会抗争而言，赵鼎新认为变迁是影响和决定社会运动产生和发展的一个重要的基本因素。当下中国以市场化改革为主体的现代化变迁带来了相当多的负面影响，其重要标志便是群体性突发事件在发生频率与规模上都呈现出急剧增长趋势。[2]"根据有关部门的统计，从1993年到2009年，全国的社会群体性突发事件从每年的8709宗增加到近9万宗，涉及人数也从70万人增加到300万人。"[3] 而在这些群体性突发事件之中，因快速的城市化变迁而引起的被征地农民抗争维权事件则占有相当大的比重。当市场化、城市化与工业化的不同步变迁发生共振之时，其社会危害性将更为巨大，随时可能触发大规模的社会抗争发生。

其次，国家重建与社会抗争之间的互动为农民公民身份权利发展提供了机会。一方面，面对着农民日益发展的规则意识和权利意识，国家非常

---

① 马骏：《经济、社会变迁与国家重建：改革以来的中国》，《公共行政评论》2010年第1期。

② 赵鼎新：《社会与政治运动讲义》，第23页。

③ 于建嵘：《抗争性政治：中国政治社会学基本问题》，第36页。

慎重地处理着各类农民抗争事件，通过建立缩小城乡差距、防范地方政府侵犯农民权益行为以及强化农民权益表达渠道的制度性框架，既防范社会抗争事件升级到群体性泄愤事件，又为农民权益保护提供了改革契机；另一方面，农民在国家重建过程中善于借助中央与地方关系、社会意识形态、社会主义传统等多种政治机会结构，通过就地抗争、集体上访、诉讼等各类"公民"抗争行动能够给国家施加巨大压力，促使国家调适治理结构与治理方式，成功维护自身与市民平等的合法权益。

再次，国家重建对于农民公民权利发展的影响主要通过国家结构、意识形态与公共政策来体现。从国家结构来看，中央与地方关系的特殊结构及运行机制为农民公民权利发展提供了有利条件。经过改革开放 30 多年的发展，中央与地方政府已经初步形成了制度化的协作格局，但是，中央与地方政府的偏好往往不一致，需要中央政府调整官员考核与升迁制度来诱导或强制规范地方政府的行为。为解决农民问题，中央政府在新世纪初实施了统筹城乡发展政策，选定成都市与重庆市为全国统筹城乡综合配套改革试验区。这种中央主导下的社会政策试验区不仅赋予地方先行先试的权力，而且意味着调整对地方政府的考评机制，使专项的社会改革任务成为中央考评地方政府及领导人的首要工具。由此，农民公民权利发展就在中央与地方协作推进城乡一体化改革中得以破题。在意识形态方面，科学发展观与和谐社会等思想形态为农民公民权利发展提供了精神资源。无论是科学发展观还是和谐社会思想，都提出了统筹城乡发展，深入推进城乡关系变革的要求，这为改革者专注于推进城乡关系变革，实现城乡平权，解决"三农"问题的重大历史使命注入了强大的精神动力。就公共政策而言，社会建设与社会政策时代的来临为农民公民权利发展造就了政策平台。中共中央出台《关于构建社会主义和谐社会若干重大问题的决定》，不仅标志着中国进入社会建设为重点的新阶段，而且意味着社会政策的独立性和完整性正趋于形成，社会政策与经济政策能够相互并立、相互协调。[①] 十七大报告则从教育、就业、医疗、社会保障和住房五大范畴为社会政策理论研究和实务操作设定了框架体系。借助各项社会政策的发展，建立覆盖城乡

---

① 景天魁：《论中国社会政策成长的阶段》，《江淮论坛》2010 年第 4 期。

居民的社会保障体系，建设新型城乡关系便能有效促进农民公民权利发展。正如岳经纶所言，中国社会政策已经进入了重建期，其目标应当是建立一个以公民身份为基础，以满足公民基本需要为目的，体现统一的"社会中国"。[①]

最后，社会抗争在强化农民权利意识的同时，能够发挥逆向驯服能力倒逼政府尊重农民的公民权益。本书研究发现，农民的"公民"抗争行动主要受到四个因素的影响：一是外部压迫导致农民利益严重受损。基于此，外部压迫性反应能够建构起内部潜在"集团"的边界和内部的共同利益，当这些潜在"集团"成员在突如其来的政府征地行为中感受到严重的利益受损时，他们参与集体行动的可能性便大大增加。二是农民具有的强规则意识和强权利意识。在众多的抗争案例中，二者常常交织在一起。抗争农民能够依据政府不合法的行为与权利至上性意识，提出自身的抗争理据和抗争话语，从而在与政府的抗争博弈过程中强化对政府的逆向驯服能力。三是较高的行动能力与风险理性认知。紧靠城镇生活的近郊农民一般具有较强的经济实力、较好的社会关系资源以及较高的风险理性认知。在农民抗争行动中，他们常常能凭借这些有利条件挺身而出，扛起与政府抗争博弈的大旗。四是内部竞争与矛盾迁延扩散。大量的农民维权抗争研究都将农民作为一个整体看待，并且关注抗争行动中的伦理因素。然而，农民内部的分化、竞争与矛盾有时也会成为农民参与抗争的导火线。在相当多的农村地区，因经受市场化浪潮的过度冲刷，农民的个体化和物质化倾向特别严重，致使农民之间的竞争和矛盾丛生，道德伦理因素的社会整合功能在强大的物质利益面前荡然无存。当内部的竞争、矛盾与外部的征地行为发生关联时，其迁延扩散机制便会发生作用，使分化的农民各自选择相互对立的阵营，采取彼此敌对的行动，这在客观上促发了抗争行动。以上四个因素共同促成了农民抗争理据、抗争话语、抗争行动与抗争策略的形成，推动着农民在应然和实然两个层面上的权益发展。

---

① 岳经纶：《建构"社会中国"：中国社会政策的发展与挑战》，《探索与争鸣》2010年第10期。

第二节 微观动力：中央与地方关系下的差异性地方政府行为

在宏观动力机制作用之下，国家重建推动着增量改革导向的城乡整合型身份转变，社会抗争推动着权益平等导向的农民抗争型身份转变，国家重建与社会抗争之间的互动则为并存发展的农民公民身份权利实现路径提供了机会。然而，为了更加深刻地解释以 S 乡和 G 镇为代表的两种农民身份转变类型为何在同一时空背景下能够混合并存发展，我们需要进一步讨论农民公民身份权利发展的微观动力机制。结合前文的案例研究，本书认为，农民公民身份权利发展的微观动力机制在于中央与地方关系下的差异性地方政府行为（如表 5-2）。该微观动力机制能够帮助回答以下四个问题：推动农民身份转变的钱从哪里来？钱如何分配？相关的制度创新与既有制度如何衔接？人往何处去？围绕着这四个问题，如图 5-2 所示，在 S乡与 G 镇案例之中，基于中央与地方关系在财政面向、政治面向上的不同约束，地方政府特别是区级政府与街道乡镇级政府在推动农民身份转变工作时，采取了不同的政策措施处理农民权益保障问题，从而导致不同类型、不同路径的农民公民权利发展，使得在同属巴蜀文化的四川省内并存着两种农民身份转变类型。

表5-2　　　微观动力机制：中央与地方关系下的差异性地方政府行为

		类型	乡镇政府行为	行为特征	影响
中央与地方关系	不变	常规型	（1）经济、政治、社会职能一体 （2）发展经济，增收和创政绩 （3）征地开发场镇，压低农民补偿	（1）逐利政策 （2）与民争利	农民抗争、农民权利发展滞后
	变	特殊"权力契约"型（全国统筹城乡综合配套改革试验区）	（1）土地流转、集体经济组织股份化改革推动生产要素市场化 （2）职能调整：经济职能上移区政府、公共服务职能下沉社区 （3）改革进程农民民主参与 （4）强化社会管理及公共服务职能 （5）推动农民身份转变	提供城乡一体的社会管理与公共服务	城乡平权、公民权利快速发展

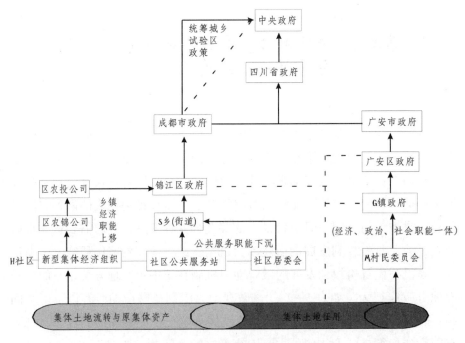

图5-2 S乡与G镇政府行为差异性

一 约束条件：中央与地方关系变与不变

中央与地方关系是地方政府行为的一个重要约束条件。当前大多数地方政府行为的权力空间受到一个普遍的中央与地方关系发展模式所约束。此种常规的中央与地方关系模式具有静态与动态两个层面的特征。就静态层面来看，中央与地方关系的基本特征是一种二元化结构，政治上强调政治集权，经济上则采取相对分权的发展模式，在中央的经济发展战略与宏观调控政策之下，地方政府具有相当程度的经济发展自主权。正如杨光斌认为中国经济转型时期的中央与地方关系，是"政治单一制即政治上的中央集权和经济联邦主义即经济上的地方自治与治理分享并存的局面，是一种典型的政治—经济关系中的二元化结构"。[①]在财政面向上，中央与地方关

---

① 杨光斌：《中国经济转型时期的中央—地方关系新论——理论、现实与政策》，《学海》2007年第1期。

系则因分税制改革出现了中央财政汲取能力增强与乡镇财政空壳化并存的局面。不仅如此，乡镇财政危机随着农村税费改革的推进愈发凸显，乡镇债务危机成为 20 世纪 90 年代中期以来基层财政问题的焦点。[①] 从动态层面来说，中央与地方关系已经走出了收与放循环的怪圈，在坚持中央主导地位的前提下，中央与地方的政治、经济与财政关系正在被逐步制度化。伴随着政府转型与国家重建，中央与地方政府之间初步形成了制度化的协作关系。目前中国绝大多数的乡镇政府就位于此种常规的中央与地方关系模式的最底端。在此种模式中，通过压力型体制与政治激励机制，中央将自身的权威与偏好自上而下地传导到基层政府，既希望实现有效的政治控制，又能推动经济增长与社会发展。本书中的 G 镇政府就位于该种常规的中央与地方关系模式的最底端，这对于 G 镇政府的行为产生了深远影响。

但是，在常规的中央与地方关系模式之外，还存在着一些独特的中央与地方关系，其根源于中央与地方政府间的某些特殊"权力契约"。地方政府在其中能获得特殊的权力空间，从而在特殊"权力契约"护航下进行改革试验与制度创新。以深刻影响农民公民权利发展的城乡改革为例，中央在 2007 年将成都市确定为"全国统筹城乡综合配套改革试验区"，该试验区政策即是中央与成都市之间的一个特殊"权力契约"。新的权力契约不仅赋予了成都在城乡关系领域进行改革试验的最大自主权力空间，而且框定了成都市城乡统筹改革实验的目标，即"全面推进各个领域的体制改革，并在重点领域和关键环节率先突破，大胆创新，尽快形成统筹城乡发展的体制机制，推进城乡经济社会协调发展"。[②] 由此，中央与成都市政府间关系的变化深刻地影响着包括 S 乡在内的市内各级地方政府行为，在推进城乡统筹发展的同时为农民公民权利发展创造了有利条件。

二　差异性地方政府行为

（一）一般乡镇政府行为：G 镇

G 镇与全国大多数的一般乡镇类似，其政府行为受到两个基本条件的约

---

① 赵树凯：《乡镇治理与政府制度化》，商务印书馆 2010 年版，第 105—136 页。
② 国家发展和改革委员会：《国家发展改革委关于批准重庆市和成都市设立全国统筹城乡综合配套改革试验区的通知》（发改经体 [2007]1248 号），2007 年 6 月 7 日。

束。一方面，基层乡镇政府的财政能力十分脆弱，相当多的乡镇政府陷入吃饭财政困局，根本无力有效履行自身的法定职责。从作者对 G 镇官员与村委会干部的访谈中得知，G 镇地处川东北地区，经济发展比较落后，是一个典型的农贸小集镇，由于没有工业支撑，G 镇政府的财政收入一直都不富裕，所以，近十年来 G 镇的公共服务设施几乎未见有大的改善。另一方面，作为层级最低的政府，以 G 镇为代表的一般乡镇政府在财力不足的情况下却承担着融经济、政治与社会职能于一体的全方位职能。

这两大约束条件促使乡镇政府将工作重点放在发展经济、增加可支配财政收入上面。正如赵树凯所言："在现实的政府运行系统中，公共服务并没有真正成为政府运作的中心，或者说工作重点。基层政府还在把最大兴趣放在发展经济上面。'公共服务'作为政府的旗帜或者口号相当鲜明，但还没有内化为政府的运行机制。"[①] 因此，对于全国大多数的一般乡镇政府来说，在没有其他产业支持的情况下，他们只能借助小城镇建设政策，征用场镇周边农民土地进行雄心勃勃的场镇开发。这种借助土地财政搞经济建设的行为，不仅能够完成上级政府的政策意图，为地方领导人创造政绩，而且能够大幅度增加乡镇政府的财政收入。

但是，依循此种基层政府的行为逻辑，农民身份转变能够顺利进行吗？

答案显然是否定的。农民身份转变在 G 镇场域中是依存于政府征地行为而必然发生的现象。推动农民身份转变所需要的资金主要来源于被征用土地，在通过拍卖土地解决"钱从何处来"的问题之后，征地过程中"钱如何分配"的问题便逐步凸显出来。面对土地征用赔偿，多数的一般乡镇政府基于财政困境与部分官员的个人利益，往往倾向于压低赔偿金额，并采用一次性货币赔偿、政府不负担就业责任的方式对待农民的权益。多种"与民争利"的一般乡镇政府行为，由于经不住政府行为合法性的考问，当其碰到具有强权利意识和强规则意识的农民时，农民抗争便一触即发。在相当多的现实抗争案例中，农民抗争不仅塑造出"公民行动"，导演了"权益平等导向的农民抗争型"身份转变故事，而且推动着农民公民权利缓慢向前发展。

---

① 赵树凯：《乡镇治理与政府制度化》，第 196 页。

（二）特殊"权力契约"下的乡镇政府行为：S乡

全国统筹城乡综合配套改革试验区是与城市化进程中农民公民权利发展最为相关的特殊"权力契约"，对于成都各级地方政府行为起到极强的规范与授权作用。为了解决城乡统筹改革进程中的"钱从哪里来""钱如何分配""新制度与旧制度如何连接"以及"人往何处去"四个问题，成都市各级政府在现有征地模式内起步，"在维系现有城市化筹资功能的同时，积极寻找增加农村和农民分享城市化土地收益的实际途径"[①]，将改革重心放在集体土地流转与原集体资产盘活工作上面。立足于该项工作，成都逐步构建了一个以经济市场化、机构职能调整、民主参与式改革以及农民身份转变四大工作为支柱的工作体系。这不仅推动着成都基层乡镇政府行为转变，演绎了以S乡为典型案例的"增量改革导向的城乡整合型"身份转变故事，而且破除了城乡身份边界，使农民公民权益得到发展。

就经济市场化而言，农民拥有的土地、集体资产等农村生产要素通过市场化手段初步解决了钱从哪里来的问题。一方面，政府将集体土地确权到新型集体经济组织，然后将确权后的土地流转到区农投公司，实现集体土地的市场化、规模化经营，从而获取土地的市场价值收益；另一方面，政府积极推动新型集体经济组织股份化改革，试图通过准公司的运营方式盘活原有的集体资产，实现资本增值。

以机构职能调整来说，乡镇政府在机构职能调整中转变了角色，从与民争利的土地财政中解脱出来，专注于社会管理与公共服务职能。具体而言，乡镇将在承担更多公共服务职能的同时，将原有的经济建设职能上移到区级政府，由区级政府按照规模经营原则推动经济发展。在社区层面，政府则推动形成新的治理结构，力图实现经济职能、社会管理与公共服务职能、民主政治职能的分离，原来的社区居委会分离为新型集体经济组织、社区公共服务站与社区居委会并立的格局。其中，新型集体经济组织与区政府对接，共同推动经济发展；社区公共服务站配合乡镇政府推动公共服务职能下沉；社区居委会则完全变成了一个具有利益表达和政策执行功能的

---

① 北京大学国家发展研究院综合课题组：《还权赋能：奠定长期发展的可靠基础——成都市统筹城乡综合改革实践的调查研究》，第5—6页。

自治组织。从民主参与式改革来看，其与中央政府授权的特殊"权力契约"一起发挥作用，能够初步解决钱如何分配的问题。在土地确权与流转、新型集体经济组织改革中，农民民主参与激活了民间社会的活力，使生产要素市场化工作得以顺利运转。在社会管理与公共服务改革中，农民民主参与能够确保政府下拨的公共服务专项经费真正满足农民的需要，确保实施项目来源于群众、经费全部用于群众、项目服务于群众。

在农民身份转变方面，政府推动农民身份转变工作，有利于集中解决人往何处去的问题。一方面，在农村生产要素市场化的同时，大量的农村剩余劳动力需要转移出来，他们的就业、培训与社会保障等亟待解决。正如陆学艺所言："统筹城乡发展关键是要减少农民数量，更多地使农民、进城务工人员和他们家属与市民一样，享有各个方面平等的权利、均等化的公共服务和同质化的生活条件。"[①] 另一方面，乡镇政府在职能调整中逐步强化社会管理和公共服务职能，促进管理服务向农村延伸，在政府财政资金更多投向公共服务领域的支持下，农民身份转变需要与制度供给之间便找到了结合点。通过农民身份转变，农民获得与市民平等的公民权益，是这套工作体系支撑下地方政府行为的必然选择。

总而言之，特殊"权力契约"下的乡镇政府行为与一般乡镇政府行为不同。通过构建具有内在逻辑一致性的工作体系，前者的主要特征不再是与民争利，而是提供城乡一体的社会管理与公共服务。

第三节 发展时序：农民公民身份权利发展路线图

公民身份权利发展时序问题，不仅是判断某一民族国家如何成长为公民国家的重要面向，而且是对各政体类型或各民族国家开展比较政治研究

① 李杰、周松编著：《中国样本：对重庆和成都建设"全国统筹城乡综合配套改革试验区"的思考》，广西师范大学出版社 2008 年版，第 25—26 页。

的重要指标。此问题起源于马歇尔的经典研究，马歇尔认为，公民身份权利在英国历史上依次经历了法律权利、政治权利到社会权利的发展。相当多的学者对马歇尔进行了评判，认为马歇尔的公民身份权利发展时序论具有很强的自然进化论色彩，并不适用于其他民族国家。马歇尔的论点当然不能承受如此之重，而且马歇尔也未曾设想构建一个公民身份权利发展时序的普遍模式。托马斯·雅诺斯基则基于马歇尔的理论，将法律权利、政治权利、社会权利和参与权利置于三种不同的政体之中进行比较研究，得出多个有说服力的假设性命题。其中，有两个假设性命题非常重要，它们不仅指明了不同政体的公民身份权利发展时序，呈现出权利发展路线图，而且为探究中国公民身份权利发展时序留出了讨论空间。

命题1："法律权利、政治权利、社会权利和参与权利的实施序列，各政体有所不同：一、自由主义国家遵循马歇尔提出的法律权利、政治权利和社会权利的渐进顺序，但在早早发展法律权利和政治权利以后，社会权利和参与权利通常停滞不前。二、社会民主国家首先发展法律权利，随后政治权利和社会权利同时发展，政治权利仅略早一点。参与权利发展在最后，但水平不低。三、传统国家先发展男子的一定财产权，但社会权利开始实施很早。政治权利及工人阶级和妇女的大部分法律权利发展晚，这些权利在大部分传统国家还于1930—1945年期间被取消。参与权利开始于第一次世界大战以后，而在第二次世界大战以后得到牢固确立。"[1]

命题2："国家若适度发展所有四种权利，并且按照法律权利、政治权利、社会权利、参与权利的顺序予以发展，则将比那些不这样做的国家更稳定，并使所有四种权利均得到更大程度的发展。与自由主义国家和传统社团主义国家相比，社会民主国家表现出较充分的发展。"[2]

---

[1] [美]托马斯·雅诺斯基：《公民与文明社会：自由主义政体、传统政体和社会民主政体下的权利与义务框架》，第262页。

[2] 同上书，第263—264页。

雅诺斯基在著作中几乎没有提到众多的共产党国家，仅将其公民身份权利发展特征概括为："他们提供广泛的社会权利，还有若干参与权利，但法律权利和政治权利方面的记录极其贫乏。"①事实上，以中国为例，雅诺斯基的判断不仅不能解释改革开放之后的中国公民身份权利发展情况，而且也不能很好地解释改革开放前的情况。

简约地看，改革开放前中国公民身份权利发展具备两个关键性特征：一是城市市民公民身份与乡村农民公民身份形成了二元分化结构，尽管国家在意识形态上始终强调国民平等性和无产阶级优越性，但是事实上此种二元分化结构已经演化成了等级结构，市民常被形象地称为"一等公民"，而农民则是"二等公民"。二是社会权利广泛存在，法律权利和政治权利几乎不具有独立性。城市市民的社会权利由国家的配给制度等给予保障，而乡村农民的社会权利则由人民公社的一系列制度给予保障。这一时期的社会权利是国家最为看重的权利面向，而法律权利和政治权利的发展空间则十分受限，具有政治抽象意义的"群众""人民"等概念替代了公民个体的现实存在。因法律权利和政治权利高度依赖于国家权力和保障社会权利的一系列制度，褚松燕将其称为绞合型公民身份权利发展体系。②

改革开放后，中国公民身份权利发展完全不同于雅诺斯基对共产党国家的公民身份权利发展判断。肖滨从现象描述、逻辑解释与反思对策三个方面论述了改革开放以来中国实施公民权利路线图。他认为，市场经济逻辑与政党国家改革逻辑的双重交织推动了三种公民身份权利发展，法律权利、政治权利和社会权利发展呈现出三路推进、发展时序略有先后以及发展不均衡三大特点。在三种权利的发展时序上，"法律权利的实施稍早一些，始于上个世纪 80 年代初期；政治权利紧随其后，大约肇始于上个世纪 80 年代后期；而社会权利则相对更晚，最近几年才开始受到特别重视"。③

---

① [美]托马斯·雅诺斯基：《公民与文明社会：自由主义政体、传统政体和社会民主政体下的权利与义务框架》，第 263 页。

② 褚松燕：《权利发展与公民参与：我国公民资格权利发展与有序参与研究》，第 94—97 页。

③ 肖滨：《改革开放以来中国实施公民权利路线图——描述、解释与反思》，载《公民身份、公民社会：世界主义的挑战国际学术研讨会论文集》，中国广州，2010 年 12 月 9—11 日。

该观点能够在宏观上反映出中国公民身份权利发展的整体图景。然而，我们应更加细致地深入考察中国社会内部不同社会群体的公民身份权利发展情况及发展时序，并详细分析导致这种发展的动力机制。透过中国内部的多样性与差异性考察，我们才能更好地洞察公民身份权利发展的"真实世界"，并与其他民族国家的公民身份权利发展规律对话。

具体到农民的公民身份权利发展时序，其发展遵循着"法律权利最早发展、政治权利紧随其后、社会权利相对更晚"的选择性发展总体规律。在特殊性上，农民公民身份权利发展更肩负着突破和改革城乡二元公民身份权利体系的历史使命，因而依据并存发展的农民身份转变实践，农民公民身份权利发展还表现出其他独特特征：

一是在国家颁布《国家人权行动计划》的大背景之下，法律权利、政治权利与社会权利齐头并进、同步发展，共同向城乡一体的公民身份权利体系迈进。法律权利均等化的一个重要表现是国家法律适用原则逐步破除"同命不同价"。2009年6月，全国人大法制工作委员会副主任王胜明明确表达了对于死亡赔偿中"同命不同价"问题的看法，认为倾向于原则适用统一标准，统一标准不宜以城乡划界，也不宜以地区划界，而是人不分城乡、地不分东西的全国统一标准。①2009年12月26日第十一届全国人民代表大会常务委员会第十二次会议通过的《中华人民共和国侵权责任法》再次突破了先前"同命不同价"的司法解释适用原则②，规定"因同一侵权行为造成多人死亡的，可以以相同数额确定死亡赔偿金"。政治权利均等化主要表现为城乡按相同比例选举人大代表。我国的选举法经过了数次修改，在最近一次修改之前，是"四个农民顶一个市民"，即农村与城市每名人大代表所代表的人口比例为4：1。2007年十七大报告建议逐步实行城乡按相同人口比例选举代表。2009年10月27日全国人大常委会审议通过了

---

① 邹声文、张景勇、周婷玉：《全国人大首次回应"同命不同价"：倾向于统一标准》，2009年6月29日，http://news.sina.com.cn/c/2009-06-29/164718116814.shtml。

② 即最高人民法院颁布的《关于审理人身损害赔偿案件适用法律若干问题的解释》，该解释规定：残疾赔偿金、死亡赔偿金根据城镇居民人均可支配收入或者农村居民人均纯收入标准计算。在具体的司法实践中，户籍成为判断是否是城镇居民或是农村居民的主要标准，进而形成了"同命不同价"的尴尬现实。

选举法修正案草案，明确规定实行城乡按相同人口比例选举人大代表。① 社会权利均等化主要表现在各级政府按照《国家人权行动计划（2009—2010年）》将公民社会性权利置于优先地位的要求，加强重视民生问题，推动教育、医疗、住房、就业等公共服务城乡均等化。成都市 S 乡的案例再次表明，三大权利发展不分先后，在城市化进程中，通过土地确权与流转改革、新型集体经济组织股份化改革等措施，属于法律权利之一的农民财产性权利逐步回归与释放；通过建构城乡一体的民主治理模式，辅之以城乡人大代表选举平权，农民的政治权利也在向前发展；通过建设城乡一体化的公共就业体系、城乡社会保障渐进并轨等，农民的社会权利得到迅猛发展。

二是农民的参与权利开始起步发展。此处的参与权利不是指与知情权、表达权、监督权相关联的公民政治参与权，而是指"国家为公民参与市场或公民组织等私人领域而创设的权利"，"正像政治权利是公共行动权一样，参与权利是国家保证的私人行动权"。② 在农民身份转变过程中，随着农民财产权利的回归，以及作为农民主要财产的土地被征用开发，构建和强调农民对于经济生活的参与权利，不仅符合当前国家农村政策的走向，而且是化解利益冲突、维护农民权益的重要方式。从政策走向判断，农民在集体土地征用过程中容易陷入"失语"状态，造成"征前不知情，征后不协商"，没有平等的参与权，在强大的公权力面前，农民权益根本得不到保障。因而，近年来国家政策越来越注重构建农民的参与权利，中央希望通过落实参与权构建出一套"倒逼"机制来维护农民权益。1999 年实施的《土地管理法》第四十八条规定"征地补偿安置方案确定后，有关地方人民政府应当公告，并听取被征地的农村集体经济组织和农民的意见"。2004 年10 月国务院出台的《关于深化改革严格土地管理的决定》，进一步要求"对拟征土地现状的调查结果须经被征地农村集体经济组织和农户确认，确有必要的，国土资源部门应当依照有关规定组织听证，要将被征地农民知情、确认的有关材料作为征地报批的必备材料"。2011 年 1 月《国有土地上房屋

---

① 周婷玉、邹声文：《我国城乡按相同比例选人大代表》，2009 年 10 月 27 日，http://news.sina.com.cn/c/2009-10-27/145818919061.shtml.

② ［美］托马斯·雅诺斯基：《公民与文明社会：自由主义政体、传统政体和社会民主政体下的权利与义务框架》，第 41—42 页。

征收与补偿条例》实施后，中央农村工作领导小组副组长、办公室主任陈锡文认为集体土地征收也应当遵循国有土地征收同样的原则，征收的程序必须公开、透明，让民众广泛参与，与民众进行充分协商，必须根据市场定价的原则进行补偿。[①] 这标志着农民的参与权利将向前迈进一大步。中国农民身份转变实践也进一步印证了参与权利的蹒跚成长。G镇的抗争农民一直都在追问参与权利，希望通过行使知情权和参与权更好地分享土地的市场价值，维护自身利益。而S乡案例则表明激活农民对于各项城乡改革的参与权利，不仅有利于调动农民的积极性和创造性，保障城乡改革的顺利进行，而且能够提升农民的权利地位，真正让农民分享城乡改革成果。

第四节 基本经验：比较视野中的农民公民权利发展

如前文所言，伴随着国家治理在国家与社会关系、中央与地方关系两个层面的转型，城市化进程中的农民公民身份权利获得了相应的发展机会和发展动力。国家与农民个体的同时"在场"塑造出了农民公民权利发展的两种理想类型，为中国建构一个以权利为基础的新社会秩序奠定了坚实基础。以S乡和G镇为代表的这两种理想类型面临着相对同质的环境约束，并存于中国城市化进程之中，具有很强的可比性。为此，在考察农民公民身份权利发展动力、时序的基础上，我们将在比较视野中总结农民公民权利发展的基本经验，为实现城乡整合和推进新型城镇化发展提供经验借鉴。

其一，推进结构性同化。结构性同化概念主要用于包括族群、外来移民等群体的社会融合研究，着重强调"移民群体成为主体族群中的次级群体，其家庭、密友、俱乐部成员和组织化的群体都成为主体群体中的一部

---

① 杨华云：《中农办主任：集体土地征收补偿由农民和政府协商》，2011年1月31日，http://news.sina.com.cn/c/2011-01-31/015721901609.shtml。

分"。① 在城市化进程中，结构性同化则是指在城乡之间推进基于公民身份权利为主体内容的制度整合和社会融合。政府通过治理制度与社会政策两个层面的改革创新，努力破除农民与市民两大群体间的身份边界，消除城乡二元结构界限，使农民经由身份转换成为市民的一部分，他们被统称为居民，实现农民与市民间的结构性同化。在具体的城乡统筹改革试验中，依据结构性同化要求，成都市政府按照全域成都的治理理念，建构城乡一体的民主治理模式，建设城乡一体化的公共就业体系，推进城乡社会保障渐进并轨，从而逐步使农民享有了与市民平等的公民权利。

其二，以民主方式推进城乡关系变革。城乡关系变革是一次有关利益分配格局的大调整，众多的社会群体牵涉其中。因而，在国家主导建设新型城乡关系之时，需要尊重相关利益群体的权利，通过民主的方式让其参与到变革中来，在平等协商、相互妥协、尊重权利成本的基础上推动改革。唯有如此，才能减少城乡变革过程中的冲突与对抗性，构建起多元协作的治理机制来提升改革的效率。众多的案例从正反两个方面阐明了以民主方式推进城乡变革的重要性。大多数的被征地农民抗争事件表明，被征地农民具有强烈的规则意识和权利意识，他们十分看重自己的知情权、承包经营权以及与身份转变相匹配的权利。政府在征地过程中忽视和践踏这些权利，往往会招致失地农民的激烈抗争，这不仅影响社会稳定，而且会令土地征收之后的开发建设成本急剧增长。而成都城乡统筹改革经验则从正面表明民主是推进变革的重要手段，如政府在建设城乡一体的民主治理模式时，普通群众虽然对于房屋拆迁、拆村并院及建设新型社区的政策很支持，但是由于前期在操作中缺乏透明性和公开性，致使部分冲突发生。后来政府采取了统一摆到桌面上来谈的开放、民主方式，很快就化解了前期的冲突。

其三，强组织、强动员与强参与。城乡关系变革与农民权益保障是非常重大的系统性改革工程。从执政党和政府角度来看，需要进行广泛的组织动员，引导群众积极参与，才能够凝聚城乡关系改革共识、激发制度

---

① 周大鸣:《族群与族群关系》，2010 年 8 月 12 日，http://syue.com/Paper/Society/Related/183501. html。

性需求，增强支持改革的力量，进而打破城乡二元体制，建设一个统一的"社会中国"。在成都市，城乡统筹成为一把手工程，更是干部考核的关键部分。上层领导的重视和改革者的决心将这种强组织、强动员从市级机关一直传导到成都基层社会，从而动员起各个层级的行政力量和社会力量参与城乡一体化改革。此外，改革者还要求干部通过上门动员、分片分区承包、开院坝会等多种方式向农民讲述城乡改革政策，帮助农民算账，鼓励农民提意见，在动员广大农民参与的过程中借助诸多的民间智慧推进城乡统筹改革。强组织、强动员与强参与有效地保障了成都城乡一体化改革的延续性和深入性。站在农民角度上，无论是在城乡一体抑或城乡二元的制度环境中，农民唯有广泛动员、组织起来、有序参与到政策制定与政策执行的议程中去，才能获得更多的博弈筹码以维护自身权益。中国各地发生的被征地农民抗争事件，其起因多数源于政府蛮横地剥夺农民的参与权、知情权，才使得被征地农民采取了激烈的抗争，也正是因为农民缺乏组织动员，因而在与政府的博弈之中才处于弱势。尽管农民抗争对于农民公民权利发展有积极的影响，但是，如果我们要真正将农民公民权利发展纳入到制度化政治轨道之中，那么强组织、强动员与强参与对于权利不足的农民而言就更加弥足珍贵。

其四，把握好国家政策与地方传统间的关联性。在中国基层社会场域中，国家与社会关系是影响基层社会治理绩效的重要因素，把握好国家政策与地方传统的关联性对于建设一个和谐的社会秩序至为关键。贺雪峰教授在农村研究领域主张"农村政策基础研究"，力图将自上而下的国家政策、村庄内生因素以及二者间的互动等结合起来，建构认识村庄政治社会现象的逻辑框架。在国家治理农村社会的政治实践中，他认为应当重视传统关系的存在，"传统关系的发展，对于重建9亿不能快速现代化的中国农民的有序生活，具有非常重要的意义"。[①]此外，国家大传统与地方社会小传统在中国村落城市化进程中的关系，同样证明了国家政策与地方传统关联的重要性。在大传统的影响之下，小传统具有自身的生存智慧与生存机制，

---

① 贺雪峰：《什么农村？什么问题？——农村政策基础研究的对象与步骤》，《浙江学刊》2005 年第 1 期。

进而适应社会变迁与转型。"对于大传统而言，在其对小传统的渗透过程中，如果仅仅依靠强制性的行政指令或政治力量与小传统对抗，不仅无法达到目的，还会造成这一变迁过程甚至整个社会的无序。因此，大传统也不断吸收小传统的因素，在尊重小传统部分功能的同时，对自身进行适当的调整，由此，不仅使自身更快地得到认可，还可以缓解转型的阵痛，使社会秩序得以维护。"①成都市能够顺利推进城乡一体化改革，一个非常重要的经验就是注重国家政策与地方传统之间的关联性，政府从两个方面使传统社会资源现代化：一是尊重民间智慧的创造，在土地确权工作中广泛成立由农村长者组成的议事会，既改善了农村基层治理结构，又赢得了农民对于土地产权制度改革的信任和认可；二是政府积极介入作为传统社会主要治理工具的村规民约，指导制定村规民约，将改革的内容及成果通过通行于村庄内部的契约性规范予以文本化，使其成为一种融乡土性与现代性于一体的重要整合机制，弥补国家法律的不足，在城乡一体化改革带来重大利益调整的历史节点上充分发挥其内在的整合、调解功能。

---

① 籍颖：《城市化过程中村落"小传统"生命力研究——以北京市石景山区衙门口村为例》，《青年研究》2010 年第 1 期。

第六章　农民身份转变的变革性影响

本书前述内容从"理论对话""类型诠释""双案例研究""动力、时序与经验"四个部分分析了城市化背景下农民身份的转变过程以及转变的动因。在此基础上，本章将着重考察农民身份转变带来的变革性影响，以进一步凸显研究价值。

第一节　主体性回归与农民权利发展非均衡性

农民需要什么样的城市？这是有关城市化的社会伦理学至关重要的问题，其主旨直指城市化进程中的农民主体性。然而，无论是城市化研究还是农民学研究，已有的研究成果均缺乏对此问题的深入关注。一方面，既有的城市化研究主要着眼于人口、资源、景观、建筑、生活方式、生产方式、文明形态等要素的动态转移，却没有关注城市化过程中的身份转移与公民身份权利格局的变更，自然就不可能将农民主体性视为中心议题加以研究；另一方面，多数农民学研究因将农民研究局限于传统或现代农村社会，较少将其放在城乡联动的背景下展开讨论，往往忽视农民身份转变、农民公民身份权利格局变化及城乡边界变更等实践过程，故而城市化进程中的农民主体性在农民学研究中同样未得到应有的重视。

本书的研究表明，从城市、城市化与公民身份的关系理论视角来看，城市化背景下中国农民身份转变的实践过程，实质上是农民的公民身份权利进一步扩展,并向市民公民身份权利看齐、取得平等地位的政治社会过程。在此过程中,无论是政府还权破除城乡身份边界的身份转变类型,还是农民抗争塑造公民行动的身份转变类型,农民在城市化进程中的主体性均得以回归。就前者而言,农民主体性主要表现在两个方面:一是政府所推行的城乡统筹改革始终强调农民的民主参与作用,将农民的需要作为制度供给的重要变量加以考量。比如在社会管理与公共服务改革方面,政府构建了公共服务分类供给机制和基层治理新机制,在此基础上强调公共服务项目民主管理,坚持贯彻让民做主而非为民做主的治理原则。二是改革者将农民作为与市民平等的权利主体来看待,城乡统筹改革的目的就是通过还权赋能的措施实现农民与市民的权利均等化和城乡的协调性发展。就后者来说,农民主体性体现在农民抗争所塑造出来的公民行动上,这种行为体现出农民不仅具有强烈的规则意识和权利意识,而且具有参与政策制定与政策执行的愿望和能力,当其面对使自身利益严重受损的不合法政府行为时,特定的集体行动逻辑便促成农民的抗争维权行动,从而通过抗争行动的逆向驯服能力来保障农民享有的主体性权利。

农民主体性回归为农民公民身份权利发展提供了基础性条件。但是这并不意味着农民公民身份权利就因此进入了发展的快车道。尽管通过农民的主体性回归使其公民身份权利发展在制度结构、主体意识、主体行为及政治空间等层面得以破题,然而,农民公民身份权利发展的非均衡性仍然是当前我们推动农民身份转变工作必须面对的重要障碍。该非均衡性特征突出表现在农民权利发展的路径与内容两个层面。在权利发展路径上,尽管增量改革导向的城乡整合型与权益平等导向的农民抗争型两种路径均力图建构一个以权利为基础的政治社会秩序,但这两种路径在现实社会中处于并存发展的局面,由此产生的不确定性结果将对权利发展的非均衡性产生长期的影响。一方面,两种身份转变路径在较长时期内将会长期并存。这是因为,当前中国地方差异非常巨大,并且制度变革还处于中央主导的社会政策创新试点而非推广阶段,所以不可能所有地区都通过改革来同步解决农民身份转变所涉及的"钱从哪里来""钱如何分配""人往何处去"等问题。这就可能会造成经济富裕地区的农民身份转变工作进展顺利,主要呈现为增量改革导向的城乡整合型身份转变,而经济落后地区的农民身份转变工作则进展迟缓，居于主导地位的仍旧是权益平等导向的农民身份转变。另一方面，两种身份转变路径并存发展的前景不明确。虽然农民抗争塑造出公民行动，并可能通过抗争实现农民公民身份权利发展，但是公民身份概念本身就是动态获取过程与静态资格地位的结合，没有国家通过合法的公民身份制度安排对于农民抗争行动效果的确认，始终不可能在这两种路径之间搭建起以权利为基础的社会整合秩序平台，而这恰好主要取决于国家对于农民抗争行动的制度化能力的发展。总之，两种发展路径彼此之间的整合型前景以及地方差异性，是造成农民公民身份权利发展非均衡性的重要根源。在农民权利发展内容上，非均衡性则集中体现为各权利内在要素发展的不协调。在农民身份转变过程中，农民与市民之间正逐步走向法律权利、政治权利和社会权利的均等化，但是不同权利的发展程度存在相当大的差距。首先，法律权利残缺不全，如言论自由、结社自由等权利仍然没有真正落实到位；其次，政治权利严重匮乏与滞后，如选举权、参政权等权利实现渠道仍然不够畅通；再次，在《国家人权行动计划（2009-2010）》将公民社会性权利置于优先发展地位的背景下，通过国家的政策倡导以及各级地方政府的积极改革创新，社会权利得以不断充实完善、迅猛发展，同时随着政府试图借助知情权与参与权的行使来改变农民在土地征用等工作中的失语状态，以维护农民的权益，农民的参与权利也得以起步发展。

第二节　农民身份转变与中国公民身份发展

城市化背景下的农民身份转变，使得农民正在加速完成从臣民向公民的过渡，具有政治意蕴的"群众"与"人民"也正逐步下落为具有个体主体性的公民。这也从一个侧面反映出中国社会的巨大转型。作为中国数量最大的弱势群体之一，农民的身份转变实践所呈现出来的公民身份权利发展意涵，为中国公民身份发展提供了大量的鲜活经验，中国公民身份发展当以此为借镜。

首先，农民身份转变标志着中国公民身份发展进入一个活跃期。随着经济和社会的发展，中国社会个体或群体的权利需求日趋广泛和强烈，同时政府各项改革创新也从经济领域向社会领域扩散，大量社会政策创新透过诱致性制度变迁的方式推动着公民权利发展，这种权利需求与制度供给之间的双向匹配为中国公民身份发展提供了有利契机。

具体而言，一方面，改革开放以来市场经济发展极大地刺激了公民对于法律权利的需求，特别是私营企业主阶层十分渴望获得财产权利。为回应公民对于法律权利的需求，形成良好的市场经济秩序，依据市场经济就是法治经济的逻辑，国家制定并实施了以法治国方略，该方略在限制和规范国家权力的同时，也推动了公民法律权利的发展。另一方面，20世纪90年代后期以来，市场经济深入发展的负面影响逐步显现，在蛋糕进一步做大的同时，分配正义问题受到越来越多的关注。相对于先富起来的一部分人，大多数在市场经济改革和发展进程中失利的弱势群体却处境艰难，他们对于社会权利的需求呈现出爆炸性增长趋势，致使工人、农民等群体的维权抗争现象在全国遍地开花。为呼应公众对于社会权利的需求，国家在意识形态层面进行了新的发展，提出科学发展观和和谐社会理论，力图将公平正义放到更加突出的位置，逐步建立以权利公平、机会公平、规则公平和分配公平为主要内容的社会公平保障体系。在中央推动下，各地方政府围绕着住房、医疗、养老、就业与保障等事务开展局部制度创新，继而为中央最终确认公民享有新社会权利提供经验支撑。

基于上述这些公民身份权利发展，近十几年来，农民、农民工、工人、业主及其他弱势市民的公民身份权利问题逐步受到学术界与实务界的广泛关注。其中，由于农民群体的人口数量规模巨大，与此相关的城乡二元社会结构又具有深层次的广泛影响，所以农民的公民身份问题（农民工问题实质上还是流动中的农民问题）是所有问题的核心和根本，农民身份转变将作为一股重要力量推动着中国公民身份发展进入一个活跃期。

其次，农民身份转变为中国公民身份发展提供了道路借鉴。农民身份转变的社会政治过程，促使我们从整体史观的角度考察中国公民身份发展。一方面，中国公民身份发展应该以地位平等的普遍化为首要标准，经由"去特权化"与"看齐—拉平"两个过程而实现。以农民身份转变为例，它实质上是一个双向变化的过程，第一个面向显示出市民的"去特权化"，正如王小章所言："从现实经验看，只要我们在研究农民工时不把目光紧紧固定在农民工身上，而稍稍转移到城市居民那里，就会看到，随着体制改革和结构转型带来的国家和市民社会关系的巨大变化，城市居民之公民权（市民权）的内涵已经发生了巨大的变化，他曾经拥有的一项项特权已逐次消失或弱化。"[①] 第二个面向则是通过"看齐—拉平"机制农民实现了与市民平等的公民身份权利。本书因将市民所享有的公民身份权利作为一个静态的参照系，所以在研究城市化背景下农民身份转变时我们主要关注了后一个面向。另一方面，经由"看齐—拉平"机制而实现的权利均等化，其基本路径和动力来自于新的社会建制与主体实践的双向运作。站在整体史观的角度，处于转型之中的中国社会，其公民身份发展是两条甚至更多条路径并存发展的实践，我们不仅应该尊重每条路径的固有机制与规律，不偏于一隅之见，而且应该努力提高国家对于社会抗争的制度化能力，为构建以权利为基础的社会秩序准备条件。

最后，农民身份转变给中国公民身份发展提供了内容指南。从公民身份权利发展的内容和时序来看，回望中国改革开放30多年来的发展进程，公民身份权利发展在总体上符合以下判断，即"总的来说，法律权利的实施稍早一些，始于上个世纪80年代初期；政治权利紧随其后，大约肇始于上个世纪80年代后期；而社会权利则相对更晚，最近几年才开始受到特别重视"，但三种权利发展具有不均衡特点，"法律权利持续发展，但残缺不全"，"社会权利势头较猛，但欠账太多"，"政治权利裹足不前，停滞很明显"。[②] 但是，在这种公民身份权利发展大格局之下，以近十年的经验事实为研究片段，我们发现农民身份转变呈现出一致性背后的多样性特征：一是法律权利、政治权利与社会权利齐头并进、同步发展，共同向城乡一体的均等化公民身份权利体系迈进。二是参与权利开始起步发展。对于其他权利

---

① 王小章：《走向承认：浙江省城市农民工公民权发展的社会学研究》，浙江大学出版社2010年版，第17页。

② 肖滨：《改革开放以来中国实施公民权利路线图——描述、解释与反思》，载《公民身份、公民社会：世界主义的挑战国际学术研讨会论文集》，中国广州，2010年12月9—11日。

缺乏的弱势群体获取或扩展公民身份权利而言，这两种特征为其提供了内容性指引，不仅法律权利、政治权利与社会权利要实现追赶式发展，参与权利也要启动发展。以工人为例，参与权利对于保障工人参与企业经营发展和民主管理特别重要，也是在劳动政治领域推行集体谈判以保障工人权益的重要基础。邹谠在比较西方以公民概念为指导思想的国家建设过程与中国以群众概念为指导思想的国家建设过程时曾追问，"中国建国的道路能不能从社会经济权利开始，然后再重新切实保障个人权利和自由，最后在巩固个人权利的基础上，扩大公民的政治权利"①，他认为从长远发展来看，该种国家建设道路也许能够审慎乐观地走下去。事实上，透过本书对于近十年来农民公民身份权利发展的分析，综合公民身份发展大格局与农民公民身份发展小格局判断，当下历史似乎正站在一个新起点上呼应邹谠的追问。

第三节 弥合现代国家构建非均衡性与
化解国家建设危机

现代国家构建是一个异常复杂的复线故事。从理论上看，现代国家大厦主要是由两根内在关联的支柱构成，第一根支柱是主权国家，第二根支柱则是公民国家。正如徐勇指出，"相对于传统国家的现代国家具有两个基本特征：一是民族—国家，一是民主—国家，前者是现代国家的组织形式，以主权为核心；后者是现代国家的制度体系，以主权在民为合法性基础。"②因而，现代国家的基础在于主权与民权。为了确立主权，保障民权，在各民族国家交往以及国家、市场与社会的互动之中，现代国家呈现出地域国家、管理国家、行政国家、税收国家、预算国家、市场国家、福利国家、法治国家等多个功能与角色面向，每个面向都代表着一个国家构建的主题

① ［美］邹谠：《二十世纪中国政治：从宏观历史与微观行动的角度看》，第17页。
② 徐勇：《"回归国家"与现代国家的建构》，《东南学术》2006年第4期。

故事。

就国家构建的经验事实分析，围绕着主权与民权，欧洲国家建设经验与中国国家构建经验呈现出一个巨大差异。前者的经验表明，主权国家构建与公民国家构建是同步并相互依存的。"在欧洲的经验中，国家政权建设不是一个国家自己单方面受益的权力竞争过程，'这种趋势与公民社会的生长和公共领域的出现是同时发生的'。没有公民身份的确立和强大的保护出现，国家政权的集中化过程就得不到来自民众的政治支持，也无法成功排除来自旧权威的抵抗。"①易言之，在结构上日益集中化的国家里，国家只有与公民社会之中的公民结盟，才能成功对抗旧的分割性地方权威。而在理论上，这种协同性由领土国家与公民政府两个概念的辩证统一而实现，正如徐勇所言，"作为地理空间上的国家是不可替换的，而作为掌握国家机器的政府是可以更迭的，这是因为只有人民才是国家的主权者，国家的权威来源于人民，主要形式便是若干年一次的选举"。②后者的经验则表现出非均衡性特征。现代国家的两个支柱分阶段发展使中国现代国家的构建趋于完整：近代一百多年的救亡和革命使中国最终成为一个现代意义的主权国家，在此基础上，改革开放以来的中国改革历程正试图树立起现代中国的民权支柱，在主权国家之后建立起公民国家，当成为集主权国家和公民国家为一体的现代国家之后，中国的国家构建进程才算成功完结。

因而，非均衡性是中国现代国家构建的逻辑起点。这种非均衡性是由各民族国家内部的差异性造成的，民族状况、文化传承、发展差距及社会等级分化等都构成其重要原因。农民身份转变不仅有利于弥合这种非均衡性，而且有利于加快公民国家建设进程，保障中国现代国家构建的顺利开展。一方面，城市化背景下的农民身份转变促使农民与市民的公民身份权利均等化，并打破了城乡二元体制边界，使得跨边界的关系将会急剧发展，在国家内部将会产生为全民共享的新的集体故事，从而塑造这样一个新的身份：我们每个人，不管以前是农民还是市民，现在我们都是平等的公民了。这样一来，原有的社会构成差异，如传统人（农民）与现代人（市

---

①　张静：《基层政权：乡村制度诸问题》，第 304—305 页。

②　徐勇：《现代国家建构中的非均衡性和自主性分析》，《华中师范大学学报》（人文社会科学版）2003 年第 5 期。

民）、不文明人与文明人、乡下人与城里人等差异就将会逐步弥合。弥合城乡身份差异，有利于形成全国一体的市场领域和社会空间，在消解政治非均衡的同时，能够增强国家的政治整合能力。另一方面，农民公民身份发展显而易见地成功削减了不平等，不仅城乡类型的不平等在那些构成或支持公共政治参与的社会生活领域中的作用明显降低，而且使参与公共政治的人数成倍增长。按照查尔斯·蒂利对于促进民主化机制与过程的分析，削减类型不平等与扩展公共政治之间的互动关联是促成民主化的其中一个重要机制过程，并能推动民主国家建设。"在民主化过程中，大量的国民获得有约束力的、受保护的和相对平等的对政府机构、政府活动和资源提出诉求的权利。"① 故而，有效的公民身份是民主的一个必要条件，以农民公民身份为代表的中国公民身份的发展完型，将为中国加快建设民主国家或公民国家奠定基础。"从根本上说，中国现代国家的成长和现代政治制度的建立依赖于公民话语的确立和公民身份实践的制度化，公民身份决定着我国政治发展的方向。"②

此外，后发展国家在建构现代国家的过程中，往往没有西欧民族国家那么幸运，它们不仅要正视国家构建的非均衡性，而且常常需要花费大力气应付可能同时到来的民族国家建构的五大危机：认同性危机、合法性危机、渗透性危机、参与性危机与分配性危机。③ 中国是一个政党立国、多族群、地理辽阔的后发展国家，因而执政党时刻需要强化执政能力，适应社会、经济变迁形势，回应公民个体的权利需求和国家构建过程中可能遇到的危机。从这个角度来看，农民身份转变对于化解当前的参与性危机与分配性危机显得特别重要，从而增强国家的合法性。在参与性危机层面，虽然我们主要强调民众对于国家政治生活的参与，但是，民众对于经济生活的参与事实上也不应忽视。通过农民身份转变，一是农民与市民享有了同等的政治权利，能够按照相同的比例选举人大代表，为引导民众积极参与国家政治生活创造了条件；二是农民抗争促使政府在政治上提升国家整合社

---

① [美]查尔斯·蒂利：《身份、边界与社会联系》，第38页。
② 肖滨、郭忠华、郭台辉：《现代政治中的公民身份》，序言第4页。
③ [美]迈克尔·罗斯金等：《政治科学》，林震等译，宁骚校，华夏出版社，2001年版，第35—36页。

会运动的制度化能力，将会为农民参与国家政治、经济生活开辟更多的渠道；三是农民的经济参与权利开始起步发展，经济民主的深化将切实保障农民的合法经济利益。在分配性危机层面，城乡收入差距及政府在农村提供公共服务的缺位，催生了农民对于分配正义、机会公平的诉求。通过农民身份转变，农民不仅逐步获得了与市民平等的权益，而且农民还按照增量改革导向原则保留了原有的权益，增量改革不再只是针对富人与强者的改革原则，其对于公民身份权利不足的穷人和弱者同样适用。

概而言之，农民身份转变已经成为执政党和国家化解参与性危机和分配性危机的重要手段，在此过程中，农民不仅获得公民身份权利，而且更为公平地分享城市化利益，这就直接提升了民众特别是农民对于国家统治权威的认可、支持与志愿服从。故而，农民身份转变扩展了公民身份权利，城乡平权则创造出了国家新合法性。

结语

农民身份转型的政治
——迈向以权利为基础的政治社会秩序

一 农民身份转型再认识

对于转型中国而言,"社会的生产"与"公民的生产"是两个攸关中国政治社会转型前途的重大理论问题,它们彼此关联,共同驱动中国的改革大业。在此背景之下,本书所研究的城市化进程中的农民身份转变问题,便承载着生产公民的理论重责。

农民身份转变是解决"三农"问题的关键环节。传统农民向现代市民的转变,意味着终结作为社会身份的农民,打破农民与市民之间的身份边界,推动农民公民身份权利发展,实现两个群体的权利均等化。农民身份转变是一个兼涉城市研究、城市化研究以及农民研究的跨域问题。"政府自利论"与"文化转型论"是目前学术界研究此问题的两大主流观点,前者从政府(特别是地方政府)的理性自利角度出发,认为政府的自利选择是推动农民身份转变的关键动力。地方政府或为提升城市经济的竞争力,或为保障经济发展政绩,或为临时性解决社会遗留问题,偏好于通过适当改革并放宽户籍政策、建构地方公民身份、在城乡二元体制内进行农转非等多项措施来推行农民身份转变工作;后者则重点关注农民的文化素质与行为角色,认为农民代表了落后与不文明,农民自身有义务和责任在国家的帮助下提高素质。因而,农民身份转变过程就是国家运用素质话语的方式来教育农村干部和农民的过程,也是农民转换社会角色,追求市民的"有意义的生活"的过程。

　　然而，无论是"政府自利论"还是"文化转型论"，它们因其自身观点局限都无助于彻底解决农民身份转变问题。这两大观点不仅不能反映出当下的中国政府角色转型与国家构建历程，更不能呈现甚至扭曲了近十几年来中国农民身份转变的实践。一方面，"政府自利论"不仅过低估计了政府（特别是中央政府）对于缩小城乡差距等民众诉求的回应性能力，而且过分高估了户籍制度在当前农民身份转变中的作用。"文化转型论"重点强调公民的文化面向，不从社会结构与制度安排层面去讨论，容易失去讨论的焦点，沦为为政府政策辩护的工具。另一方面，进入新世纪之后，城乡关系在执政党的推动下已经发生了巨大改变，建设新型城乡关系与农民社会抗争正积极地推动着农民身份转变。所以，如何推进农民身份转变仍然是一个悬而未决的有待进一步研究的重大问题。

　　农民身份转型再认识需要另辟蹊径进行研究。根据本书所界定的身份概念，身份是指在社会结构与制度建制制约之下某个个体或群体在社会中的位置，承载着权利与义务的集合，由主体通过寻求意义的行为，以及主体与参照群体之间的角色互动对其进行确认或拒斥。如此身份转变的基础就在于调整主体间的权利与义务关系，农民身份向现代市民身份转变实质上呈现为农民公民身份权利发展过程。从西方历史发展与理论总结来看，城市、城市化与公民身份之间紧密相关，公民化作为城市化的一种呈现而存在。因而，从新近的农民身份转变实践出发，本书基于公民身份构建视角，以当代中国 1998 年后的经验材料为支撑，研究在城市化背景下农民如何从形式性公民身份向实质性公民身份转变，描述和解释城市化背景下传统农民如何经由新的社会建制和主体实践转变为现代市民。

　　基于上面的讨论，本书就"理论对话""类型诠释""双案例分析""动力机制""发展经验"与"变革性影响"六个方面进行分析与讨论，借此来描述、分析、解释和总结中国城市化背景之下农民身份转变的社会政治过程。围绕着农民身份转型再认识，针对我们提出的研究问题，本书得出如下结论：

　　第一，农民身份转变意味着农民社会身份的终结，呈现为农民公民身份权利发展的过程。该过程伴随着农民公民身份权利关系与社会福利格局的大调整，其绝不单纯是变更城乡分治的户籍制度问题，更不仅仅是转变农民生活方式的问题，其根本之处在于重新界定旧有农民身份的权利关系，在建设新型城乡关系的进程中重组农民与市场、农民与国家、农民与社会之间的权利关系。

第二，城市化背景下农民身份转变包含两种基本的理想类型：增量改革导向的城乡整合型与权益平等导向的农民抗争型。在各自独特的运行机制基础上，两种理想类型并存发展，构成农民公民身份权利发展的整体图像。

第三，农民公民身份权利发展具有宏观与微观两个层面的动力机制。宏观动力机制在于国家重建与社会抗争之间的互动，微观动力机制则在于中央与地方关系约束下的差异性地方政府行为，二者共同解释了上述两种基本类型在同一时空背景下的并存发展。

第四，讨论农民公民身份权利发展经验有助于优化农民身份转变运行。就基本经验而言，农民公民身份权利发展时序在中国公民身份权利发展大格局之下还具有两个鲜明的特征：一是在国家颁布《国家人权行动计划》的大背景之下，农民的法律权利、政治权利与社会权利齐头并进、同步发展，共同向城乡一体的公民身份权利体系迈进；二是农民的参与权利开始起步发展。从比较视野来看，两种农民身份转变类型留下四大发展经验：一是推进结构性同化；二是以民主方式推进城乡关系变革；三是强组织、强动员与强参与；四是把握好国家政策与地方传统间的关联。

第五，农民身份转变给国家转型与社会发展带来了变革性的影响：一是虽然农民主体性得以回归，但是农民公民身份权利发展呈现出非均衡性；二是农民身份转变标志着中国公民身份进入一个活跃发展期，为中国公民身份发展提供了道路借鉴与内容指南；三是农民身份转变有利于弥合国家构建的非均衡性，化解现代国家建设面临的参与性危机、分配性危机与合法性危机。

二 迈向以权利为基础的政治社会秩序

纵观新中国的历史，先后经历了两次政治社会秩序转型。中华人民共和国成立之后的前 30 年，中国是一个政治挂帅的全能主义社会，其政治社会秩序的典型特征在于以阶级划分为基础；改革开放后，"邓小平南巡开启了中国从在意识形态基础上建构社会秩序向以利益为基础建构社会秩序的转变，从政治社会向经济社会的转变的历史进程"。[1] 作为执政党及其领导人有意识变革的结果，以利益为基础的政治社会秩序赋予了市场经济的正当性，从而推动了中国经济发展。与此同时，中国国家政权合法性的基础也成功实现了从主要依靠意识形态向依靠经济发展的转变。然而，以利益为基础的社会秩序也带来了意想不到的后果，其中最为重要的就是经济发展带来了社会阶层分化。经济上获益的阶层开始追求参与政治及民主权利，经济上失利的阶层则更多呼吁社会权利。进入 21 世纪初期，伴随着社会保护运动的出现，国家重构与社会抗争的相互重构推动了社会秩序的第二次转型，即从以利益为基础的社会秩序向以权利为基础的社会秩序转变。

发展弱势群体的公民身份权利，是建构以权利为基础的政治社会秩序的重要前提。政治社会秩序的核心之一就在于安顿个体与共同体之间的关系。公民身份作为现代国家处理个体与共同体之间关系的核心制度规则，是一个非常重要的社会整合工具。宪政民主国家的公民身份发展史已经表明，公民身份权利发展过程会带来平等地位的普遍化，而相关公民身份权利的发展则为公民国家建设奠定了坚实的基础。依据这种理论与经验逻辑，弱势群体的公民身份权利发展有助于社会团结，通过消解社会的不平等和不公正来增强社会的整合能力。进而言之，对于建构以权利为基础的政治社会秩序来说，公民身份能够将弱势群体整合进主流社会，进而化解制度外抗争和暴力革命的风险。

农民身份转变带来了农民公民身份权利发展。立足于公民身份权利，我们能够从理论与现实两个层面发掘出农民身份转变的更深层意义。在理论层面，通过对中国农民身份转变的社会政治过程进行公民身份构建视野下的身份—政治叙事研究，我们清楚地呈现出在特殊的中国城市化背景下，农民的形式性公民身份如何发展成为实质性公民身份的社会整合过程；在现实层面，我们能够理性地回应并评论各种吸引眼球的社会现象。对于农民

---

① 郑永年：《全球化与中国国家转型》，第 65 页。

不愿意做市民[①]，中央酝酿叫停地方"土地换户籍"试验等现象[②]，尽管有社会融合、成本考量等方面的原因，但事实上最关键的原因在于，地方政府过分依赖以户籍制度为核心的改革，不仅没有在制度层面实行系统性的城乡整合，并且未能贯彻增量改革导向原则以维护农民既有权益，这就导致了农民在身份转变与城乡改革面前丧失了经济安全感。对于整村农民因拆迁而暴富的现象[③]，只要拆迁工程以增量改革导向原则维护了农民权益，并且农民能够在平等协商平台上尊重权利成本，不无理取闹、漫天要价，那么这种在外人看来的暴富也是应该被接受的。对于被征地农民抗争现象[④]，事实上是被征地农民维护自身权益的抗争行动，有利于促成农民公民身份权利发展，政府应构建更多的权利表达渠道，将农民抗争纳入制度化轨道，从而实现冲突中的和谐。

作为全社会规模最为庞大的弱势群体，农民公民身份权利发展将会极大地促进以权利为基础的政治社会秩序的形成。一言以蔽之，伴随着中国城市化进程，农民身份转型将审慎开启建构以权利为基础的政治社会秩序的新议程。

这就是农民身份转型的政治。

---

① 姜玉泰：《专家解读村改居农民不愿变市民原因》，2011 年 1 月 13 日，http://finance.sina.com.cn/review/fxzs/20110113/14129248582.shtml。

② 张艳玲：《中央酝酿出台政策叫停土地换户籍做法》，2011 年 1 月 31 日，http://news.sina.com.cn/c/sd/2011-01-31/110921904514.shtml。

③ 李松：《"拆迁富翁"的未来隐忧》，《瞭望》，2010 年 6 月 7 日，http://house.focus.cn/news/2010-06-07/954654.html。

④ 何忠洲：《政府征地不顾村民生死，拆迁户发表网络宣言抗争》，2008 年 1 月 2 日，http://house.focus.cn/news/2008-01-02/416206.html。

参考文献

中文部分

（一）著作

[印度] 阿玛蒂亚·森：《以自由看待发展》，任赜、于真译，刘民权、刘柳校，北京：中国人民大学出版社 2002 年版。

[美] 安东尼·奥罗姆：《政治社会学导论》，张华清、何俊志、孙嘉明等译，倪世雄校，上海：上海世纪出版集团 2006 年版。

[英] 安东尼·吉登斯：《民族—国家与暴力》，胡宗泽、赵力涛译，北京：生活·读书·新知三联书店 1998 年版。

[英] 安东尼·吉登斯：《社会的构成：结构化理论大纲》，李康、李猛译，王铭铭校，北京：生活·读书·新知三联书店 1998 年版。

[美] 安东尼·唐斯：《官僚制内幕》，郭小聪等译，郭小聪、李学校，北京：中国人民大学出版社 2006 年版。

[澳] 巴巴利特：《公民资格》，谈谷铮译，台北市桂冠出版社 1991 年版。

[美] 彼得·埃文斯、迪特里希·鲁施迈耶、西达·斯考克波编著：《找回国家》，方力维、莫宜端、黄琪轩等译，北京：生活·读书·新知三联书店 2009 年版。

[美] 彼得·雷森伯格：《西方公民身份传统：从柏拉图到卢梭》，郭台辉译，长春：吉林出版集团有限责任公司 2009 年版。

[英] 布雷恩·特纳编：《公民身份与社会理论》，郭忠华、蒋红军译，长春：吉林出版集团有限公司 2007 年版。

[美] 查尔斯·蒂利：《强制、资本和欧洲国家》，魏洪钟译，上海：上

海世纪出版集团 2007 年版。

[美] 查尔斯·蒂利:《身份、边界与社会联系》,谢岳译,上海:上海世纪出版集团 2008 年版。

[英] 戴维·贾奇、[英] 格里·斯托克、[美] 哈罗德·沃尔曼:《城市政治学理论》,刘晔译,上海:上海世纪出版集团 2009 年版。

[英] 德里克·希特:《何谓公民身份》,郭忠华译,长春:吉林出版集团有限公司 2007 年版。

[英] 恩勒·F. 伊辛、布雷恩·S. 特纳编:《公民权研究手册》,王小章译,杭州:浙江人民出版社 2007 年版。

[德] 哈贝马斯:《哈贝马斯精粹》,曹卫东译,南京:南京大学出版社 2004 年版。

[美] 基思·福克斯:《公民身份》,郭忠华译,长春:吉林出版集团有限责任公司 2009 年版。

[美] 基思·福克斯:《公民身份》,黄俊龙译,台北:巨流图书公司印行 2003 年版。

[英] 基思·福克斯:《政治社会学》,陈崎、耿喜梅、肖咏梅译,北京:华夏出版社 2008 年版。

[英] 凯特·纳什、阿兰·斯科特主编《布莱克威尔政治社会学指南》,李雪、吴玉鑫、赵蔚译,杭州:浙江人民出版社 2007 年版。

[美] 罗伯特·K. 殷:《案例研究:设计与方法》(第 3 版),周海涛主译,李永贤、张蘅参译,重庆大学出版社 2004 年版。

[美] 罗纳德·德沃金:《认真对待权利》,信春鹰、吴玉章译,上海:上海三联书店 2008 年版。

[美] 威尔·金里卡、马德普编:《中西政治文化论丛》(第五辑),天津:天津人民出版社 2006 年版。

[德] 马克斯·韦伯:《经济与社会》,林荣华译,北京:商务印书馆 1997 年版。

[美] 迈克尔·罗斯金等:《政治科学》,林震等译,宁骚校,北京:华夏出版社 2001 年版。

[美] 麦克·布洛维:《公共社会学》,沈原等译,北京:社会科学文献

出版社 2007 年版。

[法]孟德拉斯:《农民的终结》,李培林译,北京:社会科学文献出版社 2005 年版。

[印度]帕萨·查特杰:《被治理者的政治:思索大部分世界的大众政治》,田立年译,陈光兴校,桂林:广西师范大学出版社 2007 年版。

[法]皮埃尔·罗桑瓦龙:《公民的加冕礼:法国普选史》,吕一民译,上海:上海世纪出版集团 2005 年版。

[加]卜正民、施恩德编:《民族的建构:亚洲精英及其民族身份认同》,陈城等译,长春:吉林出版集团 2008 年。

[美]乔尔·S. 米格代尔:《强社会与弱国家:第三世界的国家社会关系及国家能力》,张长东、朱海雷、隋春波、陈玲译,张长东校,南京:江苏人民出版社 2009 年版。

[美]史蒂芬·霍尔姆斯、凯斯·R.桑斯坦:《权利的成本——为什么自由依赖于税》,毕竞悦译,北京:北京大学出版社 2004 年版。

[美]苏黛瑞:《在中国城市中争取公民权》,王春光、单丽卿译,王春光校,杭州:浙江人民出版社 2009 年版。

[美]托马斯·雅诺斯基:《公民与文明社会:自由主义政体、传统政体和社会民主政体下的权利与义务框架》,柯雄译,辽宁:辽宁教育出版社 2000 年版。

[美]威尔·金利卡:《多元文化的公民身份———一种自由主义的少数群体权利理论》,马莉、张昌耀译,北京:中央民族大学出版社 2009 年版。

[美]詹姆斯·C.斯科特:《弱者的武器》,郑广怀、张敏、何江穗译,南京:译林出版社 2007 年版。

[美]詹姆斯·C.斯科特:《农民的道义经济学:东南亚的反叛与生存》,程立显、刘建等译,南京:译林出版社 2001 年版。

陈映芳等:《都市大开发:空间生产的政治社会学》,上海:上海古籍出版社 2009 年版。

褚松燕:《权利发展与公民参与:我国公民资格权利发展与有序参与研究》,北京:中国法制出版社 2007 年版。

董海军:《塘镇:乡镇社会的利益博弈与协调》,北京:社会科学文献出版社 2008 年版。

樊红敏：《县域政治：权力实践与日常秩序——河南省南河市的体验观察与阐释》，北京：中国社会科学出版社 2008 年版。

郭忠华、刘训练编：《公民身份与社会阶级》，南京：江苏人民出版社 2007 年版。

何俊志、任军锋、朱德米编译：《新制度主义政治学译文精选》，天津：天津人民出版社 2007 年版。

贺雪峰：《什么农村，什么问题》，北京：法律出版社 2008 年版。

贺雪峰：《乡村的前途：新农村建设与中国道路》，济南：山东人民出版社 2007 年版。

黄坤明：《城乡一体化路径演进研究：民本自发与政府自觉》，北京：科学出版社 2009 年版。

黄宗智：《华北的小农经济与社会变迁》，北京：中华书局 2000 年版。

黄宗智：《清代的法律、社会与文化：民法的表达与实践》，上海：上海书店出版社 2001 年版。

李培林：《村落的终结——羊城村的故事》，北京：商务印书馆 2004 年版。

李培林：《农民工：中国进城农民工的经济社会分析》，北京：社会科学文献出版社 2003 年版。

李友梅、孙立平、沈原编：《转型社会的研究立场和方法》，北京：社会科学文献出版社 2009 年版。

林聚任、何中华编：《当代社会发展研究：中国乡村社会研究回顾与展望专辑》（第四辑），济南：山东人民出版社 2009 年版。

陆益龙：《户籍制度——控制与社会差别》，北京：商务印书馆 2004 年版。

清华大学社会学系主编：《清华社会学评论》（特辑），厦门：鹭江出版社 2000 年版。

涂肇庆、林益民主编：《改革开放与中国社会——西方社会学文献述评》，香港：牛津大学出版社 1999 年版。

王小章：《走向承认：浙江省城市农民工公民权发展的社会学研究》，杭州：浙江大学出版社 2010 年版。

吴敬琏：《当代中国经济改革战略与实施》，上海：上海远东出版社 1999 年版。

吴毅主编：《乡村中国评论》（第三辑），济南：山东人民出版社 2008 年版。

夏勇：《人权概念起源——权利的历史哲学》，北京：中国社会科学出版社 2007 年版。

肖滨、郭忠华、郭台辉：《现代政治中的公民身份》，上海：上海人民出版社 2010 年版。

应星：《大河移民上访的故事》，北京：生活·读书·新知三联书店 2001 年版。

于建嵘：《抗争性政治：中国政治社会学基本问题》，北京：人民出版社 2010 年版。

张静：《基层政权：乡村制度诸问题》，上海：上海人民出版社 2007 年版。

张静编：《身份认同研究：观念、态度、理据》，上海：上海人民出版社 2006 年版。

张汝立：《农转工：失地农民的劳动与生活》，北京：社会科学文献出版社 2006 年版。

赵鼎新：《社会与政治运动讲义》，北京：社会科学文献出版社 2006 年版。

赵树凯：《乡镇治理与政府制度化》，北京：商务印书馆 2010 年版。

郑永年：《全球化与中国国家转型》，郁建兴、何子英译，杭州：浙江人民出版社 2009 年版。

中共中央马克思、恩格斯、列宁、斯大林著作编译局编译：《马克思恩格斯选集》（第一卷），北京：人民出版社 1995 年版。

周宪主编：《中国文学与文化的认同》，北京：北京大学出版社 2008 年版。

周晓虹、谢曙光主编：《中国研究》（2007 年春秋季合卷总第 5—6 期），北京：社会科学文献出版社 2007 年版。

邹谠：《二十世纪中国政治：从宏观历史与微观行动的角度看》，香港：

牛津大学出版社 1994 年版。

李海金:《"符号下乡":国家整合中的身份建构,1946－2006》,华中师范大学政治学研究院博士学位论文 2008 年,未出版。

北京大学国家发展研究院综合课题组:《还权赋能:奠定长期发展的可靠基础——成都市统筹城乡综合改革实践的调查研究》,北京:北京大学出版社 2010 年版。

蔡昉、程显煜编:《城乡一体化:成都统筹城乡综合配套改革研究》,成都:四川人民出版社 2008 年版。

李杰、周松编著:《中国样本:对重庆和成都建设"全国统筹城乡综合配套改革试验区"的思考》,桂林:广西师范大学出版社 2008 年版。

四川大学成都科学发展研究院、中共成都市委统筹城乡工作委员会编:《成都统筹城乡发展年度报告(2007－2008)》,成都:四川大学出版社 2009 年版。

四川大学成都科学发展研究院、中共成都市委统筹城乡工作委员会编:《成都统筹城乡发展年度报告(2009)》,成都:四川大学出版社 2010 年版。

(二)论文

黄宗智:《认识中国——走向从实践出发的社会科学》,《中国社会科学》2005 年第 1 期。

卢晖临、李雪:《如何走出个案——从个案研究到扩展个案研究》,《中国社会科学》2007 年第 1 期。

王绍光:《学习机制与适应能力:中国农村合作医疗体制变迁的启示》,《中国社会科学》2008 年第 6 期。

徐勇:《农民理性的扩张:"中国奇迹"的创造主体分析——对既有理论的挑战及新的分析进路的提出》,《中国社会科学》2010 年第 1 期。

赵新平、周一星:《改革以来中国城市化道路及城市化理论研究述评》,《中国社会科学》2002 年第 2 期。

周飞舟:《分税制十年:制度及其影响》,《中国社会科学》2006 年第 6 期。

安东尼·吉登斯:《阶级分化、阶级冲突与公民身份权利》,熊美娟译,郭忠华校,《公共行政评论》2008 年第 6 期。

安东尼·吉登斯:《全球时代的民族国家》,郭忠华、何莉君译,《中山大学学报》(社会科学版)2008年第1期。

郭忠华:《当代公民身份的理论轮廓——新范式的探索》,《公共行政评论》2008年第6期。

景跃进:《从阶级政治到公民政治:城乡人口按相同比例选举人大代表的意义》,《公共行政评论》2008年第6期。

马骏:《经济、社会变迁与国家重建:改革以来的中国》,《公共行政评论》2010年第1期。

王宁:《个案研究的样本属性与外推逻辑》,《公共行政评论》2008年第3期。

卞利:《明清徽州村规民约与国家法之间的冲突和整合》,《华中师范大学学报》(人文社会科学版)2006年第1期。

邓大才:《社会化小农:动机与行为》,《华中师范大学学报》(人文社会科学版)2006年第3期。

陈天祥、饶先艳:《"渐进式统一"城乡社会保障一体化模式——以东莞市为例》,《华中师范大学学报》(人文社会科学版)2010年第1期。

杨雪冬:《走向社会权利导向的社会管理体制》,《华中师范大学学报》(人文社会科学版)2010年第1期。

徐勇:《现代国家建构中的非均衡性和自主性分析》,《华中师范大学学报》(人文社会科学版)2003年第5期。

陈端洪:《排他性与他者化:中国农村"外嫁女"案件的财产权分析》,《北大法律评论》2003年第5卷第2辑。

陈光金:《身份化制度区隔——改革前中国社会分化和流动机制的形成及公正性问题》,《江苏社会科学》2004年第1期。

陈光金:《突破、转换与扩张:中国社会分化与流动机制的形成和公正性》,《云南民族大学学报》2003年第4期。

陈映芳:《征地农民的市民化——上海市的调查》,《华东师范大学学报》(哲学社会科学版)2003年第3期。

文军:《论农民市民化的动因及其支持系统——以上海市郊区为例》,《华东师范大学学报》(哲学社会科学版)2006年第4期。

陈媛:《权力的政治解剖学:福柯权力观的内在逻辑》,《南京政治学院学报》2010年第3期。

党国印:《论农村集体产权》,《中国农村观察》1998年第4期。

钱海梅:《村规民约与制度性社会资本——以一个城郊村村级治理的个案研究为例》,《中国农村观察》2009年第2期。

邓集文:《现代政治视野中的政党与公民》,《江苏行政学院学报》2006年第2期。

黄璇、任剑涛:《维权之道:利益转化为权利的两种路径——以美国编剧罢工潮和中国农民工讨薪风暴为例》,《江苏行政学院学报》2010年第3期。

董海军:《依势博弈:基层社会维权行为的新解释框架》,《社会》2010年第5期。

董海军:《作为武器的弱者身份:农民维权抗争的底层政治》,《社会》2008年第4期。

吕德文:《在中国做"海外中国研究":中国研究的立场与进路》,《社会》2007年第6期。

沈原:《社会的生产》,《社会》2007年第2期。

吴长青:《从"策略"到"伦理":对"依法抗争"的批评性讨论》,《社会》2010年第2期。

甘满堂:《城市农民工与转型期中国社会的三元结构》,《福州大学学报》(哲学社会科学版)2001年第4期。

郭虹:《"农转非"与中国的户籍制度改革》,《经济体制改革》2004年第4期。

何伟:《转变农民身份:解决困难群体之路——对"十一五"规划的一项建议》,《经济研究导刊》2006年第3期。

贺雪峰:《什么农村?什么问题?——农村政策基础研究的对象与步骤》,《浙江学刊》2005年第1期。

秦晖:《农民流动、城市化、劳工权益与西部开发:当代中国的市场经济与公民权问题》,《浙江学刊》2002年第1期。

后小仙:《制度创新与政策选择——基于农民身份转换的视角分析》,《中国行政管理》2006年第4期。

黄冬娅:《比较政治学视野下的国家分殊性、自主性和有效性》,《武汉大学学报》(哲学社会科学版) 2009 年第 4 期。

Sebastian Heilmann:《中国经济腾飞中的分级制政策试验》,《开放时代》2008 年第 5 期。

黄宗智:《连接经验与理论:建立中国的现代学术》,《开放时代》2007 年第 4 期。

吴毅:《村治研究的路径与主体——兼答应星先生的批评》,《开放时代》2005 年第 4 期。

肖滨:《民族主义的三种导向——从吉登斯民族主义的论述出发》,《开放时代》2007 年第 6 期。

王绍光:《学习机制、适应能力与中国模式》,《开放时代》2009 年第 7 期。

籍颖:《城市化过程中村落"小传统"生命力研究——以北京市石景山区衙门口村为例》,《青年研究》2010 年第 1 期。

景天魁:《论中国社会政策成长的阶段》,《江淮论坛》》2010 年第 4 期。

孔善广:《土地纠纷为何成为农民维权的焦点》,《党政干部文摘》2007 年第 4 期。

李金:《市场化条件下身份格局的变化:分化、延续与转换——从身份的视角看中国社会分层秩序问题》,《社会科学研究》2006 年第 3 期。

李金:《中国社会分层秩序在市场化过程中的变化:去身份化与再身份化》,《学习与实践》2006 年第 11 期。

李金:《走向家产身份制——简论中国社会分层秩序的演变及其问题》,《南京师大学报》2006 年第 6 期。

刘士才、邓集文:《当代中国公民的政治权利与政党政治》,《党政干部论坛》2005 年第 12 期。

裴宜理:《中国人的"权利"概念(下)——从孟子到毛泽东延至现在》,余锏译,《国外理论动态》2008 年第 3 期。

秦昊扬、赵文远:《新时期"农转非"制度评析》,《西南交通大学学报》2004 年第 3 期。

石之瑜:《知识观光:中国研究的知识伦理框架》,《社会科学》2006 年第 2 期。

市农委调研组:《关于农村土地承包经营权确权工作中"轮换工"问题的思考》,《农村工作研究》2010 年第 10 期。

谭海波、蔡立辉:《"碎片化"政府管理模式及其改革——基于"整体型政府"的理论视角》,《学术论坛》2010 年第 6 期。

王春福:《社会权利与社会性公共产品的均等供给》,《中共中央党校学报》2010 年第 1 期。

王宁:《个案研究的代表性问题与抽样逻辑》,《甘肃社会科学》2007 年第 5 期。

郑杭生:《农民市民化:当代中国社会学的重要研究主题》,《甘肃社会科学》2005 年第 4 期。

徐勇:《"回归国家"与现代国家的建构》,《东南学术》2006 年第 4 期。

徐勇:《农民改变中国:基层社会与创造性政治——对农民政治行为经典模式的超越》,《学术月刊》2009 年 5 月号。

杨光斌:《中国经济转型时期的中央—地方关系新论——理论、现实与政策》,《学海》2007 年第 1 期。

于建嵘:《集体行动的原动力机制研究——基于 H 县农民维权抗争的考察》,《学海》2006 年第 2 期。

曾盛聪:《论中国现代化进程中的公民社会——实然与应然的分析视角》,《学海》,2005 年第 2 期。

叶麒麟:《马克思主义·新马克思主义·新制度主义——国家理论的一种谱系》,《理论与改革》2010 年第 1 期。

尹鸿伟:《统筹城乡是改变二元结构的有效途径——专访成都市委常委、常务副市长孙平》,《南风窗》2010 年第 6 期。

赵义:《成都试验步入深水区》,《南风窗》2010 年第 6 期。

尹树广:《重建全球化时代的马克思主义国家理论——读郁建新著〈马克思国家理论与现时代〉》,《哲学研究》2008 年第 12 期。

于建嵘:《利益博弈与抗争性政治——当代中国社会冲突的政治社会学理解》,《中国农业大学学报》(社会科学版)2009 年第 1 期。

俞可平:《新移民运动、公民身份与制度变迁——对改革开放以来大规模农民工进城的一种政治学解释》,《经济社会体制比较》2010 年第 1 期。

周飞舟：《大兴土木：土地财政与地方政府行为》，《经济社会体制比较》2010 年第 3 期。

俞可平：《增量政治改革与社会主义政治文明建设》，《公共管理学报》2004 年第 1 期。

岳经纶：《建构"社会中国"：中国社会政策的发展与挑战》，《探索与争鸣》2010 年第 10 期。

周加来：《城市化·城镇化·农村城市化·城乡一体化——城市化概念辨析》，《中国农村经济》2001 年第 5 期。

张杨波：《地方身份秩序、住房获得与竞争式地方政府——关于中国政府移民政策变迁的制度逻辑》，《人文杂志》2009 年第 6 期。

赵成斐、宋坚刚：《西方政党意识形态的发展理路》，《学术界》2010 年第 5 期。

赵佳伟、杨建华：《村规民约与社会整合》，《中国党政干部论坛》2005 年第 9 期。

周俊：《全球公民社会在治理结构中的作用及其限度》，《马克思主义与现实》2008 年第 1 期。

黄冬娅：《国家如何塑造抗争政治——关于社会抗争中国家角色的研究评述》，《社会学研究》2011 年第 2 期。

蔡禾、王进：《农民工永久迁移意愿研究》，《社会学研究》2007 年第 6 期。

陈映芳：《"农民工"：制度安排与身份认同》，《社会学研究》2005 年第 3 期。

郭正林、周大鸣、王金洪：《广东省万丰村的社会发展——中国乡村都市化的一个案例分析》，《社会学研究》1996 年第 4 期。

毛丹：《赋权、互动与认同：角色视角中的城郊农民市民化问题》，《社会学研究》2009 年第 4 期。

王宁：《代表性还是典型性？——个案的属性与个案研究方法的逻辑基础》，《社会学研究》2002 年第 5 期。

王小章：《从"生存"到"承认"：公民权视野下的农民工问题》，《社会学研究》2009 年第 1 期。

王小章：《中古城市与近代公民权的起源：韦伯城市社会学的遗产》，

《社会学研究》2007 年第 3 期。

吴毅：《"权力—利益的结构之网"与农民群体性利益的表达困境——对一起石场纠纷案例的分析》，《社会学研究》2007 年第 5 期。

应星：《草根动员与农民群体利益的表达机制——四个个案的比较研究》，《社会学研究》2007 年第 2 期。

于建嵘：《当前农民维权活动的一个解释框架》，《社会学研究》2004 年第 2 期。

张文宏、雷开春：《城市新移民社会融合的结构、现状与影响因素分析》，《社会学研究》2008 年第 5 期。

郎杰：《S 乡的创新》，《今日中国》（中文版）2008 年第 4 期。

倪梁康：《〈十二怒汉〉VS〈罗生门〉——政治哲学中的政治—哲学关系》，《南方周末》2004 年 7 月 8 日。

赵世瑜：《"自上而下"、"自下而上"与整合的历史观》，《光明日报》2001 年 7 月 31 日 B03 版。

肖滨：《近 30 年来中国实施公民权利路线图》，载《公民身份、公民社会：世界主义的挑战国际学术研讨会论文集》，中国广州，2010 年 12 月 9—11 日。

郭台辉：《民族—国家建设中的公民身份：以一战前的德国为例》，《"变迁中的中国城市社会与城市治理"学术研讨会会议文集》，广州中山大学，2009 年。

周晓虹：《中国研究的可能立场与范式重构》，《社会学研究》2010 年第 2 期。

（三）G 镇与 S 乡资料

广安市 G 镇案例材料

《G 镇城镇建设工作的情况汇报》，2009 年 11 月 15 日。

《关于 2009 年城镇建设工作的实施意见》，G 镇，2009 年 1 月 18 日。

《广安市广安区人民政府关于广安区 2003 年第一批乡镇建设征收土地农转非人员安置方案的公告》，2004 年 11 月 28 日。

《广安市征地拆迁安置补偿暂行办法》，2004 年 4 月 7 日。

《四川省广安市中级人民法院行政判决书》,（2006）广法行终字第20号, 2006年6月29日。

《信访事项处理意见书》, 广安市广安区国土资源局, 2005年5月27日。

《信访事项复查处理意见书》, 广安市国土资源局, 2005年7月19日。

广安市广安区国土资源局信访事项处理意见书, 2005年5月27日。

四川省广安县地名领导小组编印：《四川省广安县地名录》, 四川省国营渠县印刷厂, 1988年版。

四川省广安县志编纂委员会：《广安县志》, 成都：四川人民出版社1994年版。

《武胜县人民法院行政判决书》,（2006）武胜行初字第6号, 2006年5月12日。

《征用土地协议书》, 2001年9月6日。

《中共四川省委、四川省人民政府关于扩大全省小城镇建设试点镇的通知》, 川委发[2000]21号。

国土资源部：《关于切实维护被征地农民合法权益的通知》, 2002年7月12日。

《中共中央、国务院关于促进小城镇健康发展的若干意见》, 中发[2000]11号, 2000年6月13日。

《中共中央关于农业和农村工作若干重大问题的决定》, 1998年10月14日。

成都市S乡案例材料

网络信访回信内容：《国家政策是否有要求轮换退休人员退田》, http://www.xindu.gov.cn/quzhangxinxiang/detail.jsp?id=7342。

新津县部分换工老工人：《轮换工的前世今生》, 2010年8月30日, http://www.tianya.cn/publicforum/content/free/1/1973231.shtml。

韩永：《议事会：逼出来的民主试验》,《中国新闻周刊》2009年3月9日。

《H有了居委会, 锦江从此无村落》,《成都日报》2008年1月21日。

《S街道办事处简介》http://www.cdjinjiang.gov.cn/street/detail.asp?StreetClassID=0410&ClassID=041004&ID=43517。

《成都都江堰市柳街镇鹤鸣村第七组"村规民约"》, 2008年4月21日。

《成都市人民政府办公厅关于对农民集中居住区实行社区化管理的意见》，2005 年 12 月 14 日。

《成都市人民政府办公厅关于加强农村村组集体资产管理工作的通知》，2004 年 7 月 7 日。

《关于进一步做好失地农民集中居住区就业工作的意见》（锦府办 [2006]13 号），2006 年 7 月 13 日。

《锦江区城乡一体化局大力推进城乡充分就业工作》http://www.cdjinjiang. gov.cn/dept/detail.asp?DeptClassID=0322&ClassID=032204&ID=37072。

《锦江区统筹推进城乡充分就业工作的意见》，2007 年 11 月 6 日。

《种粮改种花，成都 S 乡农家也玩时尚》，四川在线—华西都市报，2008 年 10 月 18 日，http://news.sina.com.cn/o/2008-10-18/030114591840s.shtml。

S 乡人民政府：《S 乡血防工作汇报》（1989 年 10 月 25 日），成都金牛区档案馆藏，档案号：85-1-217。

成都高新技术产业开发区人民法院：《在稳定大局中坚守正义》，2009 年 8 月 10 日，http://www.courtwind.org/html/29/177/4351.html。

成都市民政局：《注重三个环节，达到三个促进，推进撤村建居工作》，2007 年 11 月 28 日。

《成都商报》：《今起农民工租房可落户城区，一房一户就可登记》，http:// sichuan.scol.cn/sczh/20080418/200841870114.htm。

成都市发展改革委：《突破城乡二元体制障碍，坚定不移推进城乡一体化》，成都市推进城乡一体化专题之一，参见国家发改委网站：http://www. sdpc.gov.cn/tzgg/dfgg/t20070105_109102.htm。

成都市发展改革委：《万户千门入画图——成都市城乡规划管理体制改革纪实》，成都市推进城乡一体化专题之六，参见国家发改委网站：http:// www.sdpc.gov.cn/tzgg/dfgg/t20070108_109234.htm。

成都市公安局：《成都市 2009 年深化户籍制度改革工作情况》，载《成都统筹城乡发展年度报告（2009）》。

成都市锦江区农村产权制度改革领导小组办公室：《深化和完善农村土地承包经营权确权工作宣传资料》，2009 年 8 月。

成都市委、成都市政府：《关于深化户籍制度改革深入推进城乡一体化的意见（试行）》（成委发 [2006]52 号）。

成都市政府新闻办 2010 年第四十五次专题新闻发布会《全域成都统一户籍》文字实录，http://www.chengdu.gov.cn/zhibo/index.jsp?ClassID=032061。

《中共成都市十一届二次全委（扩大）会议召开》，四川新闻网—成都日报，2007 年 7 月 20 日，http://news.sina.com.cn/o/2007-07-20/062812238212s.shtml。

国家发展和改革委员会：《国家发展改革委关于批准重庆市和成都市设立全国统筹城乡综合配套改革试验区的通知》（发改经体 [2007]1248 号）。

锦江区城乡一体化局部门职能介绍《农村集体资产管理》，2005 年 12 月 18 日，http://www.cdjinjiang.gov.cn/dept/detail.asp?DeptClassID=0322&ClassID=03220101&ID=31275。

锦江区城乡一体化局工作简报：《区统筹委指导各新型集体经济组织拟定"村规民约"保障成员权益》，2009 年 1 月 12 日，http://www.cdjinjiang.gov.cn/dept/detail.asp?DeptClassID=0322&ClassID=032204&ID=48740。

锦江区统筹委：《锦江区农村新型社区建设进展情况》，http://www.chengdu.gov.cn/GovInfoOpens2/detail_allpurpose.jsp?id=LJ6ICzZ3R6NEYlKFxSCC。

王剑平：《聚焦成都：构建新型村级治理机制的探索与实践》，2009 年 8 月 3 日，http://unn.people.com.cn/GB/9776583.html。

叶建平：《成都：统一医保标准，城乡居民待遇一致》，2008 年 11 月 20 日，http://news.xinhuanet.com/fortune/2008-11-20/content_10388926.htm。

袁宏：《成都市 117 建设规划日前出台》，http://news.sina.com.cn/c/2008-03-03/073015062384.shtml。

中共成都市锦江区委、区人民政府：《锦江区推进城乡一体化工作情况介绍》，2009 年。

《关于深化城乡统筹，进一步提高村级公共服务和社会管理水平的意见（试行）》，2008 年 11 月 26 日。

《柳街镇农村产权制度改革工作情况汇报》，2009 年 6 月 3 日。

（四）其他

杨华云:《中农办主任:集体土地征收补偿由农民和政府协商》，2011年1月31日，http://news.sina.com.cn/c/2011-01-31/015721901609.shtml。

张艳玲:《土地换户籍叫停》，《新世纪》周刊2011年1月30日。

李乐:《国务院紧急叫停土地换户籍》，《中国经营报》2011年1月29日。

《中华人民共和国地方各级人大和地方人民政府组织法》，2004年10月27日。

《中山试行流动人口"积分制"，探索农民工落户城镇》，《南方日报》2010年6月8日。

东莞市农村股份合作制改革工作领导小组办公室文件:《关于全市农村股份合作制改革工作情况的报告》，2006年11月21日。

张静:《从故事到知识:事件案例的采集与写作》，2010年1月12日在北京举办的哈佛燕京"中国底层社会与民众文化研究计划"研究培训班上的演讲稿。

中共东莞市委、东莞市人民政府:《以农村股份合作制改革为契机，依法保障农村出嫁女合法权益》，广东省农村出嫁女权益保障工作会议材料之一，2007年3月。

周大鸣:《族群与族群关系》，2010年8月12日，http://syue.com/Paper/Society/Related/183501.html。

周婷玉、邹声文:《我国城乡按相同比例选人大代表》，2009年10月27日，http://news.sina.com.cn/c/2009-10-27/145818919061.shtml。

邹声文、张景勇、周婷玉:《全国人大首次回应同命不同价:倾向于统一标准》，2009年6月29日，http://news.sina.com.cn/c/2009-06-29/164718116814.shtml。

英文部分

Bendix, Reinhard. *Nation-building and Citizenship: studies of our changing social order,* New York: John Wiley and Sons, 1964.

Brubaker, Rogers. "Membership without Citizenship: The Economic and Social Rights of Noncitizens", in Rogers Brubaker (ed.), *Immigration and the Politics of Citizenship in Europe and North America.* Lanham: University Press of America, 1989.

Brubaker, Rogers. and Cooper, Frederick. "Beyond 'identity'", *Theory and Society,* Vol. 29, No. 1 (Feb., 2000).

Brubaker, William Rogers. "Immigration, Citizenship, and the Nation–States in France and Germany: A comparative Historical Analysis", in Bryan S. Turner and Peter Hamilton (ed.), *Citizenship: Critical Concepts,* London: Routledge, 1994, Volume Ⅱ.

Chan, Alfred L. and Paul Nesbitt–Larking. "Critical Citizenship and Civil Society in Contemporary China", *Canadian Journal of Political Science,* Vol. 28, No. 2 (Jun.,1995).

Culp, Robert. "Rethinking Governmentality: Training, Cultivation, and Cultural Citizenship in Nationalist China", *The Journal of Asian Studies*, Vol. 65, No. 3 (Aug., 2006).

Culp, Robert. *Articulating Citizenship: Civic Education and Student Politics in Southeastern China,* 1912–1940, Massachusetts: Harvard University Press, 2007.

Faulks, Keith. *Citizenship in Modern Britain,* Edinburgh: Edinburgh University press, 1978.

Foweraker, Joe. and Landman, Todd. "Individual Rights and Social Movements: A Comparative and Statistical Inquiry", *British Journal of Political*

Science, Vol. 29, No.2 (Apr.,1999).

Friedman, Sara L. "Embodying Civility: Civilizing Processes and Symbolic Citizenship in Southeastern China", *The Journal of Asian Studies,* Vol. 63, No. 3 (Aug., 2004).

G.Ebru ü ST ü NDA g , *Turkish Republican Citizenship and Rights to the City*, a Dissertation of Doctor of Philosophy in York University, June 2005.

Goldman, Merle. *From Comrade to Citizen: The Struggle for Political Rights in China,* Cambridge: Harvard University Press, 2005.

Harris, Peter. "The origins of Modern Citizenship in China", *Asia Pacific Viewpoint,* Vol. 43, No .2 (August, 2002).

Hazareesingh, Sandip. "The Quest for Urban Citizenship: Civic Rights, Public Opinion, and Colonial Resistance in Early Twentieth−Century Bombay", *Modern Asian Studies*, 34, 4 (2000).

He, Baogang. "Village citizenship in China: A Case Study of Zhejiang", *Citizenship Studies*, Vol. 9, No. 2, (May, 2005).

Isin, Engin F. and Turner, Bryan S. "Investigating Citizenship: An Agenda for Citizenship Studies", *Citizenship Studies,* Vol. 11, No. 1 (February, 2007).

Isin, Engin F. "Theorizing Acts of Citizenship", in Isin, Engin F. and Nielsen, Greg M (eds.), *Acts of Citizenship*. London, UK: Palgrave Macmillan, 2008.

—— "Citizenship in flux: The Figure of the Activist Citizen", *Subjectivity* (2009)29.

Joppke, Christian. "Transformation of Citizenship: Status, Rights, Identity", *Citizenship Studies,* Vol. 11, No. 1 (February, 2007).

Keane, Michael. "Redefining Chinese Citizenship", *Economy and Society,* Vol. 30, No. 1 (February, 2001).

Kenneth, Lieberthal and Lampton. David M. *Bureaucracy, Politics and Decision Making in Post-Mao China,* Berkely: University of California Press, 1992.

Ku, Agnes S. "Beyond the Paradoxical Conception of 'Civil Society without Citizenship", *International Sociology,* Vol. 17, No. 4, (December, 2002).

Li, Liangjiang. "Rights Consciousness and Rules Consciousness in

Contemporary China", *The China Journal,* No. 64 (July, 2010).

Liu, Serena. "Social Citizenship in China: Continuity and Change", *Citizenship Studies,* Vol. 11, No. 5 (November, 2007).

Mann, Michael. "Ruling Class Strategies and Citizenship", *Sociology,* Vol. 21, No. 3 (August, 1987).

Migdal, Joel S., Kohli Atul and Shue Vivienne (ed.). *State Power and Social Forces: Domination and Transformation in the Third World,* Edinburgh: Cambridge University Press, 1994.

Murphy, Rachel. "Turning Peasants into Modern Chinese Citizenship: 'Population Quality" Discourse, Demographic Transition and Primary Education", *The China Quarterly*, No. 177 (Mar., 2004).

—— "Citizenship Education in Rural China: The Dispositional and Technical Training of Cadres and Farmers", in Vanessa L. Fong and Rachel Murphy (ed.), *Chinese Citizenship: Views from the Margins*, New York: Routledge, 2006.

Murphy, Rachel. and Fong, Vanessa L. "Introduction: Chinese Experiences of Citizenship at the Margins", in Rachel Murphy and Vanessa L. Fong (ed.), *Chinese Citizenship: Views from the Margins,* New York: Routledge, 2006.

O' Brien, Kevin J. "Villagers, Elections, and Citizenship in Contemporary China", *Modern China,* Vol. 27, No. 4 (Oct., 2001).

O' Brien, Kevin J. and Li, Lianjiang. *Rightful Resistance in Rural China,* New York: Cambridge University Press, 2006.

Perry, Elizabeth J. "A New Rights Consciousness?", *Journal of Democracy,* Vol. 20, No. 3 (July, 2009).

Roche, Maurice. "Citizenship and Modernity", *The British Journal of Sociology,* Vol. 46, No. 4 (Dec., 1995).

Shih, Chih–yu. *Negotiating Ethnicity in China: Citizenship as a Response to the State,* London: Routledge, 2002.

Smart, Alan and Lin, George C.S. "Local capitalisms, local citizenship and translocality: Rescaling from below in the Pearl River Delta Region, China", *International Journal of Urban and Regional Research*, Volume 31.2, June 2007.

Smart, Alan and Smart, Josephine. "Local citizenship: Welfare Reform Urban/ Rural Status and Exclusion in China", *Environment and Planning A*, 2001 Volume33 (10).

Tilly, Charles. *Citizenship, Identity and Social History*, New York: Cambridge University Press, 1996.

Turner, Bryan S. *Citizenship and Capitalism: The Debate over Reformism,* London: G. Allen& Unwin, 1986.

—— "Outline of a Theory of Citizenship", *Sociology,* Vol. 24, No. 2 (May, 1990).

Yi, Lin. "Choosing between Ethnic and Chinese Citizenship: The educational trajectories of Tibetan minority children in northwestern China", in Rachel Murphy and Vanessa L. Fong (ed.), *Chinese Citizenship: Views from the Margins*, New York: Routledge, 2006.

Zarrow, Peter. "Citizenship in China and the West", in Joshua A. Fogel and Peter G. Zarrow (ed.), *Imaging the People: Chinese Intellectuals and the Concept of Citizenship, 1890–1920*, Armonk: M.E.Sharpe, 1997.

Zhang, Li. and Wang, Gui-xin. "Urban Citizenship of Rural Migrants in Reform-era China", *Citizenship Studies*, Vol. 14, No. 2 (April, 2010).

附 录

附录1：G镇与S乡主要访谈对象与访谈时间

G镇M村党支部书记T访谈，2010年1月14日

G镇M村受访者L，2010年1月15日

G镇副镇长G访谈，2010年1月16日

G镇受访者LYM，2010年1月16日晚

G镇受访者Z，2010年1月17日

G镇受访者LYQ，2010年1月20日

G镇M村邻村前任村支书J访谈，2010年1月20日

G镇个体户主J2访谈，2010年1月21日

G镇M村一组组长C访谈，2010年1月26日

G镇M村二组组长W访谈，2010年1月27日

G镇M村八组组长D访谈，2010年2月10日

S乡居民Z大哥访谈，2010年2月25日

S乡居民P阿姨访谈，2010年2月27日

S乡F社区C书记访谈，2010年3月5日

S乡X社区工作人员L姐访谈，2010年3月7日

S乡政府工作人员H访谈，2010年3月8日

S乡城乡统筹办公室J主任访谈，2010年8月4日

S乡H社区M书记访谈，2010年8月5日

附录2：广安市G镇访谈提纲

下面的问题在访谈时根据具体行动者有酌情调整。

1. 请您介绍下 G 镇星河片区土地征用的基本情况？

2. 农民为什么反抗政府征地？农民有哪些基本诉求？

3. 为什么政府开发 G 镇 B 街，A 街的农民会有如此激烈的反抗？

4. 您认为政府在征地过程中存在哪些不合法行为？

5. 请您介绍下有关农民的上访情况？

6. 请您介绍下有关农民的诉讼情况？

7. 请您介绍下 G 镇星河片区土地征用中的补偿、安置过程？

8. 政府如何处理农民上访、诉讼、就地抗争？

9. 您如何看待村委会在星河片区土地纠纷中的角色和作用？

10. 您如何看待此次被征地农民抗争的结局？后悔参加抗争吗？

11. 作为官员或农民，您从这场八年抗争中学到了什么？

附录3：成都市S乡访谈提纲

下面的问题在访谈时根据具体行动者有酌情调整。

1. 请问您怎么理解城乡一体化？

2. 成都所试点的城乡统筹主要包括哪些内容？这些内容之间是什么样的关系？

3. 在推进城乡一体化过程中，与土地相关的工作比较多，如统征、流转、确权、整理等，请您介绍下这些工作在你们社区的实际情况？

4. 您如何看待农民身份转变？为什么在你们的工作中有一项"农民身份证明"的工作？

5. 作为一个涉农社区，请您介绍一下村级公共服务与管理改革情况？

6. S乡在推进村级公共服务和社会管理改革方面做了哪些具体工作？碰到了哪些问题？

7. 作为一个涉农街道，村改居工程对于城乡统筹有什么影响？

8. 新型基层治理机制建设方面做了哪些工作？

9. 有关的城乡统筹改革措施必然会涉及不菲的经费支出，请问这些经费的来源与构成？

10. 社区居委会与资产管理公司之间具有怎么样的关系？

11. 请介绍下城乡统筹过程中你们社区的"农转非"情况？

12. 经过城乡统筹改革，你们的社区居民在各种保障上与城市居民有何不同？

13. 请您评价一下当前的城乡一体化改革对于普通老百姓有什么样的影响？

14. 那么对城乡统筹改革来说，有没有村民不满意？为何不满意？

15. 请谈谈有关土地改革过程中的出嫁女、招郎女、轮转工等问题？政府如何处理这些问题？

16. 最后，您认为三圣乡城乡统筹改革模式具有可复制性吗？

17. 城乡一体化工作中遇到的最大问题是什么？

18. 城乡一体化带来的最大变化是什么？

后 记

本书脱胎于我的博士论文。面对着眼前的书稿,从本科到博士的求学生活历历在目,此间充满无尽的感激和感恩。我 20 世纪 80 年代初出生于四川东北部的一个偏僻乡村,怀揣着父辈望子成龙、改变农家子弟命运的深切期望到中山大学求学。不知是机缘巧合,还是路径依赖,我在中山大学一待就是十一年,成了一名老中大人。在这段弥足珍贵的时光中,我完成了从本科到博士的学业,这本即将付梓出版的著作就是博士学术训练的一个阶段性总结。

本书集中研究城市化进程中的农民身份转变与农民公民权利发展,选择该主题不仅源于农家子弟对于农民命运的关怀和对于农村改革的关心,更多是源于我的导师肖滨教授的学术引领,是他将我引入学术殿堂,将地方治理作为一块重要的学术根据地。2011 年博士毕业之后,我到广州大学公共管理学院任教,继续在地方治理领域拓展视野,开展新的研究。近三年来,我将研究兴趣聚焦到非户籍公民参与以及被扶贫村庄治理研究,并先后获得了广东省哲学社会科学规划青年项目、教育部人文社会科学研究青年项目与国家社科基金青年项目。踏入学术之门的我,能取得这点小小的成绩,全仰赖于导师肖滨教授一直以来的悉心指导与耐心帮助。

师恩如山,我的学术成长首先就得感谢敬爱的导师肖滨教授。回首硕博连读的五年时光,肖老师的博学、睿智深刻地影响着我,每当我思想混乱、生活状态不佳的时候,肖老师总是能在第一时间开导、鞭策我,让我走出迷雾,在人生的道路上继续前行。至今,老师的谆谆教诲犹在耳畔:刚结束工作状态回到学院读研究生的时候,老师提醒我要尽快实现从职工到学者的角色转型;在博士论文选题和写作遇到困难的时候,老师鼓励我不要过分执着于结果，要勇于享受过程的意义；当我博士毕业去广州大学任教的时候，老师提醒我要尽快安居乐业，调适人生新的生活和工作状态；当我在新的工作岗位缺乏学术研究动力的时候，老师及时告诫我要开辟学术根据地，发表高质量学术成果，努力促使自身上一个新的台阶。这些教诲使我受益匪浅，给了我巨大的前行力量。今后我将加倍努力学习和工作，以更好的幸福生活和科研业绩来报答老师的知遇恩情，不辜负恩师的无私栽培。

感谢曾经授我以渔的中山大学政治与公共事务管理学院马骏教授、何高潮教授、郭巍青教授、任剑涛教授、郭忠华教授、郭正林教授、张紧跟教授、朱亚鹏教授、黄冬娅副教授、谭安奎副教授、黎汉基副教授、张海清副教授、牛美丽副教授、王清副教授，感谢他们在学业上提供的指导和鞭策，开启了我的专业兴趣，更感谢他们对于博士论文提供的建设性意见及其学术智慧，让本书在提出研究问题、设定对话对象、设计理论框架、安排论证结构、强化案例分析、深化理论阐释等方面有了更进一层的提升。

友情珍贵，深切感谢那些并肩战斗的兄弟姐妹黄迎虹、阮思余、刘剑、周雨、林琳、熊美娟、陈华文、王飞、温松、陈晓运、胡赣栋、黄广鑫、肖棣文、薛凤平、伍晶、李声泽等。正是有了你们的陪伴，交流中的学术火花，相处时的欢声笑语才使得枯燥的求学生活变得五彩斑斓，度过了论文选题的茫然、写作的焦虑和修改的困乏。毕业后时常感念中大文科楼七楼的快乐生活，愿这些快乐元素始终流淌在各位兄弟姐妹的生活之中，大家共同开创美好的明天。

亲情无价，感谢父母和弟弟蒋波一直以来对我的默默关心和支持，感谢夫人黄淑利和儿子蒋抒辰为我所做的一切。他们的无私奉献源自对我深深的爱，爱给了我前行的无穷力量，我将深爱他们到永远！

感谢广州大学公共管理学院陈潭院长对我学术发展的关心和支持，策划"南国公共管理文库"对本书出版的资助，感谢学院全体同仁对我工作的关心和帮助，感谢中国社会科学出版社的编辑老师为本书出版付出的辛勤劳动！

蒋红军

2015 年 3 月于祈福新邨湖景居